快乐地做老师

立足以生为本的"赋能教育"

荆志强 著

Be happy Teachers

江苏人民出版社

图书在版编目(CIP)数据

快乐地做老师.立足以生为本的"赋能教育"/荆志强著.—南京：江苏人民出版社,2019.10(2025.3重印)
ISBN 978-7-214-24080-4

Ⅰ.①快… Ⅱ.①荆… Ⅲ.①中学－教学研究 Ⅳ.①G632.0

中国版本图书馆 CIP 数据核字(2019)第 244894 号

书　　　名	快乐地做老师——立足以生为本的"赋能教育"
著　　　者	荆志强
责 任 编 辑	汪意云
装 帧 设 计	刘莘莘
出 版 发 行	江苏人民出版社
地　　　址	南京市湖南路 1 号 A 楼,邮编:210009
照　　　排	江苏凤凰制版有限公司
印　　　刷	南京新洲印刷有限公司
开　　　本	718 毫米×1000 毫米　1/16
印　　　张	17.5　插页 4
字　　　数	250 千字
版　　　次	2020 年 7 月第 1 版
印　　　次	2025 年 3 月第 4 次印刷
标 准 书 号	ISBN 978-7-214-24080-4
定　　　价	52.00 元

(江苏人民出版社图书凡印装错误可向承印厂调换)

报告会现场

示范课现场

公开课现场

公开课现场

生动的教学课

传授经验

公开课现场

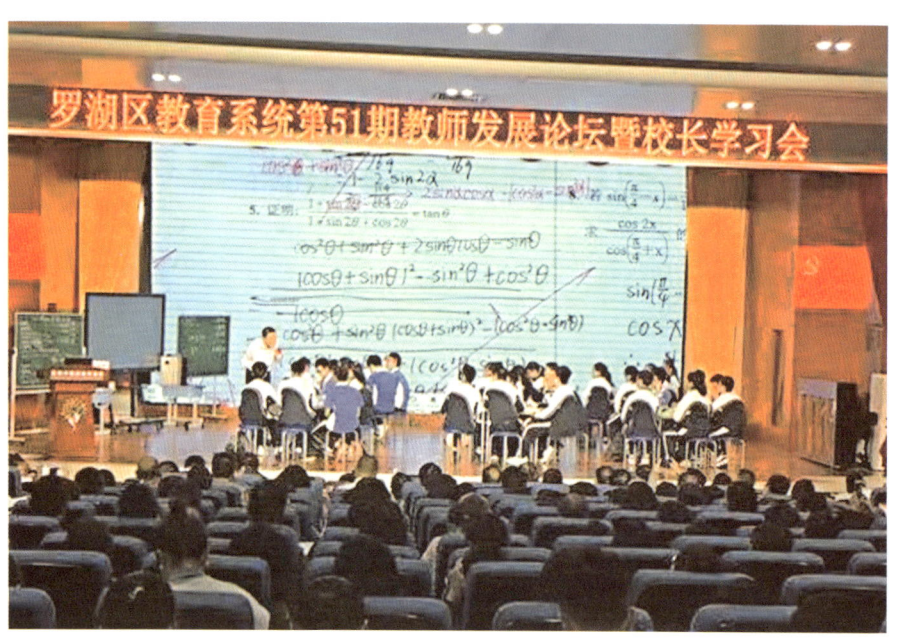

学习会现场

采访现场

为读者签名

参加北京大学基础教育论坛

桃李满天下

目 录

前言 / 001

赋能教育行思篇
荆志强生本赋能教育实践与思考实录

第一章 生本教育之道,赋能教育之路

第一节 教学中面临的现实问题 / 002
  一、教学工作缺少幸福感 / 002
  二、问题在于双方能力不足 / 002

第二节 有没有什么办法可以改变现状? / 004
  一、立足"以生为本"理念 / 004
  二、以"赋能教育"全面激发学生能力 / 004

第三节 老师要彻底转变理念 / 005
  一、对于课堂创变要做到"三真" / 005
  二、要享受与学生共同成长的过程 / 006
  三、相信赋能教育能够取得教学实绩 / 014
  四、学能提升带来全面发展 / 017
  五、走改革之路能够真正成就师生 / 020
  六、生本赋能教育践行者们的心声 / 021

第二章 以课堂为学生赋能,"三步四环节"教学法

第一节 课前做好前置,以学定教 / 031
  一、设计前置学习:练在讲之前 / 031
  二、"前置教学案"使用要求 / 037

第二节　课中教学互动、协同共振 / 041
　　一、小组的构建是做好生本赋能教育的基本保证 / 041
　　二、课上怎么开展生本赋能教育？ / 043
　　三、最终用学科内在魅力打动学生 / 059
第三节　课后及时反馈、有效落实 / 064
　　一、订正到位 / 064
　　二、二次检查 / 064
　　三、面谈辅导 / 064
　　四、科学纠错 / 065

第三章　以管理为学生赋能，评价激励超越

第一节　充分发挥学生的作用 / 070
第二节　形成制度，管理监督，评价激励 / 075
　　一、考核内容 / 075
　　二、如何评价 / 084
　　三、奖惩规则 / 084
　　四、奖励方法 / 084
　　五、处罚方法 / 090
　　六、评比激励 / 091
第三节　老师要"hold"得住学生！ / 092
第四节　营造和谐的氛围 / 096

第四章　以爱为本，柔性管理为学生赋能

第一节　没有文化的班级没有灵魂！ / 098
　　一、班会课也生本 / 098
　　二、开展学生喜欢的各种活动 / 101
　　三、让学生找网上的教育资源和大家分享 / 104
　　四、构建和谐的生生关系和师生关系 / 104
第二节　老师绝不能对学生"发火" / 109
第三节　教育而不是教训学生 / 111
第四节　表扬学生要有针对性 / 113
第五节　做教师可享受人间真情 / 114

第五章　以细节为学生赋能，细节决定成败

第一节　如何设计前置"先学研究"？／120
第二节　开展生本教育的十五大误区／122
第三节　做生本怎样分组？如何让分组出成效？／126
　　　一、组建二条线：学习线和管理线／126
　　　二、分组二阶段／126
　　　三、怎样分组？／127
第四节　展讲，提高成绩的有效方法／127
　　　一、展讲的方式有哪些？如何锻炼？／127
　　　二、如何面对同学的展示？／128
第五节　纠错，提高成绩的制胜法宝／129
第六节　重视教改细节，提升教学绩效／130
　　　一、几点说明／130
　　　二、教改成功的四条规则／130
　　　三、对策建议／130

第六章　荆志强文章课例选及公开课反馈

第一节　所有的学习问题，都是学生自身的问题／135
第二节　找准角色定位／137
　　　一、教学重构，做好顶层设计，抓住根本！／137
　　　二、过程再造，设计四个环节，学得轻松！／139
　　　三、柔性管理，激发内在动力，幸福师生！／141
第三节　激发学习原动力：从"解题"到"解决问题"的转变／142
　　　一、引言／142
　　　二、问题提出／142
　　　三、教学方法／142
　　　四、教学过程／143
　　　五、教学反思／150
第四节　激励型课堂构建／158
　　　一、激励型课堂解读／158
　　　二、构建新型学习形式／158
　　　三、三维目标上的综合能力提高／161
第五节　高三后阶段复习的思考和建议／162
　　　一、选题更精／162

二、学生更"独" / 163
　　三、批改更细 / 163
　　四、上课更活 / 163
　　五、纠错更频 / 164
　　六、辅导更准 / 164
　　七、情感更柔 / 165
第六节　公开课反馈 / 165
　　一、用激情燃烧课堂,以激励点燃学生 / 165
　　二、这样的课再来千百遍我还要听 / 167
　　三、用激情点燃学生学习的热情,做幸福的老师 / 169
　　四、向青草更青处漫溯,在星辉斑斓里放歌 / 171
　　五、落在罗湖教育花蕊上的蓝蜻蜓 / 173

第七章　全国生本教育教学案例分享

　　【小学数学】静待花开 / 176
　　【小学语文】我在生本教育改革之路上的且行且思 / 178
　　【小学英语】做快乐教师,造生本课堂 / 179
　　【青年老师】草原初绽生本花:我很幸运遇到了荆志强老师! / 182
　　【初中数学】我做生本教改后成了"五有"老师! / 186
　　践行"赋能教育"改革,没想到"两个月超10分" / 188
　　【初中语文】从认识荆志强老师到生本课堂的深入 / 193
　　【初中校长】生本中的幸福　幸福中的生本 / 197
　　【初中教改】学习生本教育　优化DJP教学　幸福地做教师 / 199
　　【生本课堂】荆志强老师生本教育实践经验总结 / 205
　　【生本管理】"百万名校长"的生本歌诀 / 212
　　【生本管理】在实践中感受生本自主管理的幸福 / 218
　　【小学生本】幸福地做老师:我的小组学习探索之路 / 222
　　【生本管理】我们班小组建设这样做! 轻松又有效! / 225
　　【生本管理】在班级文化建设中融入德育教育理念 / 229
　　【高中英语】一个真实的故事:与荆老师和生本结缘 / 234
　　【高中政治】精心设计活动,打造生本课堂 / 235
　　【生本强校】生本教育让师生开悟受益 / 239
　　【生本强校】面临合并危险弱校的强校之路 / 244
　　【生本强校】"生本"教育之花在梧州市苍海高中绽放 / 247
　　【生本强校】追寻生本教育特色品牌梦 / 250
　　【生本强校】生本教育改革让包铁一中"跨越式提升" / 254

"两根教鞭"的诱导思辨艺术 / 256

赋能教育理念篇
立足以生为本理念的"赋能教育"范式

第一章 "赋能教育"提出的背景
一、关于"有知识、没能力"的叩问 / 260
二、关于"应试教育"与"素养培育"的悖论 / 260
三、关于"学习兴趣"与"单一模式"的矛盾 / 260
四、关于"个性化发展"与"大群体教学"的冲突 / 261

第二章 "赋能教育"的基本要素
一、"赋能教育"的建构 / 262
二、"赋能教育"的创新 / 262

第三章 "赋能教育"的内在机制
一、赋能教育的基本育人出发点 / 264
二、赋能教育的基本育人机制 / 264
三、赋能教育模式整校运行的工作机制 / 265

第四章 "赋能教育"的师资要求
一、莫说自己起点低 / 266
二、莫把课堂当唯一 / 266
三、莫把知识当目的 / 267
四、建立完整学习的意义 / 267
五、做好个性任务的设计 / 269
六、重视及时反馈的激励 / 270

前 言

记录我开展生本教育实践具体做法的书《幸福地做老师》在全国畅销,很多老师反映:"书中理念新、方法多、真实践!开展生本教育具体的做法和一个个生本实践成功的案例让我们觉得幸福离我们真的很近!";"内容不错,给我很多启发,而且对教改有很多实践性的指导,很不错!值得阅读,精品中的精品。汲取到了正能量!";"教改的好书,很好看,受益匪浅!"……

人的价值就是能让别人生活得更有价值。对读者有启发、能让读者受益是我写《快乐地做老师》的初心。所以我在原来践行生本教改的基础上,把传承和创造性地建立的"赋能教育"实践做法的教育研究成果与大家分享。

"赋能教育"就是回归教育的本真,教师通过激励为学生赋能,帮助学生产生足够"自我效能感",让学生主动获取知识技能、培育情感态度;是以帮助学生建立在大群体学习中自主深度学习的能力为核心目标的育人模式;是依据学习心理学和学校管理科学研究的成果,通过一系列教学与管理的连贯行动,有效地实现学生收获高能、高效、高素养的教育。因此,赋能教育是一种立足传统学校教育样态,全面优化课堂教学、班级管理、评价反馈、教师发展的整体创新发展模式。

"赋能教育"主要从两个方面建构:激励型课堂、自主化管理。源于我长达30年的"激励型课堂"实践,基于民主、效率、人本思想,以培养"自主、自强、善于合作解决问题"的高素养、高能力学生为目标,围绕学生的"自我学习效能感培育"这个核心,将"生本班级管理""多角色协作""全时联动成长""表现性学习""激励型课堂""班级共生文化建设""师生效能感培育"等等教育创新过程充分、有机地衔接起来。

"赋能教育"作为一种整体发展模式，主要在五个领域的建设中形成创新：建设校园共生文化、建设激励型课堂、建设生本化班级管理、建设学能发展课程、建设师生效能感评价系统。"赋能教育"在全国100多所学校推广应用，受到专家、教师一致肯定！

由于本人水平有限，不妥处请大家指正，我真心希望通过我们一起努力把教改做得更好，成就学生，幸福快乐地做老师！

扫码关注公众号"荆志强幸福地做老师"，查看历史记录，可了解更多教改最新做法和观看公开课视频，敬请关注。

赋能教育

行思篇

荆志强生本赋能教育
实践与思考实录

第一章
生本教育之道，赋能教育之路

第一节 │ 教学中面临的现实问题 │

一、教学工作缺少幸福感

夸美纽斯说："找出一种教育方法，使教师因此可以少教，但是学生可以多学；使学校因此可以少些喧嚣、厌恶和无益的劳苦，独具闲暇、快乐及坚实的脚步。"这是教育的理想。我们期望"让学生快乐地学习，让教师幸福地生活，让学校和谐地发展"。理想很丰满，现实很骨感，作为老师，我们常常问自己，教师的幸福是什么？

在不少人看来，当老师每天备课、上课、改作业、辅导……周而复始，日复一日，年复一年；单调乏味，重复机械；眼睛一睁，忙到熄灯。过了暑假盼寒假，过了寒假盼暑假。什么师本、生本，我反正是"爹本"就这么教，理科"一个定义，三点注意"，文科"注重分析，强调记忆"，从头到尾，我讲你听，极少互动，懒于沟通。

二、问题在于双方能力不足

教师累，课堂上讲得口干舌燥，课后忙得晕头转向，不讲不放心，讲完才踏实！实际上讲完了还是不放心。老师开始领着学生走，后来扶着走，现在是抱着走，好像抱也抱不动了。大家想得最多的是怎么教？我们老师还有什么没想到？我们怎么可能都想到！没想到学生理所当然就不会，所以老师越教越累。再说现在社会对教育的期望非常人，而且竞争激烈，质量是"生命线"，规章制度是"高压线"，老师戴着镣铐在这两条线间跳舞，两条线都不能碰。所以老师的压力很大，心累，有一点教学成绩也是靠"拼命"换来的！

网上有一个调查，教师平均寿命只有59.3岁，比全国人均寿命低十多岁。教育的过程不是牺牲，而是享受，教育的宗旨不是痛苦的重复，而是快乐的创造。所以我们一定要教改！教改为了谁？我认为从学生角度来说，教改是为了学生更好地发展,从教师角度来说,教改是为了我们教师自己的美好生活。教改绝不是为了局长、校长,而是为了我们自己。我觉得一个区域或学校能推行教育改革是给老师最好的福利!只有我们发自内心想教改、做教改,才能真正做好教改。

学生苦,学生上课时也非常难受,听得懂听不懂都要听;老师讲完只能求得心里安慰,完成任务而已。老师讲得辛苦,学生学得痛苦。老师讲得再好,学生不会,等于白讲。事实上,我觉得老师讲得最得意之时,就是学生听得最痛苦之际。

网上流行教学版的"心太软"是对当前教育的极大讽刺:你总是心太软,心太软,独自一个人讲课到铃响,你任劳任怨地分析那课文,可知道学生心里很勉强。你总是心太软,心太软,把所有问题都自己讲;教学总是简单,交流太难,不是你的,就不要多讲……铃响了,你还不想停……你还要讲几分吗?你这样讲解到底累不累?明知道学生心里埋怨你……只不过想讲好每一节课,学生且无法给你满分。多余的牺牲,你不懂心疼,你应该不会只想做个讲师。噢,算了吧,就这样忘了吧,该放就放,再讲也没有用,傻傻等待,学生只会依赖,你总该为学生想想未来……

所以出现一些教育怪象:学生自杀跳楼、弑杀老师等,因为他在学校难受。我想老师们对学生厌学现象深有感受,我这里不再一一列举了。我想再举个生活中的例子,刚学开车时我常被师傅骂:"你做老师怎么还这么笨?开车就这么简单几个动作,教了你这么多遍怎么还没有学会?"我说师傅您不要再骂我了,再骂我都搞不清东西南北了。实际上师傅是"专家"思维,觉得什么都很简单,我们刚学觉得什么都很难,是"新手"思维,当我们学会了开车就知道了原来开车这么简单。学习也一样,老师是"专家"思维,学生是"新手"思维,因此我们做老师的一定要从学生出发,以生为本,理解学生,才能教好学生。哈佛大学一个教授给他刚从乡下来的女儿买了双鞋,当他不厌其烦地教她女儿怎么穿时,她女儿说了这么一句话:"你让我自己穿一下不就行了吗?"

效果差,学生不会主动学习,成天坐在课堂被动听课,接受"满堂灌",自己无一点解决问题的能力,更经不起考试。有人还说:"不能让孩子输在起跑线上!"孩子们从小就开始辛苦学习,不会主动学习,缺乏解决问题的能力,更经不起考试,做了几千道题对付不了二十几道中、高考试题。

大家都知道学习金字塔,学习绝不是看教师讲多少,而是看学生得多少。学生不是教鞭下归顺的奴隶,而是充满活力的教学资源,只有解放才有活力。教育不是注满一桶水,而是要点燃一把火。都说老师要做"蜡烛",我不太赞成这个观点,我觉得我们老师不做"蜡烛",要做"打火机",点燃学生的学习热情,让他们去燃烧,而且我们要做不锈钢的"打火机",保持"真身",还要生活得蛮好。

第二节　有没有什么办法可以改变现状？

一、立足"以生为本"理念

实际上我们一直在关注"教师怎么教",都已经做到了极致,另一方面,我们应该研究"学生怎么学",显然还有很大上升空间。我们先看一下古今中外的先哲怎么说？孔子"因材施教",杜威"做中学",陶行知"教学做合一",叶圣陶"教是为了不教"……大家看,这些教育大家的思想是不是从关注老师教逐步向关注学生如何学转变？

人最高价值是自我实现的价值。建构主义学习理论指出:客观知识结构通过个体与之交互作用而内化为认知结构。人本主义心理学提出:人的成长和发展需自我实现！人类有一种天生的"自我实现"的动机,即一个人发展、扩充和成熟的趋力,它是一个人最大限度地实现自身各种潜能的趋向。《论语·述而》也说:"不愤不启,不悱不发！"这些理论早就告诉我们:教育要回归本真,学习必须靠学生自己！

郭教授说:"生本教育、激扬生命、天纵之教！"学习是人的天性,每个生命以其自然之伟力促使自己提升,儿童的学习靠天赋之自己,靠天生的学习者的潜能,靠大自然的力量。所以我们的出路就是:回归教育的本真,授之以鱼,不如授之以渔。而我觉得我们应该再进一步追求授之以"欲",激发全体学生内在学习原动力为生赋能。克莱恩说:"一旦我们开始根据人类的天性做事,过去认为复杂的事会变得非常简单。"

二、以"赋能教育"全面激发学生能力

生本教育指出,在教学中我们要以生为本,高度尊重学生,全面依靠学生。赋能教育提出把主要依靠老师教转变为(在老师的帮助下)为学生赋能,让学生能够自己学、深度学！

我们不仅要以生为本,更要以生生为本,"为生生赋能",激发每个学生的内在学习动力。我们一线老师都知道,要想大面积提高班级成绩,必须让每一个学生尤其中下学生的成绩提升。

美国心理学家威廉·詹姆斯研究发现:"一个没有受到激励的人,只能发挥其能力的20%—30%;当他受到激励时,其能力可以发挥至80%。"教育就是无限挖掘孩子们自身的潜能,让他们自己成就自己。赋能教育的核心思想就是:充分调动每一个学生的学习兴趣,激发学生学习的原动力,交给学生方法和路径,让学生自己"学进去、做出来"。老师要利用好学生资源,不要再"抱着金饭碗讨饭"。教师没有三头六臂,更不是千手观音,班上有这么多学生,只要想办法把他们组织起来,调动他们的积极性,那么这个班级就会潜力无限!学生也就能不断创造教育奇迹!

教学改革似乎有很多所谓的"经验模式",但大多是"昙花一现",真正契合教育教学实际的并不多。我觉得能让教改"落地"的好办法,只有"以生为本",想方设法激发每个学生内在的学习动力,让学生乐学、善学,真正让学生动起来、学起来、做起来,从而老师也就能教得轻松,而且绩效又好。获得"绿色质量""提效轻负",这才是教改的出路!事实上,真正决定中、高考成败的关键是身为"运动员"的学生,而不是担当"教练员"的教师,所有的问题还要靠学生自己去解决。

这么多年来存在两种现象:一种是痛斥教育的时弊,怎么做?不知道,你自己想办法,评论家很多,关键是怎么办?还有一种是放眼世界,国外怎么做?芬兰怎么做?美国怎么做?日本怎么做?但是谈到中国怎么做?我们怎么办?不知道,你自己想办法。

我们通过开展立足生本的赋能教育,探索出了一条符合中国特色、适合中国教师的快乐教书之路!让学生享受到学习过程的获得感,让教师享受到职业的幸福感!

第三节 | 老师要彻底转变理念 |

"述有千千万,不如找准道!"方法很多,关键要找准道路。"生本+赋能教育"就是我们进行教学改革的有效之路。

一、对于课堂创变要做到"三真"

开展赋能教育的课堂创变,只有真相信、真实践,才有真收获!

讲完一节课并不难,讲好一节课有讲究;上一节好课并不难,天天上好课有难度。每天都坚持以生为本,才能天天上好课,才会真正有效果。假变革对于师生都很累,还没有效果。

有一次我到一所学校听课,上课内容是"认识水果"。讲台上放了很多水果,学生回答非常热烈,孩子们小手举得高高,小脸涨得通红,对各种水果讲得头头是道。可是临近下课了,竟然没有学生说苹果,上课的老师有点着急,指着苹果说:"这是什么水果?"没有学生回答。听课的老师很纳闷,为什么其他水果都说得那么好,而这么常见的水果却没人知道呢?这时上课的老师指着第一排一个小女生说:"你来说一下这是什么水果?"小女生站起来,怯生生地说:"老师我不能说,讲苹果的学生今天请假没来。"你看这样的课堂,造假预设到这种程度,还有什么意义?以前听说,有的老师上公开课前在学校所有平行班级都要先试讲,规定"会的同学举左手,不会的同学举右手",这哪里是什么公开课,简直就是"表演课"。我的课堂天天是公开课,每天都有很多老师来班听课,不用试讲也不可能试讲,都是现场真实的课堂,我们生本激励课因为"互动和生成"而精彩。学生第一天进校这样上,最后一天毕业时还是这样上,网上或我公众号"荆志强幸福地做老师"有很多我上课的视频。其中有我上的高三最后一课,孩子们不愿意下课,全场老师起立鼓掌,很多老师潸然泪下……我们必须要转变思想,"常态生本课"真生本才真轻松,每天生本,天天快乐,才能真正享受教师职业的幸福。

有很多学校专车接送老师来我课堂听课,来班参观听课交流的老师络绎不断。广州市名校执信中学何勇校长率40余名教师来我校考察交流,观摩了我的课堂教学,并深入交流。我向他们介绍了积极开展"生本+赋能教育"实践的收获和体会,他们表示收获很大,不虚此行。郑州二中王瑞校长带名师工作室团队,湖北黄冈师范学院教科院韩冰清副院长带硕士研究生团队,广东教育专家团,江苏南通市、县教育代表团,教育部副部长及全国31个省、市、自治区教育厅厅长等领导都曾到我校听课指导,我还到北大参加基础教育创新论坛,在北师大校长高级研修班作报告,在华东师大名校长培训班作报告,到广东"牛校"东莞东华高级中学作讲座,为广州执信中学(集团)全体老师(约1000多名)作教改讲座,在河南南阳体育馆为2300名老师作教改报告,到重庆万人报告会现场作教改讲座……

来我们班听课的老师用得最多的词就是:震撼、受益匪浅、令人折服……为什么这么多人对我的激励课堂这么感兴趣?因为我对于"生本+赋能教育"是真相信、真实践、真研究。生本赋能教育能解决教改的真问题。

二、要享受与学生共同成长的过程

我的课堂看起来就像是教师和学生在一起开心地玩。玩的是知识、智慧的游戏,师生每天沉浸在探讨交流的快乐中,共同经历、共同成长,真正做到教学相长、学生开心、教师舒心、学校放心。

有的老师教毕业班,每天盼望着学生毕业,倒计时还有几天就可以"解放"了。我舍不得学生毕业,因为越临近毕业教得越轻松,到了高三最后上课时大多是学生在讲,我大部分时间就是坐在教室后面欣赏和鼓掌,只是在关键的地方点拨、提升。

我带高三时教室后面的"专座"

《江苏教育报》记者来采访,问我教室后面椅子是谁坐的?我说是我坐的。记者不相信,采访了学生后才相信,这是当时采访后的报道。

江苏教育报记者当时写的报道《让学生走上讲台》

《让学生走上讲台》(节选)

丹阳市第六中学是一所普通中学。近年来,借助荆志强老师的"生本课堂"模式,丹阳六中加速推进生本教学实践和研究的步伐,在省内外产生了较大的影响,我们慕名来到六中。

一把靠背圈椅

一走进高三(20)班,教室最后排一把红色木质靠背圈椅一下子吸引了记者的目光:这是谁的座位?迎着记者疑惑的眼神,荆志强得意地笑了:"那是我坐的,平时上课我都是坐在后面听,课堂让给学生讲。"于是,我们的采访就从这把椅子开始。

在荆志强的课堂上,他让出讲台,递出教棒,端坐"太师椅"。铃声一响,帷幕拉开,好戏连台。在讨论一个个数学问题时,学生们纷纷登台作答;一个同学讲完后,其他同学接着上去讲不同做法;现场还有"评分员"唱分,"记录员"记分……

荆志强的课堂分为三个环节:个学,学生按照教学案要求开展前置学习;对学,分组讨论,每组6人,就新知识点、难点、疑点充分研讨,厘清模糊概念;群学,各路豪杰上台大展"拳脚"。荆老师和学生们一起分析研究解题思路,并予以点评。讲台真正成了学生的舞台。荆老师总结道,生本课堂的核心可以概括为"理解学生,尊重学生,只要你真正尊重学生,真正让学生自主,让学生展示,课堂就会活起来,学生就会乐起来,质量就会高起来,教师就会轻松起来"。

李小斌,一个帅气的大男孩,刚刚通过"招飞"体检。在以前"师本"的课堂上,他常常会走神,成绩实在不怎么样。"荆老师的生本课堂教会了我如何快乐地学习。我总是像百米冲刺一样坐到讲台旁边,占据有利地形,希望第一个讲。讲对了,同学们掌声一片,我的自信心猛增,那真是一种享受。"过去被当作后进生看待的学生,现在成为最热心的解题者。像李小斌这样喜爱数学、把数学课视为快乐之源的学生,在高三(20)班还有很多。葛俊最喜欢"错误分享"环节,"让我们从别人的错误中学到更多";王凤燕喜欢小组讨论,因为"两两互助,在讲之前先弄懂一些问题,节约时间,提高效率"。那些"吃不饱"的尖子生,则自发成立"海豹突击队",奋力攻克"疑难杂症",荆老师给予针对性的点拨。在这样的课堂氛围中,每个学生始终怀有一种共同参与的喜悦感,而整个教学过程则源源不断地激励学生积极学习、探索、质疑、表述和发挥自己的最大潜能。在这列63名学生组成的动车里,每个学生都内置一台"高速引擎",想跑不快、跑不稳都难。在前不久一次市级高三教学质量调研测试中,荆老师执教的班级不仅均分超出最好学校14分,而且前8名都在这个班。"一科把人带上去,各个学科站起来,"班主任、语文教师洪琴华说,"感谢荆志强老师的数学教学,现在无论哪门学科,学生们都很爱学。"

荆志强的"生本课堂"成为高效轻负的典型,他本人也成为江苏教改的一面旗帜;《人民教育》《中国教师报》以及省市电视台等多家媒体报道了他的事迹;他应邀到全国22个省、市和自治区(包括港、澳地区)作专题讲座多场。十年漫漫课改路。有专家评论,生本课堂善待学生差异,将以"教"为中心转变为以"学"为中心,体现了"以学定教"的教学理念,为教育教学改革提供了良好的理论体系和实践方案选择。以荆志强为代表的"生本课堂"理论和实践模式,恰恰体现、代表、引领了以人为本、全面实施素质教育的主流价值观。随着"生本课堂—生本教学—生本教育"这一发展链的形成,"生本教育"在丹阳六中正由个体示范向群体推动扩大,由生本教学向生本管理拓展,由课堂和谐向生命和谐延伸。原来,孕育奇葩的是一块丰厚、独特的土壤。(江苏教育报刊总社记者:赵建春　王丽)

我认为学到最后学生都应该超过老师,老师最大幸福就是看到学生超过自己。运动员和教练员谁跑得快?这个问题的答案大家都知道,比赛时运动员肯定比教练员跑得快。我们老师是教练员,学生是运动员。生活中也是这样,学生上网玩游戏为什么那么着迷?没有老师教,自己先玩,越玩越想玩,非要一关关地闯下去。为什么出现这种现象呢?因为游戏设计激发了他们"闯关"的欲望,可从中获得快感,所以兴趣盎然。老师们设想一下,假如玩游戏让我们老师来教,应该怎么教?是不是要赶紧编教材"通关秘籍",让学生系统地学,游戏有几关、妖怪有几招?这里有什么"机关"、妖怪有什么"必杀技"?同学们上课听老师讲,快背熟,再上机打,我们老师"心很好",不背会,你会被打死。学生不想背,我们有办法,布置作业给他们做,学生不想做,老师有办法,我明天课堂上默写,默不出来罚抄50遍,看你写不写,老师非要让学生不开心。最后学生说:"这样玩游戏我们不玩了!"总结:要想让学生不玩游戏,最好的办法是让我们老师来教!老师们想一下,打游戏这么好玩的事,让我们这样教,学生都不喜欢玩了。我们为什么不反过来试一下,把学习变成玩游戏一样好玩!有的老师说:这怎么可能?

作为一线老师,我三十多年一直是这样做的!坚持让学生先学,上课全都采用先问学生,然后生生、师生互动共同讨论,最终解决问题,真正实现了从"解题"到"解决问题"转变。颠覆传统课堂,转换师生角色,让学生成为课堂的主人。激发学生积极地自我认同,积极地课堂对话,提高学生学习的参与度、自主学习的程度、合作学习的效度、探究学习的深度,满足学生体验与参与、发现与创造、表现与分享、交往与互动、受表扬被认可被确认欲望,这样做创造了诸多教学奇迹,总能把不是一流的生源培养成一流的学生,连续多年中、高考均取得优异的成绩。

让学生的学习和玩游戏一样好玩,与学生"玩到一起",让知识学习的过程成为我和学生们共同享受的人生历程。《中国教师报》也以《荆志强:让数学课好玩起来》为题对我的课堂进行了报道。

《中国教师报》的报道:荆志强让数学好玩起来

荆志强:让数学课好玩起来

不妨让学生自己来

"谁来为我们讲一讲预习讲义中的第五题?""还有什么方法?""你为什么这么想""谁再来补充?""这些方法,你选哪一种,为什么?""那么这个问题,有哪些注意点?谁来总结一下?"……

这是江苏省丹阳六中荆志强老师上的一节数学课,内容为《函数的值域》,有例题讲解,有方法概括,有复习对比,有拓展延伸,荆志强老师却显得很轻松。因为一节课下来,他自己没有讲一道题,没有讲一个概念,也没有做一次总结,这一切都由学生自己完成了。

荆志强说,他从走上讲台的那一天起,就是按照这样的方式教学生的。再往下说荆老师学的居然不是数学专业,而是水产养殖专业。学了水产养殖的荆志强被分配到一所乡下的职业高中。后来听说乡镇偏僻处一所初中班的数学课情况很糟糕,他主动请缨要求兼上数学课。

荆志强开始重点培养优秀学生当小老师,让小老师上课,作业也由学生自己交换批改。接下来的情况让同事们吃惊不小,荆志强居然把学生的平均数学成绩提高到了90多分(满分100分)。当时的镇中心初中不相信荆志强能教出这样的成绩,另出了一份试卷单独考他的学生,平均分还是90多。大家还是觉得不可思议,于是又考了第三次。三次考试,让大家除了惊奇,不敢再有怀疑。

激励学生是教师的重要工作

课堂上的荆志强也没闲着,一米八的高个儿,在教室里却很活跃。

"哎哟,她用到了××法了,不得了!"教室里一片开心。"这里能不能用反解法?"荆志强探询的目光让学生安静了下来。"他这个水平高!表示一下?"师生一起热烈鼓掌。"这个是垃圾还是宝贝?"有时荆志强也会显得很严肃。"后排优先!""女士优先!"当几个学生几乎同时站起来回答问题时,荆志强及时而又优雅地提醒学生。荆志强非常重视激励学生,同时积极为学生创造展示的机会。

在他的数学课上,往往是一个学生上台讲解后,可能马上会有另一个学生快步上前进行补充或质疑,然后第三个、第四个学生又跑了上去。四五个学生一起站在黑板前,手拿教鞭你指我点的情形,荆志强和他的学生们早已经习以为常了。因此,荆志强总是在教室里放上多根教鞭,以备学生发生争论时方便交流。

对学生的讲解,荆志强首先肯定他们思考的价值,然后再引导学生比较几种解答的优劣,进而弄懂哪一种是通法通解,哪种做法比较巧妙。对让学生觉得无从下手的难题,荆志强会引导学生回复此前解答过的类似题目,帮助学生寻找突破口,然后总结此类题型可以从几方面考虑,有哪几种思路,解题应该注意什么。

由于教学成绩突出,经教研员推荐,教育局迫不及待地将他调到了现在的丹阳六中。从初中到高中,荆志强并没有什么不适应。多年来,荆志强不仅一直担任高中两个班的数学教学,而且还承担着繁杂的总务后勤工作,而他所教的班级的数学成绩总是让人刮目相看。

"不过,刚开始接手新的班级,成绩是不突出的。"荆志强比较低调地说。毕竟学生多数已经习惯了被动学习,从不停地听课记笔记到上台自己讲解,总有一个适应过程。一段时间后,在荆志强的不断激励和引导下,学生理解了荆志强的教学方法,也学会了突破自己,进步就相当明显了。"终端考试是不用担心的!"荆志强充满自信地说。

事实也正是如此。丹阳六中的领导、同事以及学生家长,开始时都对荆志强的放手非常不放心,而如今,荆志强和他的"生本教育"已经成了丹阳六中,甚至所属镇江市的一个响当当的教育品牌。

在丹阳市高三数学教研活动中,荆老师上了一堂"学生自主学习"观摩课。听完课后,丹阳五中林伟民校长这样评价:"课堂上师生互动,共同讨论反思、归纳、总结,体现了课堂教学的实、活、乐、细的特点。师生平等交流,共同对话,新课程理念得到极大的体现,数学思想方法得到极大的渗透。学生变消极被动学习为积极主动地学习,变苦学为乐学,学生真正成为学习的主人。长此以往,学生必将终身受益。"

方法是最重要的

"按照分工,各组按顺序总结一下这节课我们学了哪些内容?"荆志强又发出一道指令。"这节课我们学了《函数的值域》,知识点是求函数值域的几种方法……""这个内容要注意的地方是……""本节课我们学到的数学思想是……"

每一节课的最后,荆志强总要安排学生反思、点评,先归纳出本节课的知识体系、注意点,再总结出数学思想和方法,让学生切实感到能上升到一定的高度看待问题。

为了了解学生需求,荆志强每个学期都会请学生给自己写写心里话,提提要求,说说困惑。一些学生借机表达对荆老师的感谢,这里摘录几则:

学生华说:"我从小到大都不怎么喜欢在课堂上表现自己,每次老师叫我站起来回答问题,我心里就很紧张,甚至声音都在颤抖,有时还会闹出笑话。您在课堂上让每个人都有表现自己的机会,我觉得现在这种形式激励着我拿出勇气克服内心的恐惧。这不但锻炼了我的胆量,也锻炼了我的表达能力。总之,在数学课上,我觉得很开心、很有趣,很想把这门课学好。您的数学课让我深深感受到学习是主动去学的,而不是老师灌给我们的。"

学生玲说:"以前学数学觉得很茫然,做题也是稀里糊涂的,不知从哪里下手。自从成为你的学生以后,我感触最深的就是我不再畏惧数学了。

自从接受你的'自主学习法'后,我觉得很多知识点都贯通了,知道了何时用,该怎么用,更重要的是我知道怎么运用已学过的知识去解答从未见过的题目,收到了'以一当十'的效果。"

学生娟说:"以前我只顾着拼命做题,根本就不去探究方法,现在我才知道方法的重要性,因为您讲过'掌握方法,万变不离其宗'。您的'自主学习方法'让我在上课时完全感觉不到时间在流逝。在您的课堂中我从未感觉 x、y、z 枯燥,相反,觉得这些字母很神奇。我在数学上花的时间虽不多,但对各种题型都能应对。老师的'自主学习法'让我感到学习数学是一件轻松而愉快的事。"

学生邹在荆志强的博客上留言道:"荆老师,还有几十天,三年高中就结束了,回想高三一开始,学数学是那么不习惯,如今成了一种习惯,我把这种方法不仅用在数学,也用在其他学科,收获很大。因为这个学习方法能让人觉得心里有底,可以从容面对各种题目,不管难易心中都是十分自信。"

"大家好,才是真的好!"丹阳六中已经开始组织全校教师学习荆志强的教学模式,以期发挥集体智慧,减轻学生负担,提高整体效益。荆志强所在的数学课题组根据每位老师各自的特点、专长,明确分工,责任到人。先由一人主备编制讲义,在每周星期一集体备课时,大家根据复印好的讨论稿先集体讨论,决定取舍和补充的题型,讨论通过后,方才付印。他们还坚持每天一次的小型研讨,每天下午第四节课后,所有老师准时集合在一起,讨论当天复习中存在的问题,研究题目的解法,包括如何应对学生解题中普遍存在的问题,思考哪些知识还应该强化。

高三复习阶段,他们针对生源的具体情况和班型的不同,把中低档题放在首位,质量目标瞄准 100 分到 120 分,注重滚动复习,每周做一份滚动习题,每周安排一次错题回放和高考典例,同时认真研究多套高考试题,按知识点归类,有计划地选择其中的一部分有代表性题目,让学生训练、感悟。几个回合下来,效果非常明显。荆老师的生本教育模式其核心就是理解学生,尊重学生。"只要你真正尊重学生,真正让学生自主,让学生展示,课堂就会活起来,学生就会乐起来,质量就会高起来,教师就会轻松起来"。

《中国教师报》记者　茅卫东　通讯员　周竹生

三、相信赋能教育能够取得教学实绩

我一直认为：基层学校既要仰望星空，更要脚踏实地，任何教学改革没有质量的支撑都是空谈！教改首先应"墙内开花墙内香"，然后再向外辐射和推广。

有的老师说："我也知道生本赋能教育好，但是我担心教学质量……"这是因为老师们没有真正了解"为学生赋能"的价值。基于生本、重在赋能，是赋能教育的基本出发点。既然为学生赋能，获得能力就是学生的收获，能力提高了，成绩水到渠成。

在我的多年实践里，赋能教育是"必胜客"——学生成长在前、成绩在后；素质高、何愁考，终端考试成绩肯定好是必然结果！

为了佐证"生本＋赋能教育"的价值，我先跟大家介绍我教学取得的实绩：

（一）走到哪里火到哪里的"生本赋能课堂"

任教34年来，我一直在教学一线，不管教什么年级，在乡村还是城市，无论学生基础好差，总能让学生在原来基础上有较大的提升。

在江苏工作二十多年，我任教学校的朱万喜校长这样总结："荆老师平时所教班级成绩常比同层次班高出十多分，连续多年中考、高考都得优异成绩。"2012届带普通班学生，全班63人参加高考，其中达本一重点大学人数33人，重点率52.4%；达本二线人数57人，达线率90.5%，高考录取率再次名列当地前茅。

2012年我被人才引进到深圳。本来安排我到教科所推广教育改革，我跟领导说，我想先去学校教书，因为我觉得刚到深圳，只有有了教育教学实绩，推广教改才有说服力。领导说：你到哪所学校？我说：哪所学校教改氛围好，我就去那所学校吧。领导说深圳华侨城中学教改氛围很好，我就去了华侨城中学。到了侨中才知道，我们学校当时在区内的招生分数并不高。但是我觉得基础薄弱一点的学生潜力大，提升空间更大更好教。

深圳流行这么一句话"没有过去，只有未来"，意思是不管你原来怎么样，主要看你现在的实绩。刚到侨中第一学期学校安排我教学校第二层次的班级，我仍然采用生本赋能的方法，学生期末考试数学成绩无论优秀学生群体还是整体平均分都领先，平均分高出同层次班8.9分。我班孙圳南同学创奇迹全校第一、全区第三。我任班主任的班级9门科中6门年级第一，总分进入年级前50名的有19人。我带的徒弟小金老师，按照我说的方法做，他教第三层次班级，数学平均分在同层次班也是第一。第二学期学校安排我教两个第一层次班级。校长说不让我教好一点的班是浪费资源，实际上就全区来说，

所谓"第一层次班级"学生基础也不能算好。课表都排好了,教务主任请我到他办公室跟我商量,说要调整一下。事后我才知道,有一位老师对我的教学方法有质疑,说为什么给荆老师教两个第一层次班?好学生谁都会教,你让他来教第三层次上课一大片学生睡觉的班级试试。我说让我教两个最差的班吧!教务主任说:"荆老师,我们这样安排,您教一个第一层次班级,一个第三层次班级。"我说:"好!"第二学期期末考试我教的两个班学生数学成绩都是遥遥领先:"第一层次班级"超同层次班十多分,"第三层次班级"超有的同层次班三十多分。校长、老师、学生、家长等所有人都叫我"强哥",老师们看我的眼神都不同了。我任班主任班级总分年级第一,各科均分全是年级第一(有一门并列第一),年级前10名我们班有7人,第一、二、三名全在我们生本赋能班。我们学校学生虽然基础不好,但全区总分前10名我们班有4人,总平均分比最好的学校高15分。"一科把人带上去,各个学科站起来",各种荣誉接踵而来。当时打响深圳改革开放第一炮的《蛇口消息报》这样报道:侨中教师荆志强课堂向全区开放,"你听过荆志强老师的课了吗?你听了吗?怎么样?什么感觉?"最近以来,在全区各学校,尤其是初高中学校,教师之间无论是公开场合还是私下闲聊,常常会听到这样的问题和讨论,而"荆志强"也成为校园内的热词:"荆志强是何人?他刮起了一阵'荆旋风'……""但凡听过荆志强的课的老师,用得最多的形容词就是'震撼'……"南头中学一位数学老师说:"震撼于荆老师真正让学生自主的教学方式,震撼于活起来的课堂,震撼于高效轻负的课堂效果。"一位学生说:"以前上数学课老想睡觉,现在荆老师让我们感觉数学课很好玩,看到同学个个上台讲课,我也很想上去讲。"

我的课堂全面开放,每天听课的人越来越多,有本区的,深圳市的,还有来自全国各地的同行。区里许多学校把我的课表直接张贴在校内,为听我课的教师专程提供专车接送服务。

教学改革最难的是课堂,课堂改革最难的是高中,而我多年来的教学探索证明了高中教师一样可以教得轻松,学生可以学得愉快。我想教学生虽然只有3年,但要想着他30年,不仅要教孩子知识,更重要的是要让学生成长成才、提升能力,为学生的长远发展着想。

(二)人人都进步的高考成绩

下面我们来看生本赋能教育学生的高考成绩。我知道给学生赋能最后终端考试成绩肯定好,但我没想到考得这么好,在生源较差的情况下,高考重点率达100%,总分高分达复旦、同济、中大等线,第一、二、四、五、七名都在我们班,数学考的是较难的全国卷试题,但我们班学生觉得并不难,刚刚好,因为平时就是他们自主解决问题的,感觉高考和平时一样。学校也考得非常好,各项数据全线飘红,实现了历史性突破。当天晚上成绩一公布,次日上午深圳电视台《第一现场》就到学校采访我。后来《南方都市报》《广东电视台》等媒体都对我们进行了专题报道。高考喜报挂在食堂门口和大街上,我所教的班级被评为南山区高考优胜集体。这荣誉含金量很高,因为南山区在深圳市高考重本率领先,我们学校的生源能获得这荣誉太不容易了。因为教育教学工作成绩突出,我所在科组也被评为南山区高考先进学科组。我年度考核连续4年被评定为优秀等次,还先后被评为南山区优秀班主任、南山区优秀党员、南山区"魅力教师"、深圳市高考先进个人、优秀班主任等,还被南山区教育局推选为全国优秀教师候选人。赋能教学法深受学生喜爱,学生刘雨佳说:"自从强哥教我们,我觉得每天都过着幸福的日子,每晚躺在床上,心中充满对明天的遐想,每一天都是期待,每天都好幸福,好快乐!"深圳市华侨城中学蔡日健副校长:"荆老师书教得好!班带得好!他的加盟让侨中插上了腾飞的翅膀,让师生看到了标杆,真的很令全体师生敬佩和爱戴!衷心感谢他,他的无私奉献、积极勤勉、敬业爱生是每位侨中人的楷模!他的生本赋能教育实践又在深圳结出了丰硕的成果,祝贺他!他是我们的光荣和骄傲!"生本赋能教育示范辐射效应突出。我们学校成立了"荆志强教研团队",南山区教育局组建了"荆志强课改共同体",各级学校将我的实践经验作为"教改样本"予以推广,形成区域的教育品牌,产生了极大影响,收到了良好的社会效应。据学校不完全统计,近五年来全国各地来听我课的教育工作者有4万多人次。

作为老师,把书教好是我们的本分,没有什么值得炫耀的。罗列这些成绩,我想表达的是:大家不用担心生本赋能教育学生的成绩。老师们本来教得很好,如果把学生真正调动起来,给学生赋能他们的成绩会更好。更可喜的是,我们取得如此优异的成绩不是靠老师的高压或灌输,而是依靠学生的自主自为取得的。我最欣慰的有两点:第一,取得如此优异的成绩学生是快乐的,第二,学习过程中学生获得的能力可以使他们终身受益!

四、学能提升带来全面发展

一个班级只抓成绩,成绩很难考得好!我们开展生本赋能教育学生不仅学习好,各项活动也开展得非常好!我当班主任主要从以下几个方面入手:做人第一,我对学生说你的存在要让别人感到幸福!第二,学习靠自己:学会学习,学会计划,自主学习,享受学习!第三,锻炼不放松:每天锻炼,坚持自己喜欢的运动,健康快乐生活!还要学会感恩:感恩所有人,回家做到给家长三个一:一个微笑,一个拥抱,做一些力所能及的家务,特别是要整理好自己的房间。家长们说孩子在生本赋能班好像换了一个人,阳光、自信,比以前懂事,还主动打扫房间,简直不可思议。

我觉得开展活动是凝聚班级合力最好的时候,学校各种活动阳光体育节、英语节、诗歌朗诵等,全都由学生策划、组织、实施。班会也生本:由小组轮流主持,欢声笑语,学生盼望着上班会课。做班主任最担心学生出现这样那样的问题,迟到、早恋、头发长了、没穿校服等等,而我们班由老师管理走向治理每一位学生都成为班级管理者,每个学生都非常珍惜班级荣誉,都在努力为班级争光。德育主任说:我们班是"得奖专业户","文明班级流动红旗"在我们班不用流动了,几乎周周都在我们班,我们班教室后面挂满了各种奖励"锦旗",还有很多的"奖杯"。

我们班教室后面挂满了各种奖励"锦旗"

教师给学生赋能,充分为学生创造自主发展的机会,学生也自然对老师增加了亲近感,我们开展"为老师点赞"的活动,让每个学生找出任课老师的亮点,画出心目中老师的形象,贴在班级宣传栏展示。高三学生中午不午休,画出了各位任课老师的形象。让学生尊重老师,靠说教起的作用不大,而通过开展活动让学生在潜移默化中受影响能起到好的效果。

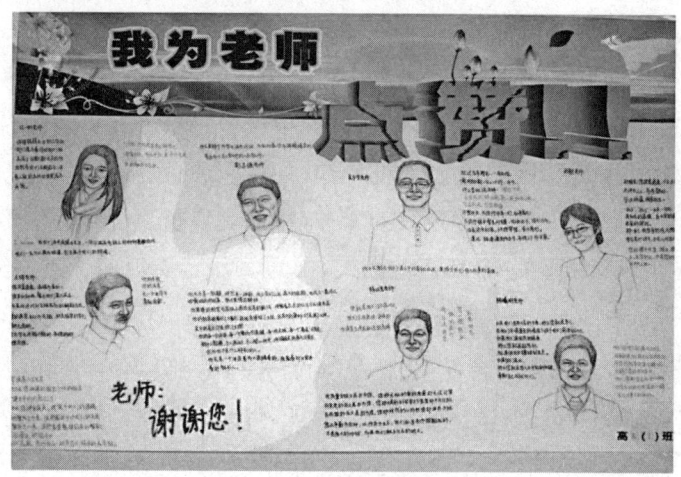

学生为老师点赞

同时,学生的全面发展也带来了家长的全面认可。这是我们班家长的评价,代替我总结了生本赋能教育的很多亮点。

盛达妈妈:今天下午听了荆老师的课:实在太精彩了!以前只是听说荆老师的上课不是上课,而是跟玩游戏一样有乐趣,主要风格跟别的老师不同。传统的上课是老师讲课、学生听课,而荆老师的课刚好相反,是孩子讲课,讲课过程中,荆老师总是恰到好处地指出利与弊,还不时地提醒同学讲解的时候速度放慢些,让那些没有理解和听懂的同学好及跟上来。做每一道题主要的知识点和方法都很到位。

睿祺爸爸:我今天听了三节课,感觉课堂效果特别好,孩子们的纪律和表现都特别棒,都能踊跃发言,充满活力,孩子们真的是在快乐学习。在快乐中学习成长,这样孩子们以后才更有能力走进社会。这样的课堂真的让我们感觉到孩子们充满阳光和朝气。

倩茹妈妈:今天和静妈上午去学校听了三节课:化学、英语、数学。在听课的过程中,都忘记自己是家长身份了,觉得自己就是和学生们一样,被老师生动有趣、幽默诙谐带入了知识海洋,充分体验到了"生本"的乐趣,真是受益匪浅,仿佛回到了学生时代。

安安妈妈:今天我听的是班会课,全是学生安排的,欢呼和掌声不断。这些孩子真的到了出神入化的境界,超出想象,他们不仅出色,把班级也带得井然有序。

林馨爸爸:昨天林齐妈妈从学校回来,为大家带回了振奋的消息,我们一班的孩子数学平均分141分,大家欢呼一下吧!孩子们考得很棒!

王晔爸爸:我也刚刚忙完,看到了令人高兴的消息。真欢喜!大家为孩子们鼓掌,干杯。尽情欢呼吧,尽情鼓掌吧!

李静妈妈:荆老师,从学生成绩到学生能力到学校认同到家长支持,这些很精彩的壮举,足以说明您的教学之神。我钦佩,我甚至感到荣幸,我当初没有遇到您这么好的老师,但是我庆幸的是我的孩子有缘遇到了您,那是我们家长的幸福。在您的带领下,我们班的孩子是那么的精炼,那么的出色,那么的积极,那么的能干,那么的优秀,那么的自信和快乐。孩子能在您的快乐教学中学习,对各科问题迎刃而解;面对全国各地老师的讲台,都是那么的应对自如,如果孩子平时没有上台的机会和演讲的话,是不可能有今天的胆识和成绩。孩子愿意和您在一起,那是因为您那风趣幽默、超高的激情、科学教育的管理方法所激发的,您把孩子当自己的孩子一样对待,甚至比对自己亲人还亲,您大公无私,让我无地自容,我连一两个孩子都没办法管好,您却是管理得那么轻松自在……

士哲爸爸:"生本赋能教育大法"是荆老师最大的亮点,荆老师名气很大,究竟能给我们的孩子带来什么?刚开始我们是持观望的态度,现在有了答案:学生、家长、学校一致公认,确实带来不一样的收获!这是我们孩子的福气!第一,班级的整体成绩始终稳定在高位,就像"炒股"达到了"天花板"的顶部,每一个孩子们都信心十足,觉得学数学很简单!这点荆老师非常了不起!第二,荆老师教的不是知识,而是分析解决问题的方法,学生有了这种思维能力,今后可以终身受益!孩子的将来发展,我们很放心!这点我们最感谢荆老师!第三,荆老师教学生学会做人!现在的学生最缺的就是这点,荆老师展现了非同凡响的教育风采,很好地解决了这一难题!这点我们最佩服荆老师!

事实上,成绩是育人的副产品!开展生本赋能教育,学生成绩、快乐、素质三丰收,我们把知识传授和能力培养统一起来,让学生具有更丰富的核心竞争力：管理能力、交流能力、解决问题的能力、团队合作能力、批判性思考能力等，真正实现让学生终身受益。

五、走改革之路能够真正成就师生

教师工作是专业化程度很高的职业，走不断创变之路才能获得持续的发展和提高。下面以我个人为例来说一说。

我刚开始学的是淡水养鱼专业，我的职业经历是先教职高水产班，后改行教初、高中数学。有人总结：荆志强"生本赋能教育"做得好，源于学养鱼对生命的尊重。换句话说，我的职业起点比起很多老师来说是非常低的，我能做好课堂改革，那么每一位老师都有理由做得更好，至少比我做得好！

我一直认为，好教师的标准首先在于是否受学生的喜欢。我自己秉承的理念就是愉快工作，热爱学生，成就学生的同时发展自己。坚持在生本理念下实行赋能教育，让学生成绩好，能力强，快乐成长；让学校放心，同行认同，家长支持，每天生活在幸福中。让我欣喜的是我还可做一个幸福的"传播者"，和大家一起分享开展教育教学改革带来的快乐。

我原工作单位江苏丹阳六中"以生为本"教改实践荣获省"重大教学成果奖"，高考本科达线率连续多年大幅递增，从一个普通高中一跃成为全省乃至全国名校。一个只有短短十多年历史的新校跻身于江苏省四星级（最高级）高中行列。教育改革还提升了区域教育品牌，这是《中国教育报》的报道：江苏省丹阳市从生本课堂"盘活"教育，以生本课堂为突破，真正走出了一条教育的高位发展之路，生本教育正由个体示范向群体推动扩大，由生本教学向生本管理拓展，由课堂和谐向生命和谐延伸。

我后来被人才引进到深圳工作，也是机缘。有一次我到深圳作讲座，一位既有教育情怀又很有专业水平的领导听了我的报告，很欣赏我的教改做法，亲自带领团队到我工作的学校听课、考察，最后看了我所带学生的高考成绩后决定将我引进到深圳，我也非常感谢领导的信任。

刚好当时也有一些外地的老师质疑我，说荆老师生本赋能教育实践做法可能只能在他老家做，你让他离开老家试一试，说不定就不行了，所以我就到深圳来了。在深圳我什么人也不认识，我就想证明生本赋能教育的普适性，让更多的师生受益。

来到深圳，发现教改氛围特别好，南山区高度重视教学改革，正在进行全方位变革，全面推进实施"卓越课堂文化建设"，提高学生综合素质，促进学生全面发展。让学生学有思考，思维有质的飞跃，而不仅有量的增加！通过教改，我所在的华侨城中学高考成绩连年攀升,时任刘良斌校长说:"学校要发展,出路就在于真心实意地课改,课堂教学改革是解决学校发展的唯一办法。课堂教学改了,教学质量提高了,那就是说明你改对了;如果效果不明显,说明你只改了形式,原因可能操作不当,细节决定成败,只要不断改进定会改有成效。"

《深圳晚报》报道教改提升了区域教育品牌:南山区高考中取得可喜成绩,高考"三率"大幅提升,在深圳市领先。南山教改坚持全方位变革,从理念到制度,从模式到文化,从区域到学校,南山高考告捷,"教改"是关键!

我现工作的罗湖区大力推广教育教学改革,区政府发布《深圳市罗湖区深化教育领域综合改革方案》全面落实课堂革命,教学原则是先学后教,教学思想是以学生为中心。王水发局长说:"教育改革最大的空间在课堂!教改关键是转变教与学的方式,教改目的让课堂"充满对话"。教改的推进策略是基本式＋变式,全区推荐一个教改"基本式",各学校、学科、教师、课型都可以有"变式"。通过教学改革课堂革命,2018年罗湖高考和中考都取得了令人骄傲的成绩,高分突破,整体提升、全面丰收,创造历史性新辉煌！高考1个市文科状元、4名北大清华;中考1个市状元、4名440—450分(满分460)。教科院宾华院长说:"罗湖中考、高考,双峰并峙,日月同辉！相信梦想没有那么遥不可及！相信奇迹,其实我们真的可以创造奇迹!"

六、生本赋能教育践行者们的心声

多年来,有很多教育改革的实践者们选择了与我同行,并且取得令人称道的成果。为了帮助老师们形成更全面的认识,建立信心,以下罗列出一些同行者的总结与评价。

【来自原深圳市南山区教研室郑明江主任的总结】
"荆志强神话"的五大秘诀

荆志强先生是创造当今中国中学教育和高考教育奇迹与神话的人,"荆志强神话"不是神话,是现实,因为荆先生就在我们眼前,荆先生的成果就在我们眼前！高中一二类学校招收剩下的三类学生,高考成绩竟然与一类学校并驾齐驱甚至更优;带一个好班和一个差班,结果比同层次班级人均成绩好班高出十几分,差班高出三十几分。我们实在难以想象,我们应该深入研究,这奇迹在江苏、在深圳是如何产生的？可喜的是,荆老师取得如此优异成绩不是靠题海战术苦累,仅有量增加,而是靠调动学生内驱力取得"绿色质量",把传授知识变为培养学生能力,引导学生自主思考,提升学生思维品质,让学生具有核心的竞争力终身受益！

每次听荆老师的报告,都被打鸡血! 感动,感佩,感谢! 他是难得的真正的教育实践专家,我是他永远的铁杆粉丝,走到哪里定会宣传到哪里! 真的,所有的中小学,所有的学科都该学习运用他的经验与成果! 我要拼命在我所接触的所有教育人群中为他鼓与呼! 这神话在荆先生的身上是如何演绎的? 本人是荆先生的虔诚崇拜者,我总结出了"荆志强神话"的五大秘诀。

秘诀之一 ——先学后研,自能通解

荆志强:教师讲得得意之时,就是学生听得痛苦之际;让学生不打游戏最好的办法是让老师来教;"鸡蛋从外打开是食物,从内蜕变是生命",荆老师悟透了李嘉诚这句话的生命原理与教育哲学。

有关专家研究表明:现行中小学教材,理科70%以上,文科80%以上的知识内容学生完全可以依靠自己的能力来解决和掌握。可是我们有许多老师却在用70%、80%的时间面面俱到地讲、问、导,其结果只能是少、慢、差、费。荆老师班上的学生先充分自学,就充分地解决了那本该由学生自己解决的70%的知识内容,再加上后面的对学、群学、质疑、检测,其学习的质效自然会大大增强。

"以生为本,自主学习,先学后研,合作交流"绝不只是所谓追新潮赶时髦的空洞口号,其最本质的积极意义在于学生人人都在亲自进行学习实践活动,而不是被迫当听众当观众,被迫听讲被迫答问,被迫看少数优等生表演。这恰恰是叶圣陶先生60年前所倡导呼吁的让学生"自能通解,自求得之""教是为了不需要教"。所以,我们大家都应该向荆老师学习,深入地研究并积极地实践如何千方百计地解放与发展学生的学习力!

秘诀之二 ——学生自治,互教互学

荆志强:学生是最宝贵的学习资源,只要用好学生资源,将他们真正组织和调动起来,学生的学习潜能就会充分调动,学习效果就会令人惊讶;有困难找学生(同学);我的课堂因互动和生成而精彩。

我第一次听荆老师报告,在反思他的经验时,头脑中自然蹦出了10个字——"学生管学生,学生教学生"。他的"分组管理,层级负责,责任到人"的经验值得我们学习借鉴。他将全班学生分为3个大队,9个小队,18个小组,充分发挥大队长、小队长和小组长的管理、指导、监督、协调、评价等功能,做到人人落实、项项落实、处处落实。全班又成立各种职能小组、策划小组、统计小组、纠错小组、复查小组、纪检小组……实现了人人有事做,事事有人做。

秘诀之三——适时出手，错误分享

荆志强说，在学生汇报学习情况、展示学习思路的时候，教师该出手时就出手（该讲时大胆地讲），这个出手的时机很重要；教师在课堂上要重点引导学生进行"错误分享"。

在导学策略方面，荆老师的做法是：先学后导，多学少导，泛学精导，易学难导。他能够科学地艺术性地制定学案，调动学趣，把握学情，提示学法。他善于选择导的节点，把握导的时机，讲究导的方式，追求导的效度。

在导学策略方面，荆老师善于引导学生进行"错误分享"，我认为这一条经验太宝贵了！因为只有紧紧抓住学生已经出现的错误进行分析、分享、纠错、明理，才是最有针对性最有意义最有价值的教学与训练。这就是着力于那些学生自我解决不了的20%、30%的重难点知识内容的教学与训练。这是一种紧扣难点疑点"短平快"的战术，较之面面俱到地讲、问、导，其效果是不言而喻的。

秘诀之四——着眼素质，做人第一

荆志强说：成绩是副产品，综合素质、个性品质最重要，这样才能成绩、素质、快乐三丰收；一个班只抓高考，高考很难考得好，做人第一位，学习靠自己，锻炼不放松，要学会感恩；柔性管理，制度管人，文化管心；做思想工作一定要让学生掉眼泪（触动孩子们的心灵）。

荆老师所带的班级不仅学业成绩出奇地好，而且在学校运动会成绩第一，广播操第一，精神文明第一。学生的学习成绩好与综合素质好应该是没有必然联系的，可是荆老师的学生成绩和素质却是成正比例的，是互相促进的。这里，我们不得不感叹荆老师是真正的教育家！有许多企业大家在谈到事业有成时，都发出一个共同的感慨：做生意做来做去还得回到做人上面来。难道学生的学业成绩优异，也与学会如何做人、做大写的人密切相关？这是值得我们教育人好好反思与研究的问题。

荆老师是做学生思想工作、教学生如何做人的高手，他手中有一把打开学生心扉的金钥匙。文化育人，情感管理，将心比心，切己体察，激励鼓动，因势利导，放低身价，视生为友……这些使他在创造学生成绩奇迹的同时，也创造了素质教育的奇迹！

秘诀之五——爱生如子，人格高尚

荆志强说，把学生当作魔鬼，那你就永远生活在地狱里；把学生当作天使，那你就永远生活在天堂里；好孩子是夸出来的，差孩子是批出来的；上台展示三优先:女生优先,后排优先,关注生优先。

全国有许多老师在听了荆志强老师的课以后,都发出这样的感叹:荆老师的课我们中小学教师人人都可以学,但似乎又不是轻而易举可以学到手的。那么我们就应该好好研究一下,荆老师那"别人不能轻易学到手"的经验究竟是什么?

我个人认为,荆老师之所以能够创造教育神话,除了个人的学科素养和专业功底之外(其实,这肯定不是决定因素),应该是敬业(乐业)若迷,爱生如子,施教有方。其中很重要的一点,是荆老师在与学生长期的摸爬滚打中逐步建立和形成的师德形象与人格魅力。亲其师才能信其道,只有将对学生的亲与爱融入血液渗于骨髓,才会与学生形成难得的心理相融,才能让学生意识到你是他们学科学习的知心人、个人生活的贴心人和人生发展的有心人,也才能使"学生一个个都像着了魔一样地要学习"(这也是荆老师的原话),也才能创造学习的神话、高考的神话乃至人生的神话!

"荆志强现象"值得研究,"荆志强神话"值得宣扬,"荆志强成果"值得推广,"荆志强精神"值得学习,我愿与大家共勉!

【来自深圳外国语学校特级教师唐锐光老师的总结】

荆老师的课堂为什么能成功?我们大多数老师的问题是喜欢为人师,而荆老师恰恰是退到学生身后。他的语言风趣幽默,很快拉近与学生的距离,形成良好的师生关系。他科学的管理和评价方式,他的班级管理网络化,有团队管理,人人是负责人。我们学数学的老师,喜欢关注数学知识的来龙去脉和知识的相互关联,在设计数学课的时候,喜欢更有"韵味",但学生的知识和经验还不足以体会其中的奥妙。荆老师不是科班出身的数学老师,他反而没有这些限制。在深外,上课知识点的学习是10分钟,将重点放在试题的评讲上,学会归纳通法通则,能力自然有提高,荆老师培养的学生不仅成绩好,能力还特别强。我认为注重数学知识和注重数学解题本身都不错,关键是针对不同的学生寻找到合适的结合点。荆老师的文学素养很高,所以妙语连珠,使枯燥的数学知识和公式变得生动有趣,同时他对学生的赞扬毫不吝啬,学生很受用。我想一位优秀的数学教师要有良好的数学素养,还要有一定的哲学思想和人文素养。荆老师也是真的爱孩子,真正关心和关注孩子,把学生当成自己的孩子,和学生关系非常好!

【听讲座后领导和老师们的反馈】

全国名校长翠北实验小学李巍校长(老猫校长):一直坚守这样的标

准:一场更好的报告,是可以让听众笑中有泪有思考的;一位更值得敬爱的教育人,是配得上两个很有分量的词:伟大、可爱。荆老师,您就这样征服了"老猫"、征服了翠北团队!您哪里是在传递幸福做老师的术与道,您是在引领我们智慧又幸福地做人过人生!

翠北小学卓卓副校长:在学期末极其倦怠时,是怎样一种讲座能让人大笑不止,又能让人流下激动的泪水?!是怎样一种演讲激情和人格魅力,让人顿生敬佩和敬重?!是怎样一种教育智慧和教育情怀,让听者心服口服,欲学其术,欲求其道?!荆志强老师,实打实的"金砖",绝对的强哥,课堂深耕者,教育的智者!目前听过最值得回味的讲座。

深圳布心小学肖莉校长:智者、学者、强者。幸福学校,幸福做教师!非常棒的讲座,接地气,干货满满!豁然开朗!直指教学的本真,直达教师的心灵!一直认为,语言是最有力量的东西。听君语,如是同,因为你的讲座,现在全校老师全带动起来了!课堂革命,立说立行!罗湖教育,前行有声,脚下有力。

深圳龙岭初级中学报道:荆志强副院长为龙岭初级中学、东方半岛小学全体教职工作了极富感染力的讲座。授课时声情并茂、口若悬河,尽显名师风采!荆副院长用了很多生动鲜明的教育例子,他充满智慧的教学方法,激情洋溢、幽默风趣的表达赢得了全体老师的阵阵掌声,整个讲座为时两个多小时,从头到尾100多次掌声,他的一句句"经典"让大家捧腹大笑的同时让大家感触颇多,深受启迪。在座的老师们为他的坦诚、直率倾倒,大家都为荆老师的教育教学智慧叫好,为他的生本赋能教育之路点赞,没有一个老师不专注听讲,很多老师很认真地做着笔记,还有老师不停地用手机拍荆老师课件的内容,经久不息的鼓掌让荆老师不好意思停不下来,老师们衷心感谢领导请来这么好的专家。

罗湖外语学校初中实验部报道:罗湖外语学校初中实验部阶梯教室内,不时传来阵阵笑声和掌声,原来是荆志强副院长正在为全体教师作专题讲座。荆副院长带给老师们的不仅有理念上的引领,还有实际操作上的指导。他从实际教学出发,解答了老师们的一个个困惑。整场讲座,荆副院长激情饱满,妙语连珠,配合教学中的实际案例,让老师们听得意犹未尽,现场掌声不断。张北常校长说:"这场讲座是送给女老师们三八节的美好礼物,也是给全校老师的一份精神大礼,希望在罗外实验、在罗湖、在深圳甚至更广阔的地方开出美丽的教改之花。"

深圳市布心中学报道：荆志强副院长来到布心中学为全体老师作讲座，在全场引来一波强烈过一波的潮水般的掌声，掀起一阵又一阵响彻会堂的笑声。讲座结束时有老师说怎么觉得才过了五分钟一般，有老师说，过去二三十年都没听过如此精彩的讲座；有老师说这场讲座掀起了自己内心和大脑的风暴，荆老师的话句句都击中了自己的软肋、说到心坎上了；有老师说我们太需要这样的讲座了，务实又有效。大家都觉得意犹未尽，期待下次可以有机会观摩到荆副院长亲自上展示课，并再次聆听到相关讲座。荆副院长的讲座将给布心中学全体老师带来深远的影响，荆副院长给大家带来了一把宝贵的钥匙，去开启如何幸福地做老师这扇大门。

深圳布心中学张秀娟主任：您全身上下充满思想者和实践者的光芒和魅力，一开场就让全校老师由衷喜欢您、钦佩您，到最后还意犹未尽，老师们都期待早日再见到集大情怀、大智慧、大胸襟于一身的身边的大专家。

深圳布心中学崔景晓副校长：非常感谢您为我们作了务实有效好操作的课改报告。老师们反映强烈，您风趣幽默的演讲、真抓实干的行动深深吸引了我们，散会后许多老师都围上我，意犹未尽地述说着自己今天的感受，非常非常希望再次听到您有关课改的报告，这是以前从未有过的现象，真心地谢谢您！

深圳市名师工作室主持人、全国优秀教师黄海清：每次听您的讲座都会让我满血复活，充满斗志！现在能荣幸地聘请您作为我的名班主任工作室的导师，相信未来几年能在您的引领下成就更好的我！还有我身边的年轻人！一切尽在期待中！让我们一起为做一个幸福的老师携手前行！

深圳市安芳小学报道：安芳小学全体教师同景园实验小学部分骨干教师齐聚学校三楼会议室，共同聆听了全国生本赋能教育实践名师、罗湖区教科院荆志强副院长带来的讲座，整场讲座掌声不断、笑声不停，全体与会教师享受了一场精神盛宴。幽默、风趣、接地气的讲座，不仅引发共鸣，更发人深思。当听到一个个成功并有趣的案例时，掌声、笑声如潮水般一波又一波地响起。他为我们清晰地呈现了生本课堂的构建与风采，用幽默诙谐的语言以及生动的教学实例，使老师们了解到教育离不开爱、更离不开科学有效的方法。学校黄文珍校长在总结发言时，衷心地感谢荆副院长为我们带来的精彩讲座，表示将积极探索"基本式＋"的学科变式。我们坚信，以生为本，以爱育爱，定能让教改之花处处绽放！

深圳东湖中学语文老师徐平主任：有魅力的老师，有魔力的课堂！强哥焕发了我教育的春天,我要牢记自己读书时的模样!以生为本,生生为本,教育才够本!生本教育,幸福老师,幸福他人。

深圳奥斯汉外语学校常中山副校长:感谢您的实战经验,感激您的真诚付出,感动您的倾囊智慧!智慧与激情令与会者大快朵颐!真专家!

深圳东昌小学邵嫦娥主任:以生为本,激发学生热情,发掘学生潜能,激励学生爱上学习,自信学习,成就自己!这真是功德无量的事情!改变一个学生,便是种下一个希望。这一切的出发点源自您对教育的热爱!

【来自全国校长和老师们的交流】

安徽霍邱陈郢余同明校长:荆老师的公众号是"金矿"啊,一边输液和老师一边看一边分析,可爱的"金点子"给了我们前行的勇气和方向,每次都有新收获。

河南省许昌市建安区实验学校文小娜:从来没有一场讲座使我这样从头至尾投入,讲得如此实用、精彩,语言诙谐幽默,佩服之至!听过很多类似的讲座、培训,这是唯一一场令人惊叹、难忘的,这场含金量极高的讲座,带给我们满满的收获!如今我们学校学习生本、推行教改如火如荼……

四川广元教育局谢正臣副局长:荆老师全面阐释了"以生为本"的实践理念与操作策略,一扫老师们心中疑虑,准确回应了生本课堂实践中的疑难问题。这么多年来,教学改革似乎有很多所谓的"经验模式",但真正契合教育教学实际的并不多。现在全国各地"教育专家"很多,但像荆志强老师这样敢于"真刀真枪"的一线实践专家才是基层最需要的!

四川苍溪天立国际学校康仕平校长:我做生本真正原动力来自荆老师的课堂,因为荆老师的课堂感染了我,幽默、睿智、轻松、灵动,我十分佩服!以前我们学校学生基础差,老师教得累,学生学得苦,学生不听就打骂,听了荆老师报告,读了荆老师书,我看到了人生的希望!荆老师的书我天天摆在办公桌上看了很多遍,我还读给学生听,看着他的课堂视频,坚持着、幸福着、成就着、享受着……

原丹阳六中朱万喜校长:北有魏书生,南有荆先生!一个教语文,一个教数学,都把学生的积极性调动到了极致,学生的成绩都是遥遥领先。他们的法宝就是:充分相信学生,充分理解学生,充分激励学生,组织学生,武装学生,最终成就学生!

福建宁化县初中邓必样老师:每次听荆老师讲座我都好激动,没想到老师可以这样当,我下决心做教改,学习荆老师的教学方法,我现在成为

"五有"老师：第一，有票子：做生本4年拿了前面做老师20年的奖金；第二，有荣誉：市优秀教师等各种荣誉接踵而来；第三，有成绩：所教班级学生成绩从全县最后一名升到第三名；第四，有地位：学校、老师、家长、家人都很尊重我；第五，有快乐：真正享受到了教师职业幸福！

北京顺义语文老师赵炳霞：听了荆老师的讲座，走进荆老师的课堂，买了荆老师的书，着实成了一名"荆粉"。研习后在课堂上实施生本教育，效果挺明显，打破了传统语文课的沉闷。在荆老师搭建的平台上，学到更多，研究更深，带给学生更丰富有趣、幸福快乐的学习体验！

北大附属实验学校新教师陈媛媛：荆老师：我们班曾经是年级基础最差的班级，听了您的报告，让我有了打破传统教学模式信心，我按您讲的做法大胆进行教学改革，在刚刚结束的期中考试中，我们班各科成绩都有显著进步，由原来的倒数第一跃进到现在的年级第12名（中等名次），我太高兴了！非常感谢！

江苏南京二十九中：听到荆老师如此接地气、充满生机的讲座，参与论坛的教师无不屏息凝神、认真倾听，高兴处掌声雷动，精彩处笑声不断。大家觉得深受启发，可惜时间太短，意犹未尽。

长大附中教务主任朱章桃：荆老师您幽默与智慧并存的报告，您真真切切、实实在在、接地气的述说，给了我们前行的方向，给了我们勇气和信心，给了我们可爱的"金点子"，一辈子感谢荆老师！灵魂深处真心感激您！太谢谢您了！永远是您的学生！为您超前的理念点赞！为您高超的智慧叫好！荆老师本身就是一束光，您的课堂更是光芒四射、活力四射，无论对学生还是听课者来说都是一种享受！您的大爱和智慧生成了学生向往的充满着对话的课堂，让孩子们在轻松愉快的状态下学习，充分发挥了各自的潜力，生命得以绽放。让学生对数学充满了热爱！真的激昂了生命！让学生越来越自信，内心越来越丰富！慢慢地学生就会沉浸在数学的美妙之中。荆老师的课堂，每一个学生的每一个细胞都是舒展的、放松的，接受和获取知识都是自然的！而且能把干货毫无保留地奉献出来，真让人感动！被您真枪真刀折服！您是教育情怀和智慧并存的大家！

广西百色民族中学韦瑜老师：听了荆老师精彩绝伦的报告，我有一种醍醐灌顶的感觉，所有心头阴霾都烟消云散。您可能不相信我回家大哭了一场，是您把我从危险边缘拉了回来，让我找到前行的方向！

隆林县中学程琬婷老师：您的讲座精彩绝伦！我们收获颇丰！真的有

"听君一堂课,胜读十年书"的感觉,您为我们山区教育做出了巨大贡献!

内蒙古包头铁二中吴金福校长:我们在教改路上走了这么多年,地区、名校、名家、课堂……林林总总,不一而足。当我们相遇"生本"的时候,很长一段时间记在心里的是荆志强的名字;当我们走进"生本"的时候,渐渐融入脑海的是荆志强教学法;而当我们今天面对荆老师的时候,却突然间强烈地感受到了荆志强精神——那种热爱教育、热爱生命、追求美好生活的精神,那种以生为本、激情满怀、追求职业幸福的精神,那种让生命绽放,为民族富强的责任意识和担当精神!

广东清远英德市黄花镇中心小学英语老师潘海花:自从在深圳听荆老师报告后,感觉荆老师身上充满正能量,讲座上收获了满满的干货。听完荆老师讲座后回到学校,我运用他的"做快乐教师,造生本课堂"教学方法和教学模式上英语课,学生非常喜欢,效果也非常好。虽然我师范读的是普师班,不是英语专业,自己又担任学校的教导主任,工作非常忙碌,但学生自主学习、快乐学习、合作学习效果显著,我只试用了一年,班级英语期末质检成绩连续两期取得镇第一,我写的这篇反思论文《做快乐教师,造生本课堂》也获得片一等奖,2018年还被评为我们镇第一位副高级老师,我太幸福了!因为在山区任教多年,有的时候会迷茫,一直以来我都希望找一位非常了不起的人、自己又膜拜的高手来指点自己,过些天我们还要去湛江岭南师范学习,真的很希望能再听到荆老师的讲座,非常感谢荆老师的指导和教导,三生有幸!

湖北荆门"荆志强生本实践研究会"刘克耕老师:荆老师,你的教学实践证明了生本赋能教育的普适性。你因生本而辉煌,生本因你而精彩!祝荆老师取得更大的成就,产生更大影响力。让"生本荆旋风"刮得更猛烈些吧!

第二章
以课堂为学生赋能，"三步四环节"教学法

一个人好不算好，大家好才是真的好。可推广复制的教学改革才有价值！我们推广教改的路径是"自愿实践、骨干先行、典型引路、科研支撑、氛围推动、全面提升"。从发动、心动到行动，传授教改实践的操作细节，确保想做的老师先取得实效，有教育教学质量，学生学得真快乐，教师获得职业幸福感，再由点到面向全校推广。

第一，坚持"以生为本，为生赋能"的基本教学思想，以学生为中心、以学习为主线、以学情为依据、以思维发展为目的的基本教学原则。让每一个学生在课堂上都能够深度学习，推动深度思维；都能拥有安全感、参与感、期待感和成就感，激发学习兴趣、热情与信心；都能静心地自主学习，真诚地合作学习，深入地探究学习和利用网络化信息技术进行个性化学习，提升学习质量、效率和效果。

第二，采取"基本式＋变式"推进策略，支持多种教学范式。鼓励学校和教师大胆创新课堂教学模式，形成百花齐放的"课改"局面。推荐一个"基本式"，各学校、各学科、每位教师、各种课型都可以有"变式"，推出适合的教改模式。每个老师发挥自己的特点和长处，形成自己的风格，以自己的方式走进学生，做出自己特色和业绩，实现自身的价值！

践行教学改革千万不能搞"一刀切"，一定要以效果为本，只要把学生的学习积极性调动起来，有效果，就是好方法！适合的才是最好的！齐白石先生："学我者生、似我者死！"教无定法、贵在得法！学情、学科不同，不能机械地生搬硬套，刚开始可参照模式，但绝不能"模式化"，"仪仗队"整齐划一很漂亮，但不能上战场打仗。

第三，教改要做"减法"，老师负担已经很重，绝不能再增加老师的负担。遵循的原则是不折腾、不搞运动、不走形式。老师们可传承原来驾轻就熟、行之有效的做法，选择性地改进。学"以生为本"的思想，学解决问题的方法，做教改会有很多问题，我们要针对不同问题、用生本办法智慧地解决。我们老师要不断创新，只要精神不滑坡，办法总比困难多！

有的老师会说，"以生为本"的理念肯定好，但具体怎么落实呢？作为在一

线教书三十多年的老师,下面跟大家介绍如何把"以生为本"的理念运用到我们日常教育教学行动中。

开展教改的一个前提是"先学后研",原则上学生先做,师生再共同"研究",把所学问题弄懂弄清,所以我认为是先学后"研",而不是先学后"教"。开展教改有两个关键,第一,相信学生,必能学好。重新认识人可以达到的高度,调动学生,依靠学生,乐在其中,只有这样才能让学生学得真快乐!仅有所谓表面的"快乐学习"是"安乐死",生本赋能教育是"快乐生"!第二,顶层设计,轻装上阵,课程整合,教学重构,抓住根本!关键是提高课堂效率,让学生成为学习的主人。只有这样才能让学生学得真轻松!我们要的是"绿色质量":学生学有思考,追求质的飞跃,而不是靠题海战术,仅有量的增加!简单地讲:传统课堂上一个老师讲给学生大家听,老师独自辛苦地教学生,灌输自己的经验和想法;生本赋能课堂是学生讲给大家听,全体同学一起努力地学,共同分享集体的智慧。开展教改三大要素:学进去、讲出来、写下来,这是王水发博士深入课堂调研总结出来的。"学进去"即发生对话。一是学生与学材发生对话;二是学生与同学发生对话;三是学生与教师发生对话;四是学生与网络发生对话;五是学生与实践发生对话;六是学生与自己发生对话。"讲出来"只有学习者能够把自己的理解、建构与思考、想象讲出来,才真正发生了学习。学生需要独立阅读讲出来,小组交流讲出来,师生互动讲出来,总结反思讲出来。"写下来"是一个整理思维、内化知识、解决实际问题、真正有效的过程。概括提炼写下来,听课记录写下来,规范练习写下来,错题订正写下来。写下来使人精确,写下来使人深刻,写下来使人严谨,写下来使人智慧。学生学习过程效果研究表明,学生通过个人自学可以解决70%的问题(这是平均数据,实际上有的学生远超这标准,当然也肯定有学生达不到这标准);小组讨论做透再解决20%,这样已达90%;全班一起研究做优只要再解决10%的问题,理论上就可达100%。再加上评价护航:管理落实,就能保证效果。

第一节 | 课前做好前置,以学定教 |

学习目标:通过个人自学,解决70%的问题。

一、设计前置学习:练在讲之前

开展生本赋能教育实践,首先要设计"前置教学案"(也叫"先学研究"),因材施教,教什么比怎么教更重要。前置教学案是"自学的导航、互动的载体、落实的抓手",是指导学生自主学习的指南针和路线图。教学案在学生的预习中起导航作用,能帮助学生对预习知识进行梳理理解。"前置教学案"实际就是一个"先学提纲",有纲才有自学的抓手,只有设计好了"前置教学案",学生自学才可能轻装上阵,学习才可能有好的效果。

1. "前置教学案"编制通过集体备课完成

教改不能增加师生的负担。实践证明,做老师也千万不能靠"单打独斗",非洲有句谚语:"一个人可以走得很快,但不能走得很远,只有一群人,才能走得更远。"一个人能力再强,毕竟力量有限,所以我们在教育教学中要集大家的智慧,分工协作编制"前置教学案",教师们要以备课组为单位在一起认真钻研教材,对知识重新"翻译",设计出学生易于接受易于学习的教学案。因此,教学案的设计不仅要条理清楚,由易到难、循序渐进、提炼知识,而且教师要转变角色,站在学生的认知基础和理解水平上进行设计。通过"电子稿"上届下届传承,不断修改完善,这样做大家就轻松。

集体备课要做到"四定"。定时间:每周每个学科用半天的时间。定地点:每个学科有固定的场所集备。定人员:学科组全体成员一个都不少。定内容:讲什么?怎么讲?都要讨论好。具体流程是超前一周集备完成,提前三天印好,超前二天发给学生,超前一天收,让老师有充足时间批改,充分了解学生做的情况。

"前置教学案"是学生学习的"路线图",它直接影响着学生自主、合作、探究学习的效果,也直接影响着学生课堂展示的效果和课堂教学是否真正达到高效。因此,教学案编制过程,实际上是教师业务能力、责任心和敬业精神的综合体现,也是对学科组成员团队合作能力的集中体现。一份高质量的教学案是集体智慧的结晶。概括地讲,教学案的编写要做到"三个统一",即统一编写程序、统一基本内容、统一课时容量。

第一,统一编写程序。由备课组长分配教学案编写任务。每周集体研究,当周备下周的教学案。每一课案,先由主备人"个备",然后返回学科组"群议",主备人再根据大家的建议进行"修订"。

第二,统一基本内容。教学案主要包括:①学习目标;②重难点知识;③学法指导;④学习内容(基本题,提升题,拓展题);⑤自主反思;⑥我的问题等。

第三,统一课时容量。本着一课一案的要求,每个教学案要分量适宜,符合实际,讲究实效。教学案的容量以学生预习时间不超过30—40分钟为宜。

有老师可能会提出,有资料为什么还要编制"前置教学案"? 我觉得编制

"前置教学案"有五点意义：第一，以学定教，因为资料繁、杂、难，通过筛选整合，定好标准，才能适合您所教的学生。第二，团队合作，集大家智慧，备课组一起研究，每届通过电子稿不断修改、传承，可"以老带新"，提升整个科组的水平，大家都轻松。第三，便于落实，落在纸上，收、批、查、统计都很方便。第四，更有实效，上课有针对性、实效性，投影方便。第五，用好资料，学生通过"前置教学案"的引领可以更好地自学、课后反思等。有一点必须指出，不能因"前置教学案"而忽略课本。"前置教学案"是为了更好地促进学生对课本的学习而设置的学习方案，是"路线图""指南针"，是课本学习的辅助，不能替代课本。

2. "前置教学案"设计要求简单、根本、开放

"前置教学案"要做到简单、根本、开放，而且它们是一个有机的整体，不可分割。所谓简单，就是大道至简，把复杂的问题简单化；所谓根本，即抓住基础，最重要的部分，人性之根是让学生容易理解"好学"，知识之根是找到学生思维的起点，我们要低入，以学定教，学生现状就是我们教学的起点；所谓开放，即问题的设计是开放的，解决方法是多样的，面向全体学生，对学生的要求也是开放的，有选做题，遵循因材施教的原则，要求学生做到量力而行、自由选择、力所能及，千万不能统一要求，强迫所有学生都要完成，那有些基础较差的学生只能抄作业了。

我们已经进入从单纯考知识转向考人的素养，从考解题转向考问题解决的新时代。"前置教学案"设计要求学生掌握双基，即基本知识、基本技能，激活思维，注重能力，提高学生的核心素养。"前置教学案"不等同于复杂的"导学案"，"导学案"多而全、繁而难，学生一看就烦，不利于学生自学，我们把"导学案"做一些改良，便于学生自学，就可形成"前置教学案"。

学习内容以教材为主、参考资料为辅，以一节课的容量为标准设计，内容不要过多或者是过于具体，应该给学生留下思考的空间，一定要有思维含量。掌握基本知识、基本技能，渗透学科的素养、关键能力、核心价值。知识问题化，采用填空的形式让学生自己梳理。问题探究化：形成问题串，以问题引导学生进行交流探索，突出重点，选择典型例题、易错问题；探究层次化：难点分层，给学生台阶，由浅入深，尽力而为。最后让学生提出自己的疑问。具体来说"前置教学案"编制应遵循以下六大基本原则：

第一，主体性原则。前置教学案设计与传统教案不同。传统的教案形式是立足于教师"如何教"，而前置教学案必须立足于学生"如何学"，做到能充分发挥学生的主观能动性，充分尊重学生的个体差异，充分体现学生的主体地位。

第二，导学性原则。"导"就是指导、引导；学不是讲，也不是教，是以学生学为根本要求；案是一种方案，一种设计，不是知识、题目简单堆积。"前置教学案"编写要突出体现"导学"，重在引导学生学习，通过由易到难的问题设置，阶梯式学习内容的呈现和有序的学习步骤的安排，引导学生由浅入深、循序渐进地进行自主学习、合作探究，培养学生的素质和能力，使教学案成为学生学习的"路线图""方向盘""指南针"。

第三，探究性原则。设计"前置教学案"要做到"知识问题化、问题探究化、探究层次化"。从问题入手，通过让学生设疑、质疑、解疑，培养学生对文本分析、归纳、演绎的能力，进一步培养学生的探究精神。对问题的设计本着"由易到难、分层探究、有序引导、逐步生成"的原则来进行。

设计的问题通常分三个层次：

第一层次"基础题"，主要指本节课的基础知识，力求全体学生在利用教学案"独学"文本的基础上全部解决；

第二层次"提升题"，在知识和能力上都有所提升，力求中等以上程度的学生在利用教学案"独学"基础上全部解决；

第三层次"拓展题"（即需要化归转化的问题），有更强的综合性和难度，并与生活实践相联系，力求学有余力的学生在利用教学案"独学"基础上能基本解决，在此基础上，通过"对学""群学"解决剩余的疑难问题。

第四，层次性原则。编写"前置教学案"时将难易不一的学习内容处理成有序的、阶梯性的、符合各层次学生认知规律的学习方案，引导学生由浅入深，层层深入地认识教材、理解教材，使不同层次的学生都学有所得，增强学生学习的自信心，挖掘学生学习的内驱力，让每一个学生都能享受学习成功的快乐。

第五，实用性原则。"前置教学案"是集教案、学案、笔记、检测和复习资料于一体的师生共用的教学文本，是"教学合一"的载体，具有较强的实用性价值。编写教学案要从学生自身认知水平、现有学习能力和教师自身需求出发，合乎学生和老师使用，操作起来简便易行。

第六，规范性原则。"前置教学案"虽具有学科特点，但从教学案编制流程、教学案的基本组成、格式要求、容量要求等方面统一规范。"前置教学案"形式是一大新授内容（8K）、一小复习反思（16K），分栏便于投影。

3. 老师把已经编制好的"前置教学案"布置给学生先做

将教学案提前1—2天发给学生先做。有的老师说，我没教，他怎么会做？这就是理念问题，前面已经讲了很多道理，这里不再赘述，就像学生玩游戏一样让他自己先玩,有问题再生生、师生一起研究。小学毕业考试、中考、高考,我们能不能教师先讲了再考?不能!要靠他们自己想办法处理,这就是平时我们讲了那么多题,为什么学生对付不了那几道中、高考题的原因,我们平时就让他们自己思考解决,到考试时遇到困难问题也就能自己想法解决。

刚开始老师要指导学生如何先学,"前置教学案"给出明确这课时的学习目标,对学生进行学法指导,参照学习目标,学生根据教材,自选一本参考资料独立思考先学。这节课知识点有哪些?典型例题怎么解决?为什么这样做?有没有其他思考?要求个人独立思考先做;小题注明简要理由,大题写好详细过程。依据"前置教学案"对照课本进行课前预习。所有学生必须自行解决"前置教学案"中基础题部分(自主学习内容),学有余力的同学可做拓展题,生疏或难以解决的问题用双色笔做好标记,并做好预习笔记。预习时要实事求是,切忌抄袭他人、弄虚作假(有老师担心学生会抄。其实不用担心,明天课堂上让他上台一讲就知道)。一定要尽量让学生自主解决自学中遇到的问题,因为任何有效的学习都须经过学习者自学独立思考的过程,自学能力的培养对生本赋能教育的开展至关重要。要让学生有对话的资本。刚开始有一点不适应,习惯成自然,过大概一个月时间适应后就好了。使用"前置教学案"时坚持先独学、再对学、群学的方式进行,逐步培养学生自主学习的习惯和能力。还有个培养学生自主学习能力的好办法,就是有困难找学生,让学得好的学生介绍经验和学习方法。

学习方法案例1:

高一学生　陈芳君

一、读书:无论哪一科的学习,要先学会看书,把书看懂。在看的过程中,理清概念性的东西,圈画关键字词,以便复习。结合参考书,弄清例题,大概明白所要学的内容。

二、做题:拿到题目,在浏览题目的同时,圈画出题目中的易错点与解题关键,在完成题目后返回题目,看是否忽视了细节问题。做题要先做简单基础的或中等题目,不要浪费时间钻研难题。

三、巩固:自主订正试卷,给自己一个思考的过程。若还是无法解决,找组长,讨论透。在订正过后的2—3天,将错题在纠错本上再做一遍,看自己是否还会。应反复纠错,尤其是典型题、易错题。

四、复习:每个周末都可以整理这周所学的知识,大概半个月往前回顾一次。看看纠错本与书上圈画的重点。若有多余时间,可以做一些课外习题。

学习方法案例2：

对怎样学好数学提一些方法与建议

高三学生　杨　超

离高考仅剩100多天了,对于我们每一个同学来说时间都是宝贵的。所以在此我就怎样学好数学提一些方法与建议：

我认为数学的学习主要分为三大块：

一、知识梳理：通过学校的复习讲义查找自己知识上的漏洞,可能是由于公式记错或原先的一些理解不当造成失分,也可能是其他原因,反正要找到问题出错的根源。

在找到漏洞后。我们可以把相应知识点写到自己知识梳理本上,同时要在下面附上一些相应的例题,如：椭圆"$\frac{x^2}{k+8}+\frac{y^2}{9}=1$ 的 $e=\frac{1}{2}$,求 k"做错了,应该是对椭圆中的 a 是"谁,它跟谁走",这一概念没有理解清楚,所以没有分类讨论导致出错,这样以后在温习时就能将知识点运用到一些题目中,即融会贯通了。

二、纠错方法：是必不可缺的环节,我认为一些小题目可以用白纸盖住原题直接在考卷上做,如果做对了,再反思一下原先为什么做错就可以过了。如果做错了,那就要上纠错本(可先将题目抄下,过两日再做),但一定要回到"知识梳理本寻找这一块知识点是否已经出过错,如果总是在一个地方栽跟头,那自己就要多留心了,最好打上着重号(像我经常在填空"6—7"题上做错,自己就会更加谨慎),如果是新的漏洞,那就要上知识梳理本。当然,进入二轮复习,我们除了做题,更重要的是学会思考,将同类型的题目集中起来,寻找差异,反思方法,揭开数学题内在的思想,如"化归思想",这种思想可以在很多题目中应用,我们要去"比较"去"领悟",寻找到做同类题目的最快捷的方法,这样在高考中就可以腾出时间来应对一些新题、难题。

高中数学就是通过一些数学思想将固定的知识点迁移运用到创新题型中,在这之间,我们必不可少地要多练、多思考、多总结。

三、反思提高：第三步也很重要,为了防止有些同学纠错纠到最后答案都能记住了,但有时成绩却并不理想,我们应该去寻找一些同类型但略有变化的题目来做，这样可以"温故而知新"。

总之，以上三个环节要同步进行，才能达到最佳效果。

4. 生本赋能教学只有"前置教学案"，课后无作业

传统教学是老师先讲再布置作业让学生做，实则"套题型"，学生只会亦步亦趋，缺乏自主解决问题的能力，考试也难考好。现在我们实际上把作业"倒置"，提前做，轻装上阵。

这里要特别注意的是：生本赋能教学只有"前置教学案"，课后千万不能再布置作业，否则就会加重学生的负担。我深入一些学校调研时发现，有的老师不放心，总觉得量不够，学生既要课前做"先学研究"，课后还要再完成所谓的"配套作业"。"先学研究"没弄透，布置的"配套作业"又做不好，错得多、进度慢、效果差，学生怨声载道，苦不堪言。

我们老师都深有体会，自己学通才能教学生，教一遍胜自己学三遍。所以要想学生学得好，把学生当老师一样培养。让学生先做"先学研究"，练在讲之前，也就是让学生先"备课"。生本赋能教学的学生为什么能在课堂上自信勇敢、对答如流，他自己已经研究过了，他是带着问题来，有对话的资本，有想跟大家一起研究解决问题的欲望。如果学生平时都是这样自己解决问题，就能真正"学进去"，长此以往，学生自学能力自然强，遇到任何问题都能自己想办法解决，平时变成考试，考试也就变成了平时，最后终端考试成绩也一定会好！

学习是一个循序渐进、螺旋提升的过程，千万不要一下子"挖得很深"。我们可以通过三种课型"新授课、习题课、复习课"螺旋式提升。一张大的新授内容，让学生彻底搞懂，一张小的复习前面的典型、易错问题滚动复习，回眸提升。防止学生"一看就会，一做就错"。

学习要求两原则："会做的尽力做对，该错的尽量少错"。学习心态四句话："基本题不失分，中档题少失分，难题目拿几分，每人至少120分（总分150分）"。水涨船高，大部分人能得基本分必定有很多人得高分；大多数人能解基本题必定会有人解难题，先掌握"基本题型"，再学会"化归转化"，所谓"难题"自然迎刃而解！莫斯科大学教授雅洁卡娅说："解题就是把要解的题转化为已经解过的题的过程。"

二、"前置教学案"使用要求

1. "前置教学案"原则上必须让学生先做

一般是提前1—2天下发，让学生先做，收上来批改。有的老师提出提前1

天发，没时间批改或浏览，那就提前2天布置，这样就能保证老师有充足时间批改或研究学生做的先学研究，老师在课堂上才能做到游刃有余、点评自如，有针对性，讲在关键处。

因为生本赋能教育没有作业，只有前置，原则上学生没有先学，老师不讲。学生先学后带着问题进课堂，师生才共同研究，所以学生认真做好前置先学研究尤其重要。怎么让学生乐意做前置？有的老师说，有的学生刚开始不愿做"前置先学研究"怎么办？郭思乐教授说：办法很简单，以学易学，以学饵学，以小有成就的学引大有成就的学。你必须知道，他本质上喜欢学，你就用学来吸引他，而不是用别的，也就是投其所好。赖老师的办法是让他们抄书，先让他抄二三百字，就可以得到好分数；抄了几次以后，在抄的书段后面写几句话，说明你为什么喜欢这段话而愿意把它抄写下来，这样做下去，这些学生居然成了《中学生报》的积极投稿者，课室的墙上贴满了孩子们的作品，作业变成了作品。在此，我们老师做了什么呢？第一，知道了学习是孩子们内心的痛和内心的喜。他们表面上对学习很漠然，实际上充满了爱和恨。学习是他们的天性。第二，既然学习是他们的本性和本能，即想方设法给他机会，让他自己来，从头来、一点点来。

还有一个办法是"封官"。我们班新来一名同学很聪明，但学习习惯不好，不愿做前置作业，而且很难融入班级。我就给他"封官"，做订正组长，专门负责收订正，还要解答订正有疑问的同学的问题。为了帮助其他同学，得到大家的承认，他现在不仅前置完成得很好，而且增加了与同学交往，跟大家相处融洽，很有成就感。我又提升他"当大官"，当数学课代表总助理，负责发全班的前置作业。他非常负责任，每天"期待"发前置做前置，开心快乐，学习进步，能力增强。

2. 批改和评价学生做的"前置教学案"

第一种方式最好是老师全批全改。课代表按小组收齐，老师先批改，并做好记录。老师对学生做的情况、各种解法做到心中有数，对学生的各种典型错误、每题错的原因了如指掌，上课时老师就能做到游刃有余，有针对性地和学生探讨研究。上课讨论时每个小组的统计员对本组进行错题统计，统计部有专人汇总错误率。

第二种方式可采用老师抽查批改。老师浏览学生做的情况，至少批改三分之一或以上(2至3个小组)，以便了解情况。老师发自己做的或已批改的优秀生答案，让学生自己批改统计。优秀学生以自己做的前置可作为标准答案而自豪，其他学生在批改时以发现优秀学生的错误而骄傲，自己在批改时也会十分用心,批改也是学习。

第三种方式可采用小组对调互批。两个小组对调,组号固定,即1号批1号、2号批2号……6号批6号,谁批谁的可追溯,发现一处错误扣对方1分,小组捆绑合计扣分,本小组被扣总分(负数)与对调小组扣的总分(正数)之和为本小组的实际得分。如第一、二两个小组对调,第一小组被扣总分40分,第二小组被扣总分48分,第一小组实际得分为+8分,第二小组实际得分为-8分。如果批错还要双倍扣分。这些办法都是学生想出来的,由于小组捆绑,大家都认真做,为小组争光,要想批改正确,会做才会改,批改也是学习。

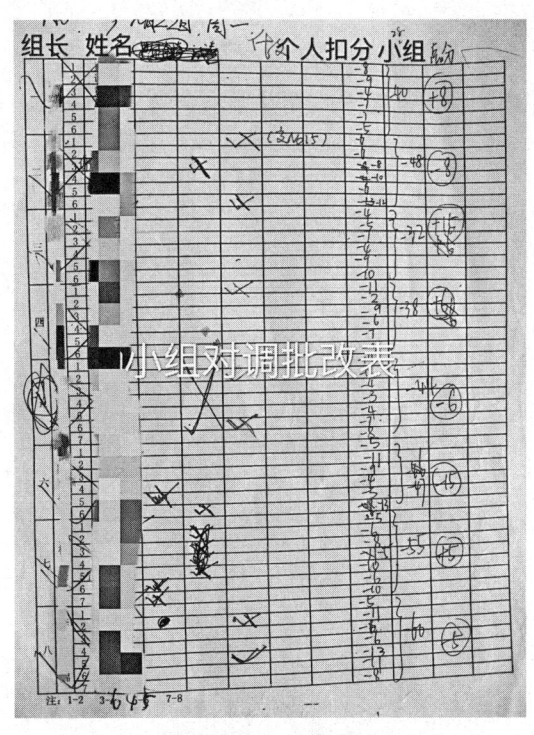

小队对调互批得分统计表

举例:有一次我到办公室找语文老师,发现王诗艺在掉眼泪。我对语文老师说,我们班同学这么好,你还把学生批评得掉眼泪。语文老师说:荆老师你错了,不是我批评王诗艺她才掉眼泪,而是王诗艺觉得对调批改作文时她把别人的分数打高了,对不起老师,来向我道歉的。王诗艺走后我跟语文老师开玩笑说:现在的"世道都反了",批改作业的事本来应该老师做的事,学生帮你做了,她反而来向你道歉,太不可思议了。

"前置教学案"的有效评价能促进学生热情参与,是他们积极主动学习的动力。教师每节课对学生的"前置教学案"进行评定,对预习到位、书写规范、双色笔使用、纠错认真的学生进行表扬并展示,能有效调动学生学习的主动性。其次,每周评出优秀完成"前置教学案"之星,给予鼓励,引起学生高度重视,使每位同学都能积极主动认真完成"前置教学案"。

3. 根据错误统计上课,解决老师上课的困惑

统计对于生本赋能课堂非常重要,统计错题,可以让老师"眼中有生、心中有底"。没有统计,老师和盘托出,只能什么都讲"满堂灌";有了统计变成"聚焦问",老师可以根据学生的"需求",解决他的困惑问题,做到雪中送炭!与供给侧改革一样,提供有效供给,满足消费者的需求。教育是服务行业,老师不要做"热情的商家"接待"不领情的客户",而是要服务好我们的"客户"学生。

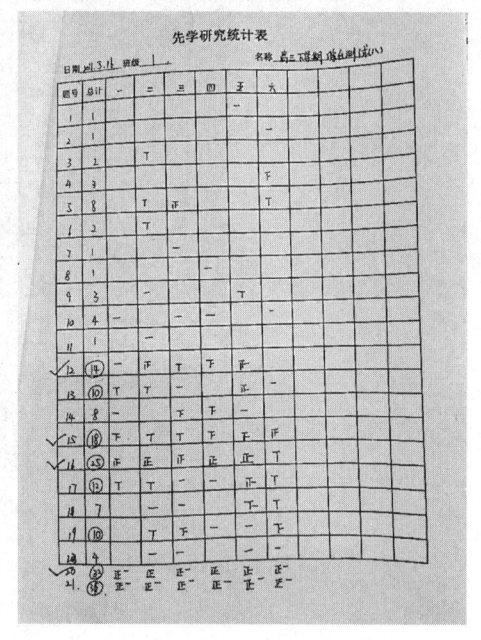

批改情况统计表　　　　　　　批改情况统计表

统计错误由学生完成。有的老师又提出问题,让一个学生统计全班错误,这个学生无心思听课怎么办?我们的解决方法是"分解"。每组设一个统计员,他只统计本小组的错误情况,最后由统计部专人汇总出全班情况,汇总统计放在讲台上供师生随时查阅。

第二节 | 课中教学互动、协同共振 |

开展生本赋能教育四个环节:一是设计前置学习,学生自学;二是小组合作探究,学生对学;三是学生上台展示,学生群学;四是评价激励超越,学生落实。前面已经向大家介绍了学生个人自学的环节,下面结合本人长期的教学实践,介绍余下的三个环节。

一、小组的构建是做好生本赋能教育的基本保证

每一位学生都有两个职务:负责学习的学科长和负责管理的职务,各司其职。班级工作要分解,力争做到:人人有事做,事事有人做,人人抢事做,人人把事做好。工作要分解,以下是班级人员分工表格。

班级管理人员表

班长	(负责管理线)								
部门	学习部	宣传部	纪律部	卫生部	生活部	文娱部	体育部	统计部	资料部
部长									
副部长									
委员									
委员									
委员									
委员									
委员									
委员									
委员									

学科管理人员表

副班长	(负责学习线)							
小队	一	二	三	四	五	六	七	八
中心组								
语文学科长								
数学学科长								
英语学科长								
物理学科长								
化学学科长								
生物学科长								
政治学科长								
历史学科长								
地理学科长								
统计员								

1. 让学生有分组"欲望",具体可分两个主要阶段实施

生本教育指出,要高度尊重学生,不是老师要学生分组,而是让学生自己想要分组,所以分组可分两个阶段实施。

第一阶段:刚分班时让学生自由组合。同学们问我怎么排位置,我说:"我们班不排位置,你想跟谁坐就和谁坐。"同学们欢呼雀跃,开心极了,从没遇到过这么好的老师,感觉老师特别理解他们。

第二阶段:相互了解后,一般第一学期期中考试后,进行第一次考核,第一、第二小组享受"想到能办到的"所有奖励,最后两小组接受"怕什么就来什么的"一切处罚(所有的奖励和处罚都由学生制订实施),很多学生就会要求重新分组了,因为学生要求重新分组才重分组。

2. 怎样分组:组建两条线,即学习线和管理线

重新分组一定要让学生来完成。他们会提出很多要求,根据学生成绩、能力、性格、男女、学科等情况尽量均衡,老师可引导学生先民主选举出得力的班委会,由班委会讨论选出各部部长(管理)、各组组长(学习),再有各部长"招兵买马"组建各部人马,各组组长们想法"统筹均衡分组"。

分组案例:按成绩"S"型分组,"ABCD"型分组等等,把A组的同学先写在黑板的第一排,然后让D组的同学先选,再C组选,最后B选。A和D搭配,B和C搭配,这样分组基本做到好差搭配,利用学生的"差异性"学习。

我们区优秀班主任王莉老师的做法值得推荐。她把全班同学分成六种人才。第一种领导型人才:就是指小组长自己。第二种学习型人才:指学习习惯好、作业认真、学习自觉性强的学生。第三种艺术型人才:能歌善舞、擅长吹拉弹唱的学生。第四种组织型人才:善于合作、胆子大、敢说敢做的学生。第五种运动型人才:热爱体育、运动细胞发达的学生。第六种潜力型人才:成绩虽暂时落后,但聪明有潜力的学生。实行分类双向选择制度,组长每人必须从其他5个组选择5人,若分10个小组,给组长排号1—10号。1号组长先选第一类人才,10号组长就最后一个选。第二类人才,第10号组长先选,以此类推,选择时必须注意男女生搭配均匀,组长选择的组员要对其负责到底,原则上小组里面一旦固定将不再调整,这样分下来的小组,每个人都是人才,在小组内都必不可少,组长自己亲选,所以即使出现问题,学生小组长也会负责到底,不会推诿,几乎不会出现被小组继续拒绝的学生。

班级分成两条线管理:

第一条学习线(纵向):根据班级人数,分成若干个学习小组,一般每组4到

6人为宜,组内前后两人一一对应"结对子"。小组不一定围成一圈坐,讨论时前面三位同学回头,讨论完展示时还是朝前坐,传统的好做法不用改变,教改不重形式,只求实效。组长负责制,每个人都是各学科的学科长,每组选一个统计员。

第二条管理线(横向):根据需要设置,如学习部、统计部、资料部、纪检部、卫生部、生活部(下设网购小组购买奖品等)、义工队等,每个部有部长、副部长,委员若干名,每个人都是班级的管理者、服务者,这些部门主要负责考核督查工作,保证每个同学、每项工作都落实、督查、考核到位。

我觉得分组让"人人有事做"是班主任治"早恋"的好办法之一,老师往往喜欢让少数成绩好又听话的学生做很多事,这些学生很累。大部分学生都无事可做,没事他就会跟班级寻事,如果每个人都有事做,他就忙得没时间寻事了,"早恋"的同学也相对少了。

案例:分组时有的同学没人要怎么办?

我们班最高领导"班主任助理"婷姐来找我说:"我们组分得差不多了,只有小凡没人要,强哥你想想办法吧?"我说:"你们这么多人都没办法,我肯定也想不出什么好办法。"婷姐说:"找你等于没找,还是我们自己想办法吧。"说完便去了教室。过了一会婷姐来我办公室对我说:"我们分好了。"我说:"这么快?"婷姐说:"我们做思想工作。"我说:"怎么做的思想工作?讲给我听听。"婷姐说:"小凡每天打篮球打到7点,开始上晚自习时才冲进教室,坐在那里浑身是汗,所以大家都不愿跟他在一组,说他身上好臭。"我也曾跟小凡讲了几次,效果也不明显,他笑嘻嘻地对我说:"强哥你让我多玩会。"这次分组没人要他,他有点着急,她们找到小凡暗恋的女生李紫琦找他谈话,小凡说:"好好好,我一定改!"他们用上了"美人计"。

二、课上怎么开展生本赋能教育?

1. 讲清道理

采用多种形式做思想工作。一定要与学生讲清楚"生本"是为了学生的终身发展,而不是教师偷懒!学习就是创业:开展生本赋能教育是未来创业的模拟训练。创新才能成功:这个世界唯一不变的就是变化。命运自己决定,靠老师、父母都不行,老师是用昨天的知识,教今天的学生,找明天的工作,所以学习只能靠自己。

举学生感兴趣的例子:

我问学生:"阿尔法狗4:1完胜围棋世界冠军李世石的原因是什么?"学生回答:"阿尔法狗具有强大记忆、程序设计功能。"我说"对!"又问:"你知道围棋界的'独孤求败'100:0完爆阿尔法狗是谁吗?"学生说:"他的弟弟'超级狗'。"我又追问:"为什么'超级狗'这么厉害?因为它能实现自主学习、自主思考、自主创造。"最后师生一起总结得出结论:学习要靠我们自己!机器自主学习能这么厉害,人通过自主学习一定可以更厉害,一定能做得更好!

2. 学会"表扬"

老师要打好两张牌,会的学生有"表现欲";不会的学生有"求知欲"。我觉得好学生是"忽悠"出来的,当然我们是善意的"忽悠",真诚的表扬。老师对学生的回答,要给予真诚的表扬和掌声鼓励。学生成就感得到极大的满足,学习的兴趣更浓,良性循环,肯定会做得更好。要使教学过程成为源源不断激励学生发挥自己最大潜能的过程。学生上台展讲得好,就给"亮点"鼓励。我们班每个学生都对应有关键知识点或方法的命名:如规划师、立几专家、函数专家、解几专家、单调性专家、赋值法专家、总结提升之王、大题智慧专家、小题小做能手等等……学生觉得每个题目都很神奇。

荆志强老师在课堂上

我从内心欣赏每个学生,真诚表扬每个学生。听课老师这样说:每次听到荆志强老师的课,都会感到几多震撼,触发几多反思,平添几多敬佩。

点赞一:荆老师表扬学生用心、用力、用情,学生受之,内心激动,面上有光。他人听之,羡慕、渴望、跃跃欲试。显而易见,得到"强哥"的表扬,已成为学生的一种享受和价值的体现。

点赞二:荆志强老师的课堂语言,堪称艺术典范。引而不发,异而不达,严谨而不失幽默,铿锵且伴有涓涓细流。激励之时,送来一片真情,如沐春风;点拨之处,拨云见日,醍醐灌顶,抑扬顿挫。肢体语言配合相得益彰。弄巧成拙,甩出一个个"包袱",尽显教学艺术的魅力,真情流露,通达心灵深处,使学生真心成为一个个活生生的人。

点赞三:新型的教学模式。试卷讲评课,可谓司空见惯。要么从头到尾按"顺序讲",要么试题"分类讲",要么根据学生存在的问题突出重点讲。总之一句话:必须老师讲!让学生讲?开玩笑,能讲好吗?进度怎么办?结果,一节课下来,所有听课老师释然了,无不感到畅快淋漓,大呼过瘾。我所看到的是同学们的训练有素。荆老师对这种课驾轻就熟。我们感受到的是,学生在讲解时,所暴露出的问题更具代表性。他们之间的讲解和交流,更容易吸收,更容易引起共鸣。我们赞叹的是,作为荆老师的学生,他们洋溢着的那种自豪,那种快乐,那种幸福……

表扬案例1:

"自闭症女孩"朱萍居然考82分

我教的所谓"差班"俗称"维稳班",学生基础很差,厌学、违纪,上课大批学生睡觉。有一个女生叫朱萍,不仅成绩极差,而且性格内向,很少与同学交流,行为习惯也不好,每次上课都要迟到,打铃至少5分钟后,她就傻傻地站在教室门口,作业不做,要做全错。

这样的学生怎么办?真诚表扬!有的老师说,她没有优点怎么表扬?寻找契机!老师只要用心,再差的学生总有闪光点,你想表扬他(她)总有办法。有一次我发现她抄了一个数学公式,还抄错了,我马上把她抄的公式用投影特写打在屏幕上:"大家看,我们朱萍会写公式了!"抄错了怎么表扬?"你看朱萍的字写得多漂亮!"她坐在那里扭来扭去,很不好意思。第二天她抄了三个公式,其中有一个抄对了,我大加赞赏:"同学们看,我们朱萍写对了 $a^0=1$,真了不起!"她好开心。第三天你知道发生什么事?她把一张纸正反两面都抄满了公式。我找她谈话,我说:"朱萍我觉得你不仅会写公式,一定还可以做题目。"她朝看了我一眼,没有说话。果然第二天她的作业不仅写了公式,还做了一道题目,可惜做错了。第二天我在课堂对她夸张地大加表扬,我说:同学们快来看我们朱萍会做题目了。有同学说,做错了。我说:没有关系,差一点点就对了!要让学生感受到老师对她的好,让她感觉学不好对不起老师,下次就会做得更多更好。只要她愿意做就是很大的进步!我不断这样鼓励她,最后考试我们班平均95.4,她居然考了82分,教过她的老师说荆老师创造了"奇迹"。

有的老师,即使学生考了99分,他还是要批评:"这1分怎么做错了?真不小心!"我是反过来,只要发现学生一点优点就要大加表扬,这样做最后都收到了很好的效果。

表扬案例2:

我们学校历史老师"栋哥"教理科班,理科班学生对历史不太重视,他对学生说:同学们把历史学好,我给你们发"两个大奖",一个是国内最高"精神大奖",还有一个是国际上最好的"物质大奖"。学生好期待!他上课很"生本",期末考试学生果然考得很好,班级平均分全年级第一,5个学生考满分。

他发给学生的,国内最高"精神大奖"是"皇帝老师"颁圣旨表扬大家;国际最好的"物质大奖"是当时刚刚首发的苹果6手机,他给考满分的每个同学发一个"苹果6"(苹果上面写个6),学生好开心,笑翻了天。事实上学生并不在乎老师发什么奖励,而是好玩。

表扬案例3:

"差生"孟国泰的心里话

我班的大多数同学,包括班主任老师,都嫌弃我。没有嫌弃我的只有几个成绩排在最后的难兄难弟和一个语文老师——卢老师。有一次,卢老师对我说:"孟国泰,我发现你作文写得不错!明天的语文课,我想让你当着全班同学的面读一读你的作文,让大家学习学习!你看怎么样?"我嘴巴里说着"不行,不行!"心里却美滋滋的,巴望着第二天赶紧来临。

卢老师的夸奖,令我激动了一夜。那一夜,我辗转反侧、难以入睡,我第一次知道了什么叫做"彻夜难眠"。那一夜,我想了很多很多。一个平时只敢坐最后一排的学生,终于可以走到讲台上读自己的作文了,终于可以在优等生面前扬眉吐气一番了,我能不激动吗?

案例分析研究

我们在平时的日常的教育教学中都会碰到这样或那样的问题,得体的手段才能产生良好的效果,抓住契机、适时鼓励,往往是解决问题的良方。成长需要鼓励,宽容而真诚的赏识教育总是最美最动人的,对孩子也最有影响力!

3. 营造氛围

课前做好前置,课堂才能展示,能把别人教会,自己才算真会。

我们班每个学生都以讲题目给别人听为荣,教室内外随处可见几个人围在一起讨论问题,走廊上一群群交流的学生成为我们班美丽的风景。学习四过程就是:学的进、讲出来、写下来、会运用。展示最为关键,总结才能提高,学习要靠自己,做题只是开始。纠错积蓄你的实力,坚持锻炼你的耐力,信念提升你的毅力。这些不仅是写在班级墙上的口号,更深入到每个同学心里,落实到同学们日常学习的行动中。

借用江苏省教科院宗博士的话:荆老师的生本激励课堂使以生为本的理念得到了最大限度的彰显,学生被充分地调动了起来,全身心地投入到学习中,我们看到了学生的鲜活、灵动、自信与伟大,也看到了教师的智慧与魅力。

4. 生本激励课堂小组怎么讨论?

针对自学中发现的问题,组长组织全组讨论,内容是比较基础的部分,目的首先是落实双基。学生能自己订正先订正,不会的一对一讨论。如果一对一解决不了,仍然不懂的问题,最后可以找组长。组里能解决尽量组内解决,组内不能解决的问题做好记录准备全班展示。讨论完成的小组,组长在统计表上打钩。这时间每组成员有错误在统计表上先打"正",每组的统计员统计出本小组的错误情况,统计部专人汇总每题错误率。

老师是巡视员,教皈依于学,老师"少教"是为了保障学生"多学"。老师在小队对学中要通过巡视指导或小队汇报等形式把握学情和讨论进程,并以此调整自己课前预设的教学方案,剔除无效教学内容,减少不必要的教学环节。老师少教了，学生多讨论多学了。

分析研究

"多学"要从三维目标考虑：多让学生掌握知识要点，多掌握课外的知识，多让学生对知识点进行自主的构建；多让学生在学习过程中进行思维训练，老师留出空白，是让学生有独立思考的空间，提高学生的理解分析能力；多让学生经历学习的过程，使学生对学习更有兴趣。

小组讨论一定要透！讨论时间一般10分钟，要防止"假讨论"。有两种假：一种是老师假，有的老师给学生讨论时间太少，3分钟未到就会说："由于时间关系还是由我来讲"，时间太短，学生没法讨论。还有一种是学生假。刚做生本时我们问学生喜欢生本课堂吗？"喜欢！""为什么喜欢？"学生说：因为上课可以讲话。后来他们想出了办法，保证小组的每一个成员积极参与讨论，小组成员中有一人会的问题，要保证其余5名成员都必须会，应该会的问题不会，全组扣分。做到"一人对，全组会；一组对，全班会"。小组讨论切不可随意放开，要有指导、有约束，才能真正实现行为上规范、思维上灵动。

小组讨论要做到"三积极"。一要积极主动地发言（展讲），要明白帮助别人就是提升自己，学会用学科语言说话，提高自己对知识的理解和掌握，越是讲给别人听，就越学得透彻和扎实；二要积极主动地请教，以解决自己还不清楚的问题。提高效率，要知道学习不是别人的事，是你自己的事，所以，错了就要改正；三是积极主动地鼓励同学发言，特别是做错题目的同学，小组内要团结合作，不要让任何同学掉队，如此，每个人都会进步得更快。在小组合作学习中，我们要树立团体概念。每个展示的同学都不是代表自己，而是代表小组，所以，小组的同学要尽力帮助展示的同学做好展讲准备。一定要知道：在小组里，帮助同学就是帮助自己！而展示的同学，要认真准备。小组是个学习团队，要积极进取，争创一流。每一个小组成员要努力，要让小组因你的存在而骄傲。因为我们有完整的考核评价体系，组长负责制，一级管一级，优胜小组享受一切奖励，只要想得到我们就能办到。最后的小组接受一切处罚，大家都不愿做最后小组，但总有最后小组，水涨船高，最后班级平均成绩就会抬得很高。

分析研究

小组讨论让每个学生都成为老师。老师讲是"一对多"，而小组讨论时是"一对一"，小组合作是一个有效的学习平台，生生交流使得许多问题在小组学习中就得到了解决，提高了课堂的效率。

同伴学习的效果更好！人天性都有不服输精神，想超越别人，得到大家的认可！形成团队,同伴互助合作,互相学习讨论、认知、倾听、推理、争辩、纠错、成果展示等。

举例:我参观香港的一所学校,一门化学课有9个课代表:1个课代表,加上课代表助理,课代表助理1,课代表助理2,课代表助理3,……课代表助理7。为什么有这么多的课代表?老师介绍说:设置这么多课代表的原因就是为了发挥同伴互助学习作用。

分析研究

金字塔理论告诉我们:"讨论、实践和讲授给他人"是现代学习方式,其中"及时教授给他人"是最有效的学习方式。中国有句古语,叫做"听过就忘,看了记住,做过才懂"。美国有位学者M.尔伯曼曾这样说:我们所能学到的东西是——所读东西的10%,所听到东西的20%,所看到东西的30%,视听结合能理解50%;与人探讨有70%的效果;亲身体验有80%的收获,给别人讲授后90%的东西是真正属于自己了。生本激励课堂,正是基于对学生主体的尊重,对学生成长的尊重,出现了"展讲"这一学习环节。而展讲不仅仅是高效学习的一种方式,更是促进学生心理稳定、品格成熟、表达能力和思维能力提升的有效方式。

5. 生本激励课堂如何展示(群学)

培养学生自主学习的能力,必须牢固地树立"以学生为主体"的教学思想,同时还要为学生创造一种主动参与、合作学习、积极探究的宽松、和谐、愉悦的良好学习氛围,引导学生在做中发现问题、提出问题,在思中分析问题、理清思路,在议中解决问题、提高能力。

上课流程:传统理科教学是"一个定义,三项注意",老师告诉学生,学生索然无味;传统文科教学是"注重分析,强调记忆",学生昏昏欲睡,不感兴趣。现在生本激励教学怎么做?通过问题或话题引领,生生、师生共同边讨论、边总结、边反思、边板书、边提升。老师不断地提问、设问、追问,是什么?为什么?怎么用?最终抓住问题的根本,彻底弄清知识的来龙去脉,让学生深度思考。常采用举例子、PK式等方法玩学习,学生学习兴趣浓厚。主要从两个方面入手:

第一,知识梳理。

将原来平淡的知识陈述的过程转变为生动而有价值的学习互动体验。一条主线,形散神聚!串联总结出本节课的核心内容:知识点、方法总结、学科思想,从概念原理到方法思想,再到学科素养。爱要无痕,教育一定要有痕!必须规范板书,有的老师上课从原有的"师本"到现在的"电脑本",上课演变成了PPT"放影员",毫无思维含量。

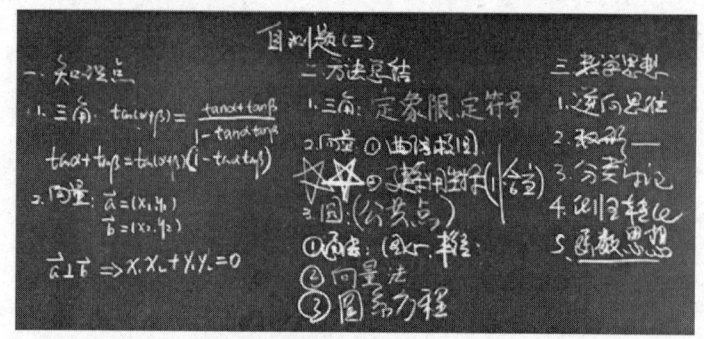

生本激励型课堂的板书

我有50多本多年积累的自制备课总结本,内容有:知识点总结,典型题、易错题归类,学生的妙解等。一个章节一本,不用每次写重复教案,每届不断补充、不断修正,下一次教这个知识的时候,如果有新的总结就在上一次的教案上用双面贴增加。老师们说:这是无价之宝,非常实用。

我自制的备课总结本

第二,解决组内没有解决的疑难问题。

1. 生本激励课堂让学生充分展示

通过小组讨论后,这时老师引导学生上台,质疑解惑,突破重、难点。上课时针对学生做的情况,有针对性、有重点地师生共同讨论。不是简单的"满堂灌",而是引导和组织学生进行课堂讨论,实行探究与合作式学习,从而师生共同寻找解决疑难问题的最佳方法。学生在自己独立思考的基础上,通过小组间充分交流后,对还不能解决的疑难困惑,由老师组织进行全班展示讨论。这时可自由地上台质疑、解惑。大家集思广益,深化认知,问题总可以得到圆满的解决。每到此时学生总是抢着上台、争着发言,课堂因"互动与生成"而精彩。学生讲解精彩,老师想到的想不到的,学生都会讲到,常常出乎我们意料。

由于各路豪杰粉墨登场,颠覆传统课堂,转换师生角色,把课堂变成剧场、小品、相声的舞台;老师变成导演。媒体上说我的学生人人开心、个个幸运,每个学生都能享受成功的喜悦。

郭教授如此评价:在荆老师的课堂寻觅教育的春天!在沙龙进程中,遇到了令人感动的事,主持人对荆老师的学生进行即兴的现场采访。在完全没有预设的情况下,学生们对生本教学的真切感受、真情流露打动了在场所有人员。他们说得那么好,那么自信大方,充盈着感情,令全场动容。忽然我想到了,哪怕是高三禁区,哪怕原来"成绩很差"的班级,生本教育都能使人发生剧烈变化,而孩子们自主地、快乐地成长了,这就是教育的春天!

有老师担心学生不上台。刚开始确实是这样,老师可先点名,之后放开,让学生主动上台,但过一段时间又会出现问题,上台的老上台,不上的同学还是不上。有的老师以为学生讲就是生本,这里有一个很大的误区,学生怎么讲很重要。我们老师要适当调控:让优秀学生讲有挑战性的题,暂时落后的学生先讲一些基本题,这是学生定的规则:"女士优先、后排优先、'关注生'优先"。展示要做到"二个一":"每个小组每节课至少要有一人上台,每天八节课每人至少有一节课上台"。组长必须关注全组成员,保证小组的每一个成员积极参与,保证每个同学把每个问题都尽量弄懂搞清。每天、每科、每位同学都有机会上台展示,欣赏他们每一个独到的发现,只要给他们舞台,学生就会创造无限的精彩。让文科课堂成为文化盛宴,理科课堂成为科学殿堂,生本激励课堂成为孩子们精神的伊甸园。

分析研究

一定要注重课堂参与率,防止出现少数几个优秀生"独霸讲台表演"的现象,让基础好、差学生各层次学生都有成就感,全体同学都共同进步!我认为好学生无论怎么教都能学好,要想大面积提高学生的成绩,必须调动中、下基础学生的积极性。我们老师要"以生生为本",激发每个学生的内在学习动力!让每一个学生都参与进去,让每一个小组都活动起来。

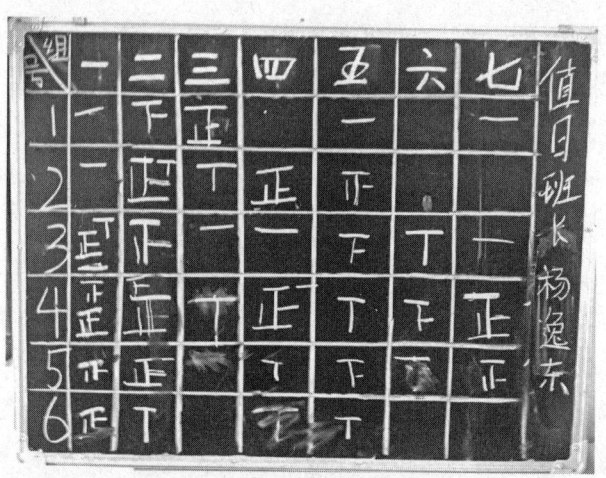

学生上台次数统销计小黑板

学生上台次数统计表

传统教学就像一列普通列车,只有一个车头,火车跑得快,全靠车头带(教师)。生本班级就像一列动车组,每个学习小组就是一节带动力的"车厢",节节有动力,人人有活力,所以大家一起飞奔!上课时老师调控,让基础较弱的学生先讲,简单问题迅速解决;对重点题型或学生错得多的题目,师生重点开展讨论,老师调控,以优秀生为主。用多媒体实物投影,特写展示自己原生态的做法,用自己的语言把自己的理解思考、想象等讲出来,一个同学讲完后,其他同学有不同做法的,可接着上去讲。要求学生先认真听别人说,然后提出自己补充意见或不同意见。生本激励课堂有多根教鞭,学生可自由上台,用投影展示自己的做法,手执教鞭讲给大家听。每到这时课堂上总是此起彼伏,学生抢着上台,争着发言。学生为了有底气上台讲,课前必须进行充分的准备,认真的思考,"前置教学案"也做得非常好。投影时为了能让大家看清,同学们都尽最大努力写清楚解题过程,大大增强了学生规范化做题的意识,增强了学生考试的得分能力。而且采用实物投影节省了大量的时间,增加了课堂的容量 真正提高了课堂教学效率。用"实物投影仪"方便学生学习指向,有以下四大优点,学习资源随机获取,学习过程随机体验,学习交流随机互动,学习感悟随机表达。尽量不要让学生在黑板上抄题、板演,浪费时间,而是把自己已经做好的"前置教学案"投影后直接讲解,这样做效率高、容量大、进度快。

如果学生做得好、讲得对,就给予真诚的表扬和鼓励,学生表现欲、成就感得到极大的满足,学习的兴趣更浓、积极性更高,良性循环,肯定会做得更好;对学生提出的各种不可预见的问题,先让学生试着回答,看能否解决,如果不能,再有老师分析师生共同解决。

对于学生错误的做法,绝不能责怪,而是鼓励他们自己上台展示,知道错了讲错误的原因,通过小组讨论后知道应该怎样解决;不知为什么错,讲出自己的解题思路,然后与其他同学一道找出错误的原因,并对他说:"错得好,只有发现错误,才能改正错误,防止再犯",这样,一方面学生自己吸取教训,另一方面其他同学可引以为鉴,把学生的错误变成教育资源。

分析研究

一定要允许学生出错,只要有自己思考和见解,尽管讲出来。有的老师说我讲了10遍你怎么还错?最好的办法让学生自己讲。研究表明,对于学生的错误,停留的时间越长,今后犯的可能性越小,越弄清错因,今后犯的可能性越小。让他们细细体味(CCTV)。

丹麦当代著名学习研究专家克努兹·伊列雷斯提出了学习活动真正发生

的两个过程,两个前提条件:第一,学习者必须经历与环境的互动过程,必须亲身参与互动体验;第二,学习者必须要有自己的心理获得过程,必须要将所学内容转化成、内化为自己的认知建构。也就是说,学习者的学习要真正发生,就必须要有学习者的亲身经历体验和认知建构,这两个过程、两个条件缺一不可。

附:小组上台展示的要求

在生本激励课堂里,对学生展讲的要求是:大方、大声、清晰和简洁。"大方,是一种良好的心态和品格,需要锻炼;"大声"是一种自信,一种责任,也是对听者的尊重;"清晰"是一种对问题答案、解题思路和方法的流畅表达,也是思维和语言的和谐、整合;"简洁"是"字眼、词眼、句眼、段眼"等关键语句的学习和使用。如果同学们能经常地按此要求锻炼自己,那他们的能力将不可估量。有的同学不敢上台或声音小,更多因素是不够自信。展讲的方式有哪些呢?如何锻炼呢?

从读书、讲书开始,从与同伴互动开始。现在几乎所有的老师都会让同学们先自主学习,从读书开始。我建议同学们读书时做到至少"二读二讲":第一遍,快速阅读——整体把握。读的效果如何?与同伴(同桌或前后桌或找一个同学)对讲一下,哪怕你只能说出几句话也没有关系,这是一种训练,是思维能力和品质的训练(坚持训练,定能提高速度和思维的敏捷性);第二遍:细读——找、划关键词、重要段,并进行思、品、悟。然后第二次与同伴互动:讲讲所读、所思、所想、所悟。其实这种方式除了可以与同伴分享、向同伴学习外,更重要的是对自己学习效果的检验(如果读书不能讲,说明学习无效果)。如果你想和同伴互动得更好,那你可以再多读几遍书。成绩差的同学只要认得课本上的字,就有学好的可能,除非你不做!因为只要你肯比别人多读几遍书,多讲几遍书,多做几遍题,就会逐渐学得好起来。时间从哪里来?挤,比如有的学生完成作业就觉得学完了,就无事可做,这很可怕!不发出声音可以自己讲给自己听,利用好课堂和业余时间,将读书当做一种追求,一种成长的乐趣。坚持训练,能力提升后,就会学得更快,学得更好。

如何面对同学的展示呢?学会倾听,这是对展示同学的最起码的尊重。如果同学展讲的声音小,讲不清楚,要给以理解和帮助。大家积极参与。有不同见解、有更好的方法,大胆质疑,大胆发言。老师先训练培养学科长、小组长,让他们做好充分准备,从而带动全组再扩展到全班。

2. 生本激励课堂老师的作用

主要是组织引领,归纳总结,方法提升,提高学生分析能力、思维层次。课既不能上成"PPT展示课",又不能上成"习题讲评课"。新课以知识点带例题,复习课以习题、问题归纳出知识体系和学科思想。理科以知识点和问题呈现,文科以知识点和话题呈现,但老师在重视具体问题分析的同时,一定要引导学生掌握通法通则。公式无外乎正向用、逆向用、综合用,既要让学生形成完整的知识体系,又要注重培养学生解决问题的能力。

老师根据统计表重点讲关键处。根据错误统计表上课,每组的统计员只统计本小队的错误情况,由统计部副部长汇总出全班情况。原来是学生"带着教材进课堂",现在是学生"带着问题进课堂",这有别于传统教学,做到以学定教。老师讲关键处,真正提高教学的针对性和实效性。不要和盘托出,要雪中送炭!

孔子说:"不愤不启,不悱不发!"为了增加视觉冲击力,著名学者林格说:课堂教学中老师的四大"美德"是傻、憨、弱、问。学生会的老师坚决不讲,学生不会的也不是直接告诉,而是启发他们自己思考,只在关键处点拨。上课时题目可以归类讲解:第一类整体题,如50人左右的班级,错的人不超过10人,小组讨论解决,上课不用讲;第二类典型题,如全班错的人超过20人,重点讨论解决;第三类抽查题,如全班错的人在10至20人之间,随机抽取学生回答,让他代表小组上台讲,如果他讲对了,会像英勇一样凯旋;如果他讲错了,全组扣分。这样捆绑考核促使他们同伴互助,每个学生都能把所有问题都真正弄懂弄清。

深圳名师正高级特级教师方亚斌这样评价:荆志强老师上课总能把最想说的话,自己不说出,而是想方设法设问引导,一定要让学生说出来,展示学生的思维过程,在核心处让学生说、想、思。老师要么不说,要说就不一般,抓住学生讲的关键词"狠狠表扬学生",让学生感动,真正领会,印象深刻。他绝不会轻易告诉学生怎么做,而是让学生讲出来、真正学进去。这样的学习真正有效。

对于学生的讲解,等他们各种做法讲完后,老师要首先肯定他们思考的价值,再引导学生比较几种做法的优劣。在这个过程中,和学生边讨论、边评定、边补充、边更正、边总结,进而弄懂哪一种是通法通解,哪种做法比较巧妙,此类题目如何寻找突破口,为什么要这样做,你是如何想到这样做的,这类题型可以从几方面考虑,有哪几种思路,此题应该注意什么,为什么会做错……采用学生相互质疑、一问一答,或者我作为其中一员参与质疑和讨论等多种形式,一定要把题目彻底弄懂、弄通。而在这个过程中,我作为一位协调员、服务员,把自己变成一位顾问,一位交换意见的参与者。

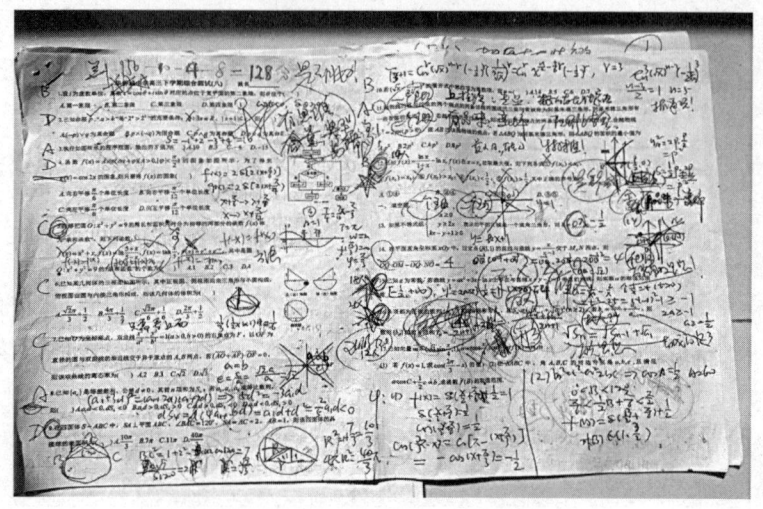

老师批改学生前置教学案后做的批注,其中128是学生能得到的基本分(总分150分)

老师上课要做到收放自如。老师和学生一起反思、点评、升华、归纳出本节课知识网络体系、注意点,并总结出数学思想和方法,这样让学生切实感到能上升到一定高度看待问题,使学生掌握思考问题的方法。教师点拨时要"收放自如",形散神不散,通过点拨,让学生向更深处迈进,这就是"放";能让学生换个角度思考问题,把学生引到正轨上来,这就是"收"。放思维:有获取并灵活运用课堂生成资源能力,让学生的思维向更深层次迈进;收考点:通过点拨,把学生的思维引到正轨上来,提高学生分析解决问题的能力;老师的点拨、追问很重要,老师的引领、提升很关键,起画龙点睛作用,老师该出手一定要出手,一出手就不一般。适时介入,该讲的一定要讲到位,提升不好,学生就达不到一定的高度,永远在低层次徘徊!如果可以,还可适当补充一些有一定水准的当堂思考题,进一步激发其求知欲,使学生所学知识得到进一步提升(即所谓"摘桃子"理论)。教师要引导学生主动参与学习过程,深度思考,合作探究。美国著名教育家布罗菲·艾弗森说:课堂教学管理技能足以决定教学的成败。课堂管理的意义在于管而不乱、管而不死,使每一个学生都参与进去,每一个小组都活动起来,学生非常积极,整个课堂非常有序,这个管理就成功了。这里我们要特别注意的是:真正的生本激励课一定要有很高的思维含量,防止假生本课,表面热闹无思维含量!日本教育专家佐藤学在他的《静悄悄的革命》中说:我们追求的不仅是"发言热闹的教室",而是要"用心地相互倾听的课堂"。展示目的:通过交流,激活思维,启发思考,形成思维的碰撞,产生智慧的火花。

生本名校长谢昆林如是说:课堂大讨论,不是人人说了就过了,人人说了就是讨论了、交流了、学会了,而是要通过师生间(以学生为主)的介绍、展示、补充、点评、提问、追问、质疑和争辩,让学生在互动中交流,达到对内容、方法、观点、思想、体验、感受、思考等进行分享、探讨和碰撞。从中,教师要依据教学目标、学习规范和课堂生成而相机引导,就像观音菩萨助大圣,该显灵时就显现,又像武林高手,该出手时就出手,而且一出手就能做到"稳、准、狠",切中要害,解决问题。最终实现学生在自学基础上通过合作学习有提升:更全面、更系统、更条理、更深刻、更准确、更正确、更合理、更有思路或更有方法等,让没弄懂的能理解,让一知半解的有全面系统深刻理解,让原来没思考的产生想法,让原来不参与的产生表达的欲望,让参与了的得到赏识激励或发现自己的优点,有新启发收获。

案例:假"生本课"

一位老师对学生提问,给你三个数1、2、3,你可组成多少个不同的三位数?老师说:大家开始答题,有同学说123,老师表扬学生后问:还有没有其他的数,有一个同学说有321,又有同学说132……学生终于把6个数全找完,老师还没完,又出一道题,我给你1、2、3、4四个数可以组成多少个四位数?教室里顿时炸开了锅,好不热闹,学生纷纷说出自己的答案,还没讲完,下课铃响了,只能下课。这样的课表面上非常热闹,有什么思维含量?大家都知道这问题用排列组合的思想实际上很简单,1在百位,十位是2,个位是3,个十对换十位是3,个位是2共2种;同理2在百位,十位是1,个位是3,个十对换十位是1,个位是3共2种;3在百位,十位是1,个位是2,个十对换十位是2,个位是1共2种;合计6种,五分钟解决的问题。后面一个问题同样用排列组合的思想方法也可以很快解决。所以老师的总结和引领太重要了。

案例分析

好课的标准是什么?师生是表面的忙碌,还是教师引导学生对问题进行深入的研究?没有深度思考,所有勤奋都是徒劳,有方法地全力以赴才能创造奇迹!

课堂上对前置教学案本着"以学定教"的原则灵活使用。课堂上随时把握学情,灵活调控,学生自己能解决的问题坚决不讲。著名教育家叶圣陶指出:"教师之为教,不在于全盘授予,而在相机引导。"教师重在点拨,以点拨代讲解,引导学生总结规律、提炼方法,最大限度地减少多余的讲解和不必要的指导,确保学生有足够的学习和训练时间。

分析研究

整节课全都采用先问学生,最好是做错的学生,生生、师生互动共同讨论最终解决问题,激发学生积极地自我认同、积极地课堂对话,提高学生学习的参与度、自主学习的程度、合作学习的效度、探究学习的深度,满足学生体验与参与、发现与创造、表现与分享、交往与互动、受表扬被认可被确认的欲望。和学生玩游戏一样激之以"欲"。

老师上课要充满激情。多鼓励、多装傻、重追问。我上课经常对学生说:这么好的办法你怎么想到了,我怎么就没想到呢?当然有时是装的,有时也有真的,学生好开心。上课是享受,师生共同讨论,学生自主学习,这么多学生从不同角度思考,以多种方法解题;老师想到的想不到的学生都会想的,我们是一个老师,有那么学生的想法,老师怎么可能都想到?再说我们老师虽然有方法,但我们的方法不一定会优于学生。各种错误的出现,群众眼睛是雪亮的,肯定能找出错误的原因,通过这样讨论,学生肯定能把问题彻底弄懂、弄清,学懂、学通,最终必然自己会运用。教师的作用主要就是教给学生方法,即"渔",思想即"道"。叶老说:"教是为了达到用不着教的目的。"人家说老师的痛苦在于要学生会做,而不只是老师会做;我要说,我的快乐是我的学生会做,而不只是我会做。学生现在乐意学习、刻苦学习、学会学习、能力提高。只要平时学生都是自己面对各种题目,自己想办法解决,自己发现问题,并加以改正,到考试时我们老师还有什么可担心的呢?课堂上我觉得应实实在在地营造出平等、宽容、尊重、理解、和谐、竞争的学习氛围,允许学生发表不同的见解,鼓励学生敢于质疑,多启发、点拨和引导,培养学生归纳、比较、分析、概括等能力,让学生能更自觉主动地学习,并使他们有一种共同参与的喜悦感。学生高度参与,积极性得到极大地调动,使教学过程成为一个源源不断激励学生积极学习、探索、质疑、表述、愉悦、发挥自己最大潜能的过程。我还适时加入一些数学艺术语言,以提高学生兴趣,活跃课堂气氛,让课堂教学丰富多彩。师生互动,迸发出智慧的火花,让学生真正感受到探索带来无穷的乐趣、成功的喜悦。把爱心带进课堂,把微笑带进课堂,把鼓励带进课堂,把成功带进课堂。做好课堂调节,对一些比较容易的基础训练的评讲,有些知识、方法已反复讨论过多次,学生应该掌握,但还是易出错误,我便尝试让学生作为主持人主持上课,我还开玩笑地跟他们讲:让俊男靓女上来主持评讲,我在下面巡视,看学生接受、掌握情况,适当调节。

经过调查,这样做效果非常好,学生相当欢迎。

广东百千万工程名校长陈武如是说:"任何一个人只要到荆老师的课堂都会被唤醒激情,看到学生可以如此精彩,看到老师可以这样神奇,好像经历了一场头脑和心灵的洗礼,传统教学思维的头脑会掀起巨大的风暴,荆老师达到了这种极致!";华南师大郭思乐教授说:"在荆志强老师的生本课堂寻觅到了教育的春天!"

著名教育家陶行知在武汉大学的一次演讲中做了一件有趣的事:捉一只鸡,撒上一把米,摁住鸡头要鸡吃米,结果鸡只叫不吃;掰开鸡嘴,把米硬往鸡的嘴里塞,鸡拼命挣扎不吃;他放开鸡继续演讲,一会儿,这只鸡愉快地吃起米来。生动的事例告诉我们:那种"摁鸡头、掰鸡嘴"的教学方法必须改变。

分析研究

"生本"和"师本"课堂的区别:生本,全体同学一起努力地学,大家共同分享集体智慧;师本,老师独自辛苦地教学生,灌输一个人经验和想法。因两种不同的授课方式,所以产生截然不同效果。

三、最终用学科内在魅力打动学生

把学科语言转化为通俗易懂的生活语言,把生硬的公式赋予时代的流行色,前提当然是学生在充分思考、锤炼、知其然知其所以然的基础上。很多知识都可以与生活实际联系在一起,当知识与生活联系时,学生们必然会产生浓厚的兴趣,从而提高学习的积极性。

举例:用幽默激活课堂

数学:当学习遇到困难时就让学生想办法。如描写一个变量趋向于零的极限过程,引用李白的诗作为意境"孤帆远影碧空尽",让学生发挥想象;讲函数就是讲"男人和女人的故事";上立体几何时学生说:台"曾经"是锥,找台可以先找它的"妈妈"锥;讲大圆,问学生飞机从北京飞纽约是怎么飞的?为什么不是两点之间连成直线飞?找异面直线所成角:取点推线,相交则灵;数列递推问题叫做"退一步海阔天空法",一个数列抓通项,两个数列抓公共项即抓"间谍",数列问题不好理解可以把各项写出来"开火车"等;恒成立问题即"走极端",请出"武大朗";线面平行判定定理叫做"里应外合",线面平行性质定理叫做"萍水相逢";诱导公式口诀改编"符号看象限,横不变竖变";研究不等式请伟人毛泽东、邓小平"帮忙",和积互化毛泽东,威力无穷,和和互化邓小平,天下无敌,学生易记。数学归纳法学生比喻

"骨牌效应";刚学二项式定理命名为"苹果、香蕉定理",因为苹果英文首字母为a,香蕉英文首字母为b,总计n个苹果和香蕉,整个定理就是香蕉在玩游戏抢苹果的次数(个数);初学虚数i时学生总是要比大小,总觉得3i比2i大,一个学生说:虚数是我的儿子,所以不能比大小!大家都愣住了,为什么你的儿子就不能比大小呢?他说:我的儿子还没有出生,我的儿子和虚数一样不存在,虚数是虚无缥缈的数,所以不能比大小。矩阵左乘:后来居上。初中求正数的平方根有两个,"一个儿子,一个女儿",平方公式"首平方、尾平方,乘积的两倍在中央";学指数对数首先考虑底:底小于1单调递减反的,底大于1单调递增正的,和人在出生前后的位置正好一反一正相符,人的年龄出生前小于1,出生后大于1一样,学生们还画图说明等等,学生记得牢,效果好,他们说:好形象、好生动,想忘记都难。

语文一是平时抓住语文教学核心推进大阅读、深阅读、海量阅读,二是建议教师考核学生时不是用题海淹没学生,而是坚持让孩子做评研的方式,将重点难点易错点,要有梳理,要有讨论,要有研究,要有交流,这样得到的理解和认识无论是内容还是过程,孩子的收获都是充实的、快乐的。同时也强调,评价孩子不是把他跟别人比,而是他自己与自己比较,只要进步了就要给予鼓励和肯定,让孩子收获信心和不断超越的勇气。再制定一系列促进这种评价的制度和方法,广泛开展研究与实践,那么成长与成绩就可以兼得了。

学生吴菲菲以一个学生的角度谈语文生本:用笔尖描述我所接受的生本激励教育,无论是看法角度的剖析还是笔触文采的方面,我都是比不上其他同学。既然在文笔上没有出彩之处,我也只能就我自己的看法观点粗谈了。

今天下午正巧有一场关于国学融入课堂的经验分享会,我也去听了,一堂讲座下来,专家所讲的观点竟与强哥的观点出奇地一致。唯一不同的是,他们所引导的大体方向在我们班早已落实得十分完美了,虽然有点不谦虚,但用事实说话,若不是生本,我不可能如此以一位学生的身份畅所欲言谈我所想。

强哥在生本界是位"牛人",全国各地的老师都慕名而来。其中许多老师都问过我这样问题:"数学是这样的,那其他科呢?"其实很多老师都把"生本"给理解错了,"生本"就是以生为本,以学生为中心。而并非一定要像强哥这样,学生上台讲得眉飞色舞,激动得掌声如雷鸣。其实"生本"很简单,无论是静是动,只要是以学生为本,让我们自己反思讨论总结,即为"生本",每个老师都能从"生本"中找到一个自己的模式。

我着重讲一讲"语文生本",我认为语文生本的重点在与学生的理解,而不是形式化地让一个个小组上台讲语法词句。这一点我认为语文生本更看重的是我们的文学修养的积累和思维结构的构建。像语文作业我们有时做的不是练习册,而是看老师推荐的好书,写生活随笔;再例如讲古诗十九首中的《涉江采芙蓉》时我们班分出了两派意见,一是游子思妻,一是思妇盼夫,老师并没有给出"正确答案",而是肯定了两者的可能性。这就是语文的生本,给了我们更大的思想平台,不再局限于逼仄的空间,如果老师的重心放在了"正确答案",而不是学生上,那"正确答案"就只有思妇盼夫了,也没有我们畅谈的空间了,那学习的目的只有考试,没有学习的乐趣,也谈不上是育人。

蔡红梅老师的生本教改课:学习《林教头风雪山神庙》传统教法是小说表现林冲怎样的性格特点? 我这样设问:"嫁人就要嫁林冲",你同意老师的观点吗? 请从原文中找出同意或不同意的理由,分成两个小组辩论。

正方用单字概括林冲的优点是委曲求全的忍耐,救弱济贫的侠义,刚强正直,强烈的反抗意识,谨小慎微的细致,奋起抗争的英勇果敢。

拓展一:林冲爱自己的职业道德,他是个优秀的军事教官,不但业务水平出众,而且不与官场的大多数人同流合污。高太尉、陆虞侯正是利用林冲忠于职守、同情弱者、热爱本职的"软肋",才能诱骗他进了白虎堂。

拓展二:林冲勇担当,有责任,有家庭道德。被刺配后,为了妻子的安全与幸福,写了份休书:"东京八十万禁军教头林冲,为因身犯重罪,断配沧州,去后存亡不保。有妻张氏年少,情愿立此休书,任从改嫁,永无争执。委是自行自愿,即非相逼。恐后无凭,立此文约为照。"什么是真正的爱情? 这就是真正的爱情,牺牲自己,替对方考虑。张氏嫁夫如此,死而无憾。

拓展三:志行高洁的另类草寇。智深要杀董超、薛霸两个意欲害他的公人,他认为只是高太尉的指使,心生怜悯制止了智深;火并王伦,林冲为了梁山的大业,甘愿被吴用利用;晁盖死后,梁山群龙无首,又是林冲出面立主宋江代理老大的位置,避免了梁山的分裂。两次梁山发展最关键的时刻,都是林冲立了大功,而且不为私利,功成身退,低调行事。当王伦要他杀一个无辜的路人来做"投名状"时,走投无路的林冲一定心怀异常的悲痛,一个遵纪守法的朝廷军官,不得已上了梁山,还要滥杀无辜才能被土匪接纳——必须在精神上自虐与自污方可为匪！对一个爱惜羽毛的人来说意味着什么？何其哀痛。

反方提出探究性问题疑问？这样优秀的人何以不能保护妻子，最终走投无路，落草为寇？

小组间唇枪舌剑辩论，最后师生共同总结：林冲具备大智慧、大慈悲、大道德的真英雄。感悟：对传统经典作现代解读，理解传统经典的现代意义。

化学： 老师启发学生记金属活动性顺序表：原表是：钾、钙、钠、镁、铝；锌、铁、锡、铅、氢；铜、汞、银、铂、金。由于太难背，学生改编的口诀：嫁，给，那，美，女；身，体，细，纤，轻；统，共，一，百，斤。现在全班同学都倒背如流。

历史： 教材现在已开始变革，不是死记历史背"年代表"，而是以古论今，理解历史事件的时代背景、历史背景、文化背景等，从学历史中学到怎么解决问题，吸取历史的教训？发动战争的人最后都没好下场，从而要避免战争。

地理： 如果死记硬背、机械学习、鹦鹉学舌，学生将毫无解决问题能力。老师问："假设在地上挖一个100米深洞，洞底和洞口温度哪个高？"全班鸦雀无声，没有一个人能回答。老师拿起书本问："地球的深处是什么状态？"同学们回答："地球的深处都是熔岩。"老师又问："熔岩的温度高还是地表的温度高？"同学们异口同声地回答:："当然是熔岩的温度高。"

……

让学生和学习与愉悦连接！

让学生觉得学习好像上网、打游戏一样好玩！事实上，学科知识是人类文化几千年精华的积淀，比任何游戏都好玩，理应让学生自己体会，做自己喜欢的事就不觉得累！

学生学习感受：

举例1：叶小伟：上课就是一个字——爽！

我很喜欢我们的课堂，因为它充实、丰富、可玩性极高。没想到数学课可以这样上，学生预习，学生讲题，甚至学生出题，课堂气氛变得活跃、轻松，就像玩游戏一样。老师就是在关键时刻给你点拨一下，在无形之中将"必杀技"传授给我们。拿着学来的绝招，我们拿下一道又一道数学题，总有一种说不出来的成就感，那就是一个字：爽！

举例 2：李小斌：学习过程就是——享受！

我原来成绩很差，现在提高了很多，上次还考了满分。这并非偶然，我认为原因就是老师教会了我们如何快乐地学习！学习肯定很苦，但我们可以把它变成一件快乐的事去做。在做题时，我是快乐地去做，去享受它，我觉得不要惧怕题目，钻研出一道道难题，或是速度比别人快，那种幸福优越感，无法言语，只有体会过才知道。生本激励课堂给了我们展示的机会，当每一次把题目讲对了，同学们掌声一片，对我刮目相看时，我的自信心顿时猛增，脸上的笑容也更加灿烂，我觉得那真是一种享受！

学生更长久的兴趣，来自问题本身的吸引力，即用问题的思维含量激活学生，让学生体验思考的酸、甜、苦、辣，享受智力活动的振奋与愉悦。做自己喜欢的事，不觉得累！

案例分析

快乐兴奋有安全感使人更聪明！快乐的感受是人更好地学习的情感基础。快乐的日子使人更聪明，使人产生心理的兴奋和生理的活跃。在兴奋中，他会获得最高的学习效率和最好的学习效果。人在自我创造的过程中，会产生出一种"高峰体验"，这时处于最激荡人心的时刻，具有一种欣喜若狂、如醉如痴、销魂的感觉。让学生忘掉考试，才能最终考好试。

6. 当堂检测

理论上说，经过前三个环节后，自学解决 70% 的问题，小组讨论解决 20% 的问题，全班展示解决 10% 的问题，每个学生对每个问题都已弄懂弄清，但为了保证实效需进入第四环节——当堂检测。当讨论完后有两种方式普查或抽查。普查内容是在投影上展示一道中档典型题，现场完成，按小组收，检查每个人学习的效果；抽查用电脑抽答器（学生从网上下载的，用起来非常方便）随机任抽一人代表小组上台展示，展示第三类抽查题，即全班错的人在 10 至 20 人之间。被抽到上台讲的同学，讲对了非常骄傲，会像英雄一样凯旋；讲错了他就是"千古罪人"，他还没回到位置上，其他同学就会埋怨他："你刚才不会为什么不问呢？害得我们都倒霉！"因为团队捆绑，所以这个组只要有一个人会了，6 个人一定都会，如果某一个人不会，这个组长晚上会睡不着觉，下了课组长会找到那个学生帮他（她），比老师还着急。你说这样做还有谁敢不把问题真正搞通？因为整个小队是捆绑考核，强化了团队合作意识。原来一有空闲时间就聊天讲话的同学，现在一有时间就讨论、质疑，有的学生甚至主动要求同桌监督自己。小组长徐婕深夜还不睡觉,她说:"上次考核我们小队最低,星期六我到新华书店买了三本参考资料,我要把三角函数这节看透,下周一我要一个个去找他们。"我现在的主要工作:一是指导方法,利用一切机会指导学习方法。二是要他们不要抓得太紧,努力调节学习中出现的各种矛盾,强调不能骂人,要有耐心。学生检查时(现场做题)我在旁边听听。真是:学生"下海",专注投入,老师"上岸",轻松快乐。

当堂检测时力求课内独立按时完成,学生不讨论,教师不指导,以此培养学生集中精力、快速高效独立思考的学习习惯和能力,也是对学生学习效果和教师教学效果的双检验。

第三节 | 课后及时反馈、有效落实 |

课后有订正到位、二次检查、面谈辅导、科学纠错四个环节。这课后的四个环节有的老师并不重视,而这恰恰是极其重要的"最后一公里"。只有及时反馈,才能做到有效落实,保证效果。

一、订正到位

前面讲过,上课师生一起研究找到错因并讲出来,老师指导学生尽量在课堂上当场订正好,这样提高了课堂效率。理科错误一般不外乎以下三种原因、知识点、计算问题,或者是方法思路。找到错误的原因,堵好三点:盲点、疑点、漏点,并用红笔做上记号,写上点评,注明题目当时为什么写错了,以及心得体会。最好能举一反三,再做一些矫正题、姐妹题等。错误有效订正写下来,概括提炼写下来,听课记录写下来,规范练习写下来,错题重做写下来。写下来是一个整理思维、内化知识、解决实际问题、真正有效的过程。

二、二次检查

那么学生有没有真正落实呢?"前置教学案"要有发必收,有收必批,有批必评,有评必纠。所以所有做过的讲义、试卷等都要二次收上来再检查。按小组6人专人负责收齐,发现问题按小组为单位再落实,争取每位学生学懂学通会运用。只有落实到位才能真正出效果。

三、面谈辅导

老师把学生订正好的前置浏览一下,基础好的学生、学习态度认真的学生,不用多看,一定会做得很好。要有目的地约谈"关注生",检查学生有没有真正理解。对一些基础不好的学生、学习态度不太好的学生,老师要仔细检查,如果发现没有订正,可以把他请过来面谈,通过"学生讲,老师倾听"的方式并适时提出合理化建议。刚开始如果问题较多,可以让他们小组一起重新讨论改正,老师不要再讲,因为上课时已经讨论过了,促使他们上课时专注讨论、认真听讲。总之,要力争做到让每一位同学真正弄懂"前置教学案"每一道题。有的基础非常差的学生,刚开始一定要放低学习要求,做的时候尽力而为,能做多少就多少,十道题会做三道就做三道,但是做了就一定要真正弄懂,如有疑问,上课或课后一定要请教同学,放下架子和虚荣,学会才是硬道理。前置教学案的具体实施过程中,教师面向全体学生,关注学生个体差异,不作统一要求,允许学困生有差别。

有的老师担心学生会抄作业,如果老师让他量力而行,他就不会抄,他就有时间精力把做的题目真正学会,慢慢地他感到自己在进步,有兴趣了,越来越多的题目会做了,自然会越学越有自信,越学越好。另一方面,他在小组和全班展示中要讲出来,只有自己弄懂弄清了,才能讲出来。

四、科学纠错

学习的过程一是独立思考先学,二是订正错误,三要科学纠错。学生当时订正好了,但过一段时间就会忘了,到考试时还是会错。有的老师总是埋怨学生,"我讲了这么多遍,你怎么还是错?"还有的老师采用"罚做罚抄",这都没有效果,只会加深学生对老师的"仇恨"师生对立。解决这一问题最好的办法就是科学纠错,定期巩固复习,有针对性地对前一阶段的前置教学案实施巩固练习。

一般3至7天后,当学生将要遗忘时,就引导学生自我纠错。针对课堂教学情况和自主情况反思、提升,形成错题集。如果做对了,今后就不用再纠错了,如果又做错了,再做上记号,隔了3到7天后再纠错一次,直到不再错为止。让学生始终保持在最佳的学习状态。这样做绝不是机械重复,也不是题海战术,而是让学生自主反思、提升,达到纠错的目的,让学生考试时做到"会做的尽力做对,该错的尽量少错"。具体做法可以这样:每天一大张8K大小纸,做"前置教学案",自学新的内容,一小张16K大小纸"经典回眸",复习滚动纠错以前学过的典型易错的内容。这是让学生"记得住"的好方法,我们的实践表明这样做的效果很好。纠错是提高成绩的制胜法宝!学生能得到基本分,考试成绩就不会差,大多数同学能拿到基本分,全班的平均分一定会好,大多数同学能得到基本分,一定有很多同学得高分,老师们也再不用担心班级成绩了。

案例分析

遵循艾宾浩斯遗忘规律。艾宾浩斯遗忘曲线表明了遗忘发展的规律：遗忘进程是不均衡的，在识记的最初遗忘很快，以后逐渐缓慢，到了相当的时间，几乎就不再遗忘了。也就是遗忘的发展是"先快后慢"，所学知识如果不经过及时的复习，这些记住过的东西就会遗忘，而经过了及时的复习，这些短时的记忆就会成为了人的一种长时的记忆，从而永生难忘。

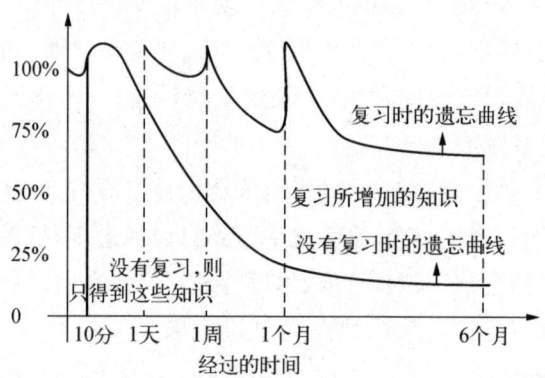

美国杰出的管理大师——彼德·圣吉认为，婴儿学走路，是在跌到、爬起、再跌到、再爬起的过程中学会的。学生思维能力的发展就好像婴儿学走路一样，要有一个想错、再想、再想错、再想的过程。学生的每一个错误都意味着他在成长，教师要有"祝贺失败"的修养。

每个错误都是宝贵的教学资源，能够不厌其烦地将错题重做的学生，成绩会很好。因为只有这样才使人精确、深刻、严谨，才能够让知识变成能力，能力变成智慧。这是一个整理思维、内化知识、解决实际问题、提高迁移能力、使学习真正变得有效的过程，绝对不是可有可无，不是简单机械重复。

附：纠错的具体做法

一、纠错目的：基本题不失分，典型、易错题不再错。

二、题目来源：老师提供或学生出的题。

1. 统计部提供的错得多的典型题、易错题。

2. 学科兴趣小组根据研究改编"姐妹题"等。

3. 老师提供的经典题、易错题、提升题、化归题等。

数学课代表在班级群上布置各小组自出复习题：

每个小组每人至少出题一道，没有上限，多出多加分。明天每个小组都选出至少一道题，在下午的数学课上展讲。

请各个小组的数学学科长于明天下午第三节课下课前把所有题目交上来，要有：1.详细答案 2.点评 3.出题的原因，并写在一张正常笔记本那么大小的纸上（纸太大我就原谅你了，纸太小我会送回去让你重抄的哟），每个组出的题目中，选择题、填空、大题都要有，请学科长好好分配。

一人至少一题，要易错题、典型题。

内容为函数和集合的复习。希望大家享受出题的过程，不要把它当成负担。

当你考试的时候发现试卷上的题目你都会，因为自己以前自出题有过这样的题目，你就会知道自出题是件多么"嗨森"的事情！

三、纠错分层。

1. 前10名自主纠错（前3名无任何要求）。

2. 其他同学：整体纠错，每天10分钟"经典回眸，自主纠错"，每位同学都有自己的纠错本。

四、纠错形式。

1. 整体纠错：每天10分钟经典回眸（一张16K纸）。

2. 自主纠错：用纠错本针对自己的情况做，一般一个星期检查一次。

3. 三考一测：三次考试后，把错得多的题修改后再让学生测试。

五、纠错考核。

纠错考核制度由班级常委会讨论通过，向各位同学通报后即实行。同学们有意见可不断修正，但先执行后修正。

奖惩规则：小组考核第一、二小队可享受一切奖励，最后两个小队接受一切处罚，其余按名次处罚。个人奖励和处罚还有"亮点"和"黑点"调节，这样既有团队又兼顾了个人。（注："白胡子"学生起的名字，指不该错的题经常做错的人。）

1. 进入"白胡子"行列：

（1）上台次数最少的5人。

（2）不该错的题常错的人。

（3）平时订正不到位的人。

（4）自出题、检测题有错人。

（5）各科讲了很多遍的题还有错误的人。

（6）有3个黑点即进入"白胡子"。

（7）单科在平均分以下，就做那科，做到下次考试后为止（不超二门）。

(8) 总分在平均分以下,进"白胡子"(参照多次考试,做自己薄弱的学科)。

(8) 考核最后两个小组,全组进"白胡子"。

(9) 上课抽查某人应该会的"整体题"有错,全组进"白胡子"。

(10) 订正有错,本人和学科长一同捆绑进"白胡子"。

2. 进"白胡子"的人要求:

(1) 面谈:每天做一题自己以前的典型错题,有点评,即写出错误的原因,并讲给上一级的人听。一级找一级,顺序是学科长、课代表、兴趣小组成员。

(2) 为班级做义工,为大家服务(规定时间)。

(3) 带早读一次或协助老师讲一堂课,科目不定。

(4) 为全班同学表演一个节目。

(5) 3—5 分钟命题或半命题演讲,语种自定。

(6) 班级活动策划,出一套详细的计划表。

(7) 愿者受罚,接受班委会的一切处罚。

(8) 奖励处罚一般由班委会按章处理,能做好不找老师。

3. 出"白胡子"的规定:

(1) 个人有 3 个亮点可出"白胡子"。

(2) 一个考核周期(一个月左右,两次考试之间)有 3 次主动上台可出"白胡子"。

(3) 亮点和上台次数合计达"3"可出"白胡子"。

(4) 考试单科在班级平均分以上,个人可出"白胡子"。

(5) 考试总分第一、二名,小队全体出"白胡子"。

4. 记"亮点"的规定:

(1) 上课主动回答问题 3 次(不分科目),记为 1 个亮点。

(2) 上课老师感觉某同学讲的特别有思维含量,可直接给亮点。

(3) 被值日班长表扬并写入班级日志的同学(如:早读认真、两操认真做、前置作业收得快等),1 次记上 1 个亮点。

(4) 做前置作业认真(请各科课代表自定标准,如:被老师口头表扬的,全对的请课代表自觉统计,并每周汇总到统计亮点的人)。

(5) 一个月全勤(未请假迟到早退等)记为 1 个亮点。

(6) 发现别人的"亮点"(如发现值日做得特别主动、特别积极、特别好),经核实,双方均记上 1 个亮点。

(7) 积极参与学校与班级的各项活动,乐于助人,帮班级和学校做事,记上

1个亮点,每周都努力"当场抓住"表现好或做好事的学生作为亮点,并记在操行本上,每个学生都有一张操行记录,每一次表扬,如前置作业完成得好,想出了"好点子",表现出良好举止和友善行为等。

5. 记"黑点"的规定：

(1) 一星期内未在任何课上主动回答过问题,记为1个黑点。

(2) 被值日班长批评被写入班级日志的同学(如:作业没按时交等),1次记上1个黑点。

(3) 做前置作业不认真(同样请各科课代表自定标准,如:被老师口头批评的,没有写作业的,对于是该生真的写不完作业还是懒惰心理作祟不想做,请课代表自持正确的判断标准)。

(4) 违反校纪校规和班规的,按照事情严重程度及该同学的反应程度,记上1—3个黑点。

(5) 不积极参与学校与班级组织活动者,酌情警告或记上1个黑点。

6. 说明：

(1) 亮点、黑点有统计部安排专人负责统计。

(2) 亮点、黑点可抵消,但亮点、黑点与加分扣分不重复。

(3) 关于"亮点""黑点""白胡子"的最终解释权归班委会。

第三章

以管理为学生赋能，评价激励超越

生本教育绝对不是放任自流，只不过由原来的老师管变为学生自主管理。任何人做任何工作，做好都有奖励，做得不到位都有处罚。只要有要求就有评价，评价是引领，久而久之，形成习惯。使每个学生学习目标的达成、成功欲望的满足、小队集体荣誉的实现、课堂分组展示的竞争、精彩的点评都成为课堂学生学习的驱动力。充分利用组与组之间的竞争，最大限度地调动每位学生的积极性。

第一节 | 充分发挥学生的作用 |

我们不仅课堂上要生本，平时的班级日常管理中也要实行生本管理。怎么做？很简单，学生能做的事让学生做，即前面讲到的"人人有事做，事事有人做，人人抢事做，人人把事做好"。工作要分解，这是班级人员分工表：

学习部 部长：		宣传部 部长：		生活部 部长：	
语文用时		画画		收班费	
数学用时		写字		买礼物	
英语用时				买生活用品	
物理用时					
化学用时				计算开支	
生物用时				帮人过生日	
白胡子					
作业完成情况					
语文	课代表				
数学					
英语					
物理					
化学					
生物					

续表

卫生部		安全部		体育部	
部长:莹		部长:贺		部长:源	
检查卫生星期一	梁	找人维修	贺	点人	旭
检查卫生星期二	林	医疗	吕	带操＋整队	成
检查卫生星期三	钟	医疗	廖		
检查卫生星期四	张	抬水	孙		
检查卫生星期五	郭	开关电器	吴		

统计部	
部长:贺	
收集资料	安
统计错题	齐
	华
	洋
	卓
统计上台	陈

班级工作一览表

	组别	姓名	部门	职务1	职务2	任务1	任务2	任务3	备注
27						摆桌子			
28						饮水桶			
29						(周一)拖地			
30						查人数			
31						写标题			
32						放粉笔			
33						(周一)扫地			
34						(周二)拖地			
35						摄影			
36						前黑板			
37						后黑板			
38						投影	电脑		

续表

	组别	姓名	部门	职务1	职务2	任务1	任务2	任务3	备注
39						(周二)拖地和全天卫生监督			
40									
41						(周二)扫地			
42									
43							开关窗		
44						擦窗户(南后)			
45						擦窗户(南前)			
46						讲台整理	书柜		
47						电灯开关			
48									
49									
50							周三全天卫生监督		
51						(周三)扫地			

班级工作一览表

	组别	姓名	部门	职务1	职务2	任务1	任务2	任务3	备注
1									
2									
3									
4									
5									
6									
7						(周五)全天卫生监督			
8						(周四)拖地			
9									
10									
11									
12									

续表

	组别	姓名	部门	职务1	职务2	任务1	任务2	任务3	备注
13						(周四)拖地			
14									
15						擦窗户(北后)			
16						空调开关,电扇			
17									
18						粉笔			
19						(周五)拖地和(周一)全天卫生监督			
20									
21							擦黑板(周四)全天卫生监督		
22						倒垃圾			
23									
24						(周五)扫地			
25						摆桌子			
26						擦窗户(北前)			

举例:放粉笔女生的故事

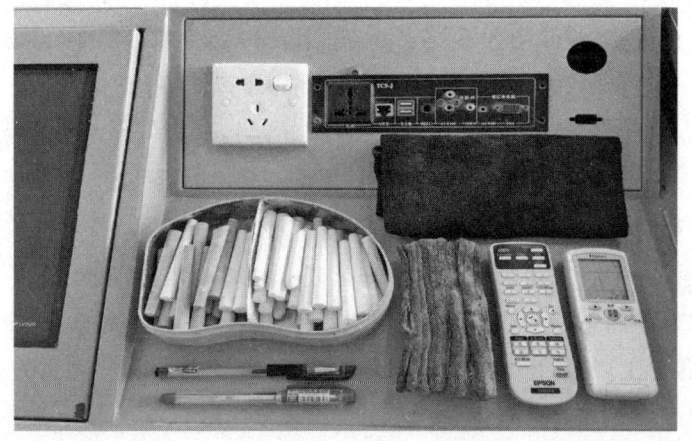

我们班有这样一种习惯,做任何事都要尽力做到最好,擦窗户要擦得最亮,扫地要扫出"世界第一",全班同学都在监督,纪委书记要检查。我们班黄莉莹同学放粉笔放了三年,放成白骨精的"精",她会千方百计把粉笔

放好。刚开始粉笔是纸包装,很容易破,她就从家里带来一个饼干盒子放,过了一段时间她又发现,老师白粉笔用得多,彩色的用得少,于是她又用硬板纸把中间隔开,白粉笔多一点,彩色的少一点,每一节下课,把不能用的粉笔头拿掉,把讲台擦得干干净净,物品整理得整整齐齐。

下面是学生写的我们班的生本管理情况:

我们班是一个温暖的大家庭!班级里的一切事务都有条不紊地进行着。我们可爱可敬的班主任助理婷姐,纪委书记凤姐,5位班委:刘、何、吴、罗、顾,他们尽职尽责,认真对待班级的工作,耐心、细致。班级中7个管理部也为班级做了不少贡献,他们的存在让大家感到幸福。我们大家在一起成长,我们就是相亲相爱的一家人。

高:强哥,我本来以为高中的生活是非常紧张、枯燥和无聊的,没想到我的高中生活会这样多姿多彩。以前有的老师总要经常插手班级的事务,见效不大。自从您实行"事事有人干,人人有事干",现在班级的事务变得井然有序,不需要老师多管,同学们都会担起自己的责任。我越来越觉得生活在这个班里真是幸运!

婷:来到了班级,觉得每天都过着幸福的日子。每晚我躺在床上,心中充满对明天的遐想,但每天的生活却总与我的遐想不一样,让我又惊又喜。不会的题有人讲给你听,和组员一起研究霸气的定理,互相吐槽,中午睡过头了有人叫你起,放学十几个人一起坐地铁回家。令人感到开心的事情就是身边有这么多很赞的人。我记得以前有人问过我,如果有一台时光机想要去到什么时候,我想我活在幸福的当下,不必追溯过往的回忆,也不必提前开拓未来了。

罗:习惯了每天早上在打上课铃前就开始读书;习惯在上课时与老师互动,与老师交流,跟老师辩论;也习惯了纠错不到位被老师发现。我从来不打听强哥的年龄,因为在这几个月的相处中,真的认为让他多年轻就有多年轻,他有年轻人所不具备的思想。先不说数学,我很想先在做人方面跟强哥好好学习,因为我知道当一个好人被别人欢迎的感觉是多么好。

顾:在强哥的领导下,我们有着各种各样逐渐完善的体系、丰富多彩的活动等。上课时,抢着上台的人越来越多,众多老师来听课也是一样;下课时,同学们互相讨论题目,大家讲得也越来越好。虽说一开始有因为加分的成分在,但渐渐地,同学们体会到了其中的好处和乐趣,已全然不仅仅是为了加分。我相信,慢慢地,我们会变得更好!

贺:我感觉生活得很幸福、很充实,每一天都是期待。在小组里,我是不可缺少的一分子,我总是会竭尽所能耐心地解答他们的问题,在帮助他人的同时,我的能力也得到了提升。原来,我总盼望着放假,盼望着下课,现在,我盼望着上学,我真正地领会到了学习的快乐……

第二节 | 形成制度,管理监督,评价激励 |

苏霍姆林斯基说过:教育者最可贵的品质之一就是人性,对孩子们深沉的爱,兼有父母的亲昵温存和睿智的严厉与严格要求相结合的那种爱。所以生本管理也要形成一整套完整的管理、监督、考核奖惩制度。学习是人的天性,但圣经说:罪性也是人的本性,每个人都有惰性,而且现在社会来自各方的诱惑很多。因此,有效落实生本教育的各项工作需要建立一整套评价监督机制作保证。

采用捆绑考核制,增加了学生的互助合作意识和集体荣誉感。考核实行小队整体捆绑,小队捆绑考核制度绑住了6个人的心,组内成员荣辱与共。评价激励超越是生本成败关键,生本教育绝对不是放任自流,只不过由原来的老师管变为学生自主管理。任何人做任何工作,做好都有奖励,做得不到位都有处罚。只要有要求就有评价,评价是引领,久而久之,形成习惯。使每个学生学习目标的达成、成功欲望的满足、小队集体荣誉的实现、课堂分组展示的竞争、精彩的点评都成为课堂学生学习的驱动力。充分利用组与组之间的竞争,最大限度地调动每位学生的积极性。总有最后小组,都不愿做最后小组,通过考核,水涨船高,最后班级平均成绩只能抬得很高。充分发挥学生的作用:一级管一级。形成制度、管理监督,一定要捆绑整体考核:定期评比、评价激励。所有处罚和奖励都由学生讨论制订,由班级常委会讨论通过决定,可以不断修正,但先执行后修正。所有奖惩制度由班级常委讨论。

一、考核内容

学习方面:前置教学案考核,课堂表现考核,当堂检测、考试成绩考核等。如总分前10名、进步前10名、单科第一名、小组前二名等。

表现方面:纪律、卫生、其他等。如个人表现优秀、展讲好、为班级做事,要表扬重奖。

(1) 前置考核:先学态度、自学正确率、面谈效果等。

(2) 课堂考核:课堂根据学生展示的题型不同给予评价。评分员采用3分制评分,整体题即基本题是大多数同学通过自习或小队讨论后能应该会的题目,一般不加分,整体题是随机抽同学上台。挑战题是通过自习或小队讨论后还不能解决的问题,挑战题是自由上台,主动上台讲对者加分,讲对加1分。提高题即提高学生能力的题目,具有较高的难度,如果有同学讲对一般加2分。如果在课堂上有同学讲得特别好、思维含量非常高,称加"亮点",得最高加分3分。课堂里会不时响起评分声音,各组统计员会及时将评分结果计入该同学的学习档案,作为评定成绩的一项依据。

(3)纠错考核:纠错检查考核由特别行动队"海豹突击队"负责完成,对不认真学习、过程写得不详细,或怀疑有抄作业的人,像检察院一样随时审查(不满意的人随时找来查)。

(4)考试评价:每科的检测根据个人分数算出小组平均分,排出名次。积分规则为:个人:比平均分高一名加1分,低一名扣1分;小组:第一名加10分,第二名加8分,第三名加6分。

(5)特殊加分:班主任和任课老师、班级常委会可以根据学生的特殊表现给予特殊加分,如检测进步较大的、为班级做出特殊贡献的等,加分的范围是每周5分之内。

以下表格制度均有学生讨论制作、制订、执行,仅供参考:

为了保护未成年人隐私,所有姓名均已删除或用化名。

附一:班级考核情况汇总

组别	名次	号	姓名	语文	数学	英语	化学	物理	张纪律	刘卫生	李其他	吴主动发言	总分
一		1			6							4	6
		2			6	1						1	7
		3			5	2			1	1		6	9
		4			5							3	5
	5												27
二		1			12							3	12
		2			11	1			1	1		3	14
		3			11	1			2	2		9	16
		4			11	1			1	1		5	14
	1												56
三		1			4				1	1		2	6
		2			3				2	1		2	8
		3			2							3	2
		4			3							1	3

续表

组别	名次	号	姓名	语文	数学	英语	化学	物理	张 纪律	课代表 刘 卫生	李 其他	吴 主动发言	总分
	8			−2									17
四		1			3	1		1	1	1		2	7
		2			4	2		1	2	1		3	10
		3			4	1		1				1	6
		4			4	−1			−1	−1		1	1
	6												24
五		1		−1	−5	1	−1		1	1		1	−4
		2			3		−1	−1		2		2	3
		3			4	1	−1	−1	−1	1		3	3
		4			5		−1	−1				3	3
	9												5
六		1			10	2	−1		1			10	12
		2			10	−2	−1		1	1		3	9
		3			11	−2	−1		1			2	9
		4			9		−1		1			1	9
	3												39
七		1			11			1		1		4	13
		2			11	1		1	1			3	14
		3			7	2		1			−1	5	9
		4			13			1				3	14
	2												50
八		1			4	2	−1					4	5
		2			5		−1					2	4
		3			5	1	−1			1		4	6
		4			4		−1					2	3
	7												18
九		1			3			1				2	4
		2			7	2		1		1		4	11
		3			8	2		1				6	11
		4			5	2		1				5	8
	4												34

续表

组别	名次	号	姓名	课代表					张纪律	刘卫生	李其他	吴主动发言	总分
				语文	数学	英语	化学	物理					
十		1			6	1						2	7
		2			5							1	5
		3				1				1		5	2
		4			2	1			−1	1		2	3
	8												17

附二：班级自主管理量化评价标准

经民主选举的班委会部长会议集体讨论，报学校批准，制定如下班级管理试行规定，希望大家按要求执行。

组织机构：

总负责：

总督查：

总协调：各部部长、各值日班长、各组组长

一、作业

1. 交作业：由课代表和学科助理负责，课代表明确作业，周一到周五走读生晚上9点前交作业，住宿生10点前交作业。周末作业周一早晨一进校来就收齐，如发现补作业或抄作业者，处罚个人，彻底认识，全组扣5分。提前交作业加1分，未按时上交作业的扣1分，不交作业的扣3分。课代表和学科助理早送作业加1分，晚送作业扣1分。作业最迟不得超过第二天早读交（或有任课老师决定）。

2. 订正作业：由课代表和学科助理负责，要及时，最迟不能超过展讲后的次日晚自习前，早送订正加1分，晚送订正扣1分，不交订正的扣3分。各科订正周五放学前必须完成，否则扣5分，放学后由组长陪同，完成后家长接送回家确保安全。

3. 作业评价：各学科长按各任课老师的评定标准，给予小组成员的作业评价及时登记。如化学科：优加1分，★加2分，作业受到老师批评：扣1—2分。

4. 作业评价统计：总负责统计：各学科助理

5. 每个学科由1个课代表负责作业统计（不够可以增加学科助理），统计部负责全部课堂发言。

二、课堂

课堂主动展讲:无论对错,均加 1 分,被提问的不加分,主动质疑且有意义的加 1—2 分。

课堂展讲情况:视问题难易和讲解情况加 1—3 分,挑战性问题,现场决定。

展讲要求:大方、大声、简洁、清晰。

所有活动,均代表小组参与。若一天内某小组无一人主动参与课堂展示,扣 6 分。

上课趴桌、注意力不集中、不积极参与讨论等,扣 1—2 分。

课堂评价记录:

学科	语文	数学	英语	物理	化学	生物	政治	历史	地理
统计员									

三、测验和考试

1. 个人及小组加分:

	85—90	91—99	满分	进步明显
平时小测验及周末自测	+1	+2	+4	由任课老师定
月考及期中、期末考	+2	+3	+5	
年级考试中	均分排名第一的小组每人+3 分,排名第二的小组各+1			

2. 课堂和测考总负责:统计员为各学科助理;协调者为各组组长。

四、其他

1. 每日做好学习的消化整理工作,未达标者扣 1 分。

2.《经典回眸》(可为错题、好题)未完成者扣 1 分。做对加分,未完成或做错扣分。自出题得好加分。自出题每人做对一题加 1 分(不计入实际加分),但小组实际加分为小组总分的平均值。

3. 课文背诵熟练或单词默写优秀者,加 1 分。

4. 每月进行一次各科案单大检查,案单齐全整理规范的同学,每人加 5 分,凡缺少的少一张扣 1 分。

5. 各部负责人,如未按要求及时记录或怠慢相关工作,扣 1—3 分。

五、纠错

1. 纠错本一定要做出实效,自己以前做错的典型题和易错题,每天(包括周六、周日)至少一题,有过程、画图、用红笔点评,并注明时间(几月几日)和题数。

2. 每周二、四两次检查,组长收齐,对调批改,不交扣 3 分,不合要求的扣分。纠错的标准:红笔点评、重点过程、题数达标,达不到标准扣分。纠错本采取不加分政策。

3. 组长经常督查,发现没有做或做得不认真的队友要及时提醒,全组同学应帮助他。小组成员要完全服从组长管理,组长可按照自己小组组规处罚。

4. 纠错特别好有示范作用的,变成资源共享本,双倍加分,并有权出题给大家做。

5. 不该错的题、反复强调的典型题出错,称"白胡子"同学。则被纳入"白胡子体系",每天自己找 2 个姊妹题交纪委书记,不交全组扣 6 分,周末自出题全对就出来。

6. 周末自出题每小组一题,由学习部长在周五前收齐,不出扣 6 分,出得好酌情加分,题目主要来自资源共享本。

7. 每日一题,由老师和做得好的同学出题,在规定的时间内完成,做对的加分,做错的扣分,并及时订正后交检查。

8. 年级排名 150 名之后,纠错加倍,中午和晚上提早一点进教室自习,每天先找组长弄懂所学知识,再找老师面谈。

六、纪律部

部长:陈　副部长:林

1. 凡被学校扣分者,班级加扣相同分数,并接受处罚。

2. 仪容仪表着装符合学校,校方扣分者,班级加扣相同分数,并接受处罚。

3. 出勤每日早晨 7:25 到校,7:30 升旗仪式集合完毕,体育部清点人数记录缺勤人数与人名。

4. 积极锻炼、强身健体,每天下午放学后每位同学原则上锻炼活动 30 分钟左右,有体育部具体落实实施、登记,有特殊情况向当天值日班长请假并做好记录。

5. 晚自习 19:00 到教室(自习讨论必须小声,尽量不影响别人)。

6. 晚修 19:30 后不得有任何声音,提醒后仍不改者,视情节扣 1—3 分。

7. 眼操铃响,全班同学做眼操,不得讲话。

8. 参加社团活动必须向当天值日班委请假同意并做好记录。

9. 班级集体活动不得无故迟到、缺席(班级有比赛,全班都是啦啦队)。

10. 以上无故迟到、缺席、讲话、违纪者扣 1—3 分,三次违纪者找强哥面谈。若有特殊情况,酌情处理。

11. 严重违纪(第三节晚自习讲话,用手机等)按学校规定处理。因违纪被年级以上部门批评扣 2—5 分。

12. 督查一级管一级,下级必须服从上级,值周班长查值日部长,部长查责任人,值日班长负责全班全天管理并做好记录,公布在后面黑板上,如未按要求及时记录或怠慢相关工作扣 1—3 分。

七、卫生部

部长:詹　副部长:施

1. 卫生部长做好分工督查工作,各同学各司其职,未打扫或未按班级要求打扫的扣 1—3 分。

2. 如当日卫生学校扣分,卫生部长、直接责任人、值日班长各扣同等分数。

3. 打扫时间早晨、中午,并全天保洁(提倡早一点打扫,以免影响本人和大家学习)。

4. 逃避劳动和值日者扣 2 分。

5. 个人保持好桌面、书柜及周边卫生,课桌上书本尽量放入柜子,柜子上禁放任何物体,每周一、周四中午 12:15 检查桌面卫生,不合要求者扣 1 分。

6. 课桌按点排放,如果不合要求者扣 1 分。

八、奖惩方面

(一)小组奖励:考核一周一小结,一月一大结,包括小组成绩、表现、卫生三方面,各部门的登记员统计完后拿给统计部部长,汇总后公布奖惩,当月有效,不累计。

分数换星及奖励

个人分数	10	30	50	70	90	类推
个人星数	★	★★	★★★	★★★★	★★★★★	
小组星数	小组成员每人集齐★,小组既得★,以此类推					

1. 星级第一的小组将获得星级优胜组,给以奖励。

2. 星级评价前 10 名的个人将获得星级旗手称号,给以奖励。

3. 优胜小组上报学校橱窗、升旗仪式表彰,全体人员照片上年级周报、家校联系单汇报家长,给家长发喜报,喜报加电话表扬。

4. 最高小组发奖品、奖状等,还可请由家长颁奖。

奖笔:最后一个小组为第一小组每人买一支笔(5 元左右)和买第一小组想要的书(价格合理,与学习有关的书)。

5. 排名第一、二两个小组可免纳入纠错体系,但连续 3 个黑点个人纳入。

6. 与自己最喜欢的老师(包括校长)合照一张,并在班公布做留念。

7. 有条件开展有益的班级活动。

8. 精神鼓励为主,尽可能满足学生提出的一切非物质的合法奖励,只要合理,老师全力帮忙。

9. 大型考试优胜小组发奖学金,为你最敬爱的人买礼物。

10. 班会课总结表扬或批评组内表现优异或差的同学。

(二) 个人处罚:违纪学生必须对自己的行为负责。

1. 带早读一次或协助老师讲一堂课,科目不定(个人)。

2. 为全班同学表演一个节目(个人)。

3. 做义工为大家服务(个人)。

4. 违反一次扣考核分 1—5 分(个人)。

5. 3—5 分钟命题或半命题演讲,语种自定。

6. 班级活动策划,出一套详细的计划表。

(三) 小组处罚:

1. 若个人犯错误,不接受惩罚或敷衍了事,则全组受罚。

2. 纳入制处罚法:最后两个小组,全组同学纳入纠错体系,自习课提前 10 分钟,每人每天做纠错 3 个,但连续 3 个亮点个人可免纳入纠错体系。

3. 集体上台唱歌、表演节目或主持一周班会。

4. 开最后小队家长会(考核连续 4 次最低)。

5. 愿者受罚,接受班委会的一切处罚。

6. 个人惩罚当天完成。

7. 组里能解决的问题尽量组内解决,不能处理的找婷姐,尽量不找强哥。

附三:班级考核奖励项目

经全体同学评选,班级常委讨论,下列同学被评为第×届获奖同学,希望同学们向他们学习。

总分前 10 名

进步前 10 名

单科第一名

小组前二名

学科小状元(9 门课)

突出贡献奖

最佳小老师

最佳主持奖

乐于奉献奖

最佳小记者

阳光少年

阳光少女

感动班级人物

最具潜力奖:成绩排名最后的同学

上进之星

反思整理之星

纠错之星

最佳小记者

感动班级人物

班级最具影响力人物

最佳助教"造句小王子"

最佳心理辅导员

最佳监督奖

最佳班干部

展示风采奖:上台次数最多的人,并且讲得很好的

优秀合作小队:进步名次前5名并且处于班级前5名的小队

最佳学科队长

工作负责奖:工作负责的人

最佳小队长

进步明星奖:考试后进步名次最大的

进步最多的人上台发表讲演(每天1人)

每月评选"主持之星""进步之星""上台之星""表现之星""质疑之星""上进之星""纠错之星""活跃之星"

获得优胜小组

获得优秀小组

最佳进步小组

最佳展示小组

进步最大小组

获得大考核前 10 名的同学

个人表现优秀、展讲好、为班级做事的其他人要表扬重奖。

按学生等级 ABCD，每一层次评选各学科大赛，如：文科默写比赛，理科竞赛，分类评选出周冠军、月冠军，表扬奖励，与相应层次领导拍照等。

二、如何评价

评价办法：由学科成绩科任老师、学习部及课代表负责；

纪委书记汇总值日情况（卫生、出勤、集体活动、常规纪律等）；

最后有统计部负责汇总出考核总表。

每月一结：评比、处罚、奖励

如：早读激情：表扬加 1 分　批评扣 1 分（课代表）

课堂表现：展示、点评、质疑　AB 类加 1 分、CD 类加 2 分、EF 类加 3 分

鼓励暂时落后同学多上台，讲得好再多加（有各小组统计员记录当天汇总给统计部，忘记作废）。

作业：优秀个人加 3 分；不交作业扣 5 分　抄袭作业扣 5 分（老师负责）

纪律：表扬加 2 分　批评扣 3 分（纪委书记负责）

三、奖惩规则

小组考核第一、二小队，可享受一切奖励。小组考核最后二个小队接受一切处罚。其余按名次处罚。个人奖励和处罚还有亮点和黑点调节，这样既有团队又兼顾了个人。

四、奖励方法

奖励可以是物质的，也可以是精神的，物质奖励虽然有一定的效果，但是显然缺乏引导性，久而久之孩子们的兴致也会大大减弱。况且长期来看，物质奖励很大程度也不利于孩子建立内在驱动力，最终还是要用激发学生内在的学习动力来置换物质的奖励。

那么在生本赋能教育的实践中，我们应该怎么来做激励引导呢？生本教育的学习观与教师观！我认为这是我们每一个在一线实践生本教育的老师们都应该铭记于心，相信只要老师们理解好及贯彻好生本教育学习观、教师观，有水准的高质量的班级管理激励就并不难做到。

生本教育的学习观：学习是生命成长的过程，它是人自身的一种需要，而不是外在压力的结果。教育的一切行为都应该是为了满足儿童的这种需要，从而使他们内在的生命力、使他们的潜能得到充分的发挥。教育是为了帮助学生，而不是限制学生。

生本教育的教师观：教师应从"拉动学生的纤夫"转变为"生命的牧者"。对基础教育而言，教只是组织学生自主学习的一项极其重要的工作。教师的核心能力是组织学生学习的能力，教师应在学生的放飞中获得自身的解放，同学生一起成长。在生本班级管理实践中，教师对于学生们的"激励"或"奖励"应该不局限于奖状、奖品、名次、称号或者口头表扬，而更应该是追求丰富多彩、花样繁多、寓意非凡及接地气的奖励方法。首先应契合生本理念，从学生出发，其次让学生提出他们喜欢的、适合各学段的奖励，这才是我们制胜的法宝。尽可能满足学生想得到的一契合理的奖励。

奖励激励是一种价值观的体现和塑造，而奖励也应该避免以物质驱动孩子，更多的是以责任感、荣耀感、成就感、自主选择、获得更多的自由来驱动孩子，帮助孩子建立内在的驱动力。生本理念下的奖励、激励，比传统的奖励激励更能激发孩子的生命力！

（1）常规奖励

幼儿园和小学老师奖励孩子，一般都是采用小红花、五角星、盖印章，集齐多少小红花、五角星、印章，或积累到一定数量之后可以兑换小礼物。中学老师首先想到奖文具、发奖状、考核分数与素质报告单挂钩、班刊、班报、博客、与校长面谈、学校网站、家长微信群公布表扬、向家长发喜报等等。班会课总结表扬组内表现优异的同学，获奖面尽量大，基本上每个人都有奖状。奖状对老师无所谓，刚开始对学生有作用，但奖状发多了就不灵了。

（2）特殊奖励

有条件的话，可开展有益的班级活动，如开联欢会，各种体育比赛活动，大型考试优胜小组发奖学金，为你最敬爱的人买礼物，由生活部网购小组采购。还有，考核分到家长处兑换人民币购买自己喜欢的物品，优秀学生可在学校电教室上网。不用担心"浪费"掉一节课时间，他自己会用10倍时间补上。师生写赞美的话，毕业时汇编成册发给大家。对此，老师们都有自己的"绝招"，如北京启明老师的绝招是发行"班级货币"定期到家长处兑现。成都张世明老师的绝招是请学生喝咖啡看英语原版片。深圳余坤龙老师的绝招是拍三分钟阅读分享小视频发班级群供家长欣赏。湖北远安最美女教师齐家兰的绝招是让最调皮学生每天到她办公室打游戏20分钟……

（3）精神奖励

给学生信任是最好的奖励，我觉得学生最想得到的还是老师的承认、老师的精神鼓励。有时老师的一个真诚欣赏的眼神也会让学生幸福一个星期。

通用电气公司前总裁"韦尔奇"是全球最杰出的CEO,小纸条是他管好这航母企业的秘密武器。他经常这样写:"我非常赏识你的工作,你准确的表达能力以及学习和付出精神非常出众。"这些话充满人情味,给下属带来极大的激励和感动。

下面我们再来举一些奖励学生的例子:

案例1:邓必样老师的做法

一、奖项设置及主要负责部门

数学小状元:数学检测满分(学习部)

最佳师傅奖:徒弟进步分加在师傅身上(统计部、学习部)

展示风采奖:上台次数最多,并且讲得很好(统计部)

主持之星:最佳课堂主持人(统计部)

进步之星:进步最大同学(学习部)

质疑之星:课堂提出高质量疑问次数最多同学(统计部)

纠错之星:精彩回放得满分或平时纠错一致认为好(监察部)

最具潜力奖:学习上有巨大潜力的同学(总书记)

工作负责奖:工作负责任的同学(秘书长)

优秀合作小队:处于班级前茅的小队(统计部)

二、班规

(一)学习纪律(由值日班干和学习部监督执行)

1. 课间做好下堂课准备,桌面放好有关教材及学习用品,上课铃响立即保持绝对安静,回忆上节课内容,预习新课,除负责纪律的班干部外,任何同学不得随意离开座位,违者每人次扣1分。此项由值日班干监督执行。

2. 上课不得讲闲话,不得做与当堂课无关的事情,违者每人次扣1分,上课无故迟到2分钟内不扣分,2—5分钟内扣1分,5—10分钟扣2分,10分钟以上扣3分,上课被老师点名批评者,每人次扣2分。此项由值日班干监督执行。

3. 早自习、午休晚自习上课铃响后立即进教室,3分钟后开始点名,迟到3—5分钟内扣1分,5—10分钟扣2分,10分钟以上扣3分。此项由值日班干监督执行。

4. 作业及时上交,迟交扣1分,抄作业扣2分,缺交扣4分。此项由学习部监督执行。

5. 自习课不管老师是否到班，必须保持安静，不吵闹，不交头接耳，不随意调换位置，不随意走动，无故不出教室，不影响他人学习，违者每人次扣1分。此项由值日班干监督执行。

6. 团结同学，不参与打架斗殴，打架者视情节扣5—20分（先动手扣10分，打群架扣20分），其他重大违纪视情节扣5—20分。

(二) 清洁卫生（由卫生部监督执行）

1. 卫生部做好值日分工和督查工作，卫生部相关监督人员未执行监督检查工作扣2分，值日生未按要求打扫或者打扫不认真者视情况扣1—3分，打扫卫生期间逃脱者扣4分并罚扫地2天。

2. 在教学区不吃零食（水和面包除外），违反一次扣2分并罚扫地一天。

3. 乱扔果皮、纸屑、脏物、粉笔，墙上乱画，随地吐痰等，扣1分。

4. 每人负责自己座位周围的卫生清洁，违者扣1分。

5. 课桌摆放整齐，如果不合要求扣相关责任人1分。

6. 如果值日当天被学校扣分，直接责任人按学校扣分双倍扣分，卫生部值日班干按学校规定同等扣分。

(三) 体育锻炼（由体育部监督执行）

1. 认真上好体育课，集合不认真，不按老师要求训练，逃课等，视情节扣1—3分。

2. 认真做好课间操和眼保健操，不认真者扣1分，无故不做操者扣2分。

(四) 寝室（此项由宿舍长监督执行）

1. 规定时间内就寝，熄灯后不得说话，第一次违纪扣1分，第二次扣2分。

2. 早上按时起床，并整理好自己的内务，违者扣2分。

3. 认真打扫寝室卫生，若不合格被通报者，扣2分并重扫一天。

4. 不得在寝室内做任何有违中学生道德规范的事，违者每人次扣4分。

(五) 加分政策

A. 不定量加分政策

1. 积极主动承担班级事务者。

2. 主动帮助老师工作，热心帮助同学解决困难，助人为乐。

3. 在各项竞赛中获奖者。

4. 举报不良现象，拾金不昧者。

5. 知错就改，表现较前一阶段有较大进步者。

6. 获得各项荣誉者。

以上几条，由值日班干、班委、和老师视情况酌情加分。

B. 定量加分政策

1. 被评为文明宿舍，相应成员每人次加5分。

2. 出满勤者（一学期没有请假过），奖励5分。

3. 语文、英语听写全对（10个以上单词或词语）的加1分。

4. 单科测验成绩满分者加6分，第一名加5分，第二名加4分，第三名加2分，凡达80分（总分100分）以上加2分，以上加分不重复。

5. 上课得到老师在全班点名表扬者加2分。

6. 若小组一周无任何人被扣分，每人加2分。

7. 为班级捐赠一本有益的课外书加3分。

（六）加分与晋级

1. 个人晋级：工兵→排长→连长→团长→旅长→师长→军长→司令

工兵到排长100分，排长到连长170分，连长到团长270分，团长到旅长400分，旅长到师长550分，师长到军长750分，军长到司令1000分。

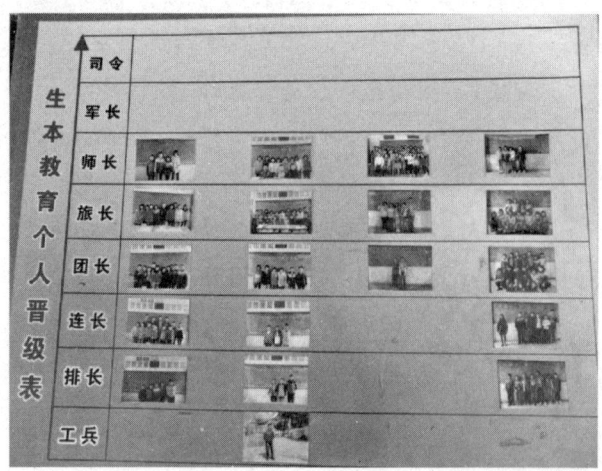

2. 小组晋级：草鞋排→单车连→摩托营→汽车团→坦克旅→空军师→导弹军→太空堡垒。草鞋排到单车连300分，单车连到摩托营

500分,摩托营到汽车团800分,汽车团到坦克旅1200分,坦克旅到空军师1700分,空军师到导弹军2300分,导弹军到太空堡垒3000分。

案例2：为最敬爱的人送礼物

老师要教育学生学会感恩,现在的孩子一般有6个家长,我引导学生说,能不能用自己得到的奖学金为你最敬爱的人或你的亲人送一份礼物,以表达自己的感恩之情。同学们认为能凭自己的能力获得奖学金为最敬爱的人送一份礼物非常向往,这次没有拿到,下次一定争取。有的同学对我说:"我非常想送妈妈一份礼物,因为她为我付出太多了。"李丽给妈妈买了一个包,网购来的96元,她妈妈用了三次就坏了,一个包带断了一半,她妈妈用胶带粘好了,每次到学校了都背这个包,在她女儿面前说:虽然家里挂了一墙的包,但就喜欢她女儿买给她的这个包,因为含意不同,这个包是她女儿通过自己努力换来的礼物。"她妈妈在我面前笑着说:"不敢不用！"

李丽用奖学金给妈妈买的包

还有一位学生用自己的奖学金给外公买了一根拐杖,外公好开心,天天拄着,逢人就夸,在小区门口"卖萌":"我外孙不仅成绩好,还孝顺懂事,看,这是他用奖学金给我买的拐杖。"

还有一位女生王娟在母亲节时,用奖学金32元钱给妈妈买了一条丝巾,还亲自给妈妈戴上,妈妈感动得掉眼泪。这些礼品虽然钱不是太多,但是很有价值。家长们也打来电话说:"这些奖励太有意义了,激发了孩子的学习热情,孩子们变得更懂事了,我们从心里感谢学校、老师。"这样做学生学习状态非常好,每个学生都积极努力,快乐奋进,享受学习。

  案例3:优胜小组旅游

  优胜小组外出旅游,安全和经费怎么解决?利用家长资源,家长组织,家长们会组织得非常好,孩子们也很快乐和自豪,有的一对一结对子的孩子,成绩好的同学经常帮助对方,所有的费用全部由对方包了,这也给了回报的机会,增进友谊,更加和谐。

五、处罚方法

学生制订处罚的原则是"怕什么就来什么"。

1. 和学科长、课代表、兴趣小组成员、老师面谈。

规定上台次数最少的5人,订正不到位,不该错的题常错,自出题、检测题有错,最后两个小组,总分在平均分以下(哪课进做哪科,参照多次考试),总分进做自己薄弱学科,一对一面谈帮扶"过关"。

2. 为班级做义工,为大家服务。(个人)规定时间,做多少小时。

3. 带早读一次或协助老师讲一堂课,科目不定(个人)。

4. 为全班同学表演一个节目(个人)。

5. 3至5分钟命题或半命题演讲,语种自定。

6. 班级活动策划,出一套详细的计划表。

7. 愿者受罚,接受班委会的一切处罚。

8. 奖励处罚一般由班委会按章处理,能做好尽量不找班主任。

9. 小组捆绑为主,但个人有3个亮点可出,有3个黑点可进,既有团队又兼顾个人。

  处罚案例

  我们班一个学生名叫李文涛,理科思维特别强,数理化再难的题都能搞定,但是就怕文科,特别是英语,这次他们小组考核最后一名,要接受一切处罚,他们想出的处罚办法是让他带英语早读。文涛找我说:"强哥,这处罚太难受了,我想死的念头都有了。"我就开始"忽悠"他:"文涛,你理科那么厉害,老师不会做的题目你都会做,一篇英语课文就可难倒你了,他们就想看你的笑话。来我教你一个办法,你在学校不动声色,回家暗暗努力,给点'颜色'他们看看。"他听了我的话,想想有道理,回家真的很认真地背单词、读课文,家里到处都贴满了英语单词,连洗手间也贴,一有时间就背单词、读课文,上厕所都在背单词。他英语基础差,原来他爸爸想跟他请个英语家教,他坚决不同意,现在他爸爸跟我打电话,惊喜地说:"荆老师不知怎么回事,现在文涛让我立即找英语补习老师,像发了疯一样学英语,太不可思议了!"我笑着说:"你就不要管那么多了,帮他找就是了。"过了一段时间,展示风采的时候到了,他带大家英语早读,一口流利的英语,大家都愣住了:怎么回事,文涛英语怎么读得这么好? 文涛下了课对我说:看到他们吃惊的样子我好开心,从来没有过这种感受,太有成就感了,好享受!跟我斗,没门! 后来文涛慢慢地不再那么怕英语了,成绩也不断进步,最后高考英语竟然考了93分,对他来说简直就是"天方夜谭"。这种"处罚"好有意义。

六、评比激励

一般期中、期末大考后(频次不要太密),根据考核情况举行有仪式感的奖励,学生很看重,对考核评价,分分必争。高考前几天有学生还在要加分,我说:"马上要毕业了,你还要加分有什么用?"学生说:"强哥这你就不懂了,我们是在为荣誉而战。"

获奖的既有个人还有小组,还要发表获奖感言。如:

先进个人的是:陈、高、于、顾、王、许

获得优秀小组的是:第二小组,组长吴,组员:吴、温、陈、王

第九小组获奖感言:很高兴我们成为第一个优秀小组,我们认为,能获得如此殊荣是因为大家的共同努力。我们组有一名非常优秀的组员——顾,上课发言和展讲非常积极,各科先学研究都认真完成,其他的组员也很尽心尽力地为组做贡献。组里平时会充分尊重每个人的意见,让大家都发挥出自己的长处,优势互补,共同发展。希望我们组再接再厉,取得新的辉煌。

第二组获奖感言:我们组取得如此好的成绩离不开每个人的努力。小组讨论中我们对难点进行解答,确保每个人都明白。每个人都尽量在自己擅长的方面帮助他人。凤善于提出问题,锻炼了自己也锻炼了他人。柔在课余时间给组员进行课外扩展,扩宽我们的知识面。组长安对组内事务尽心尽责,鹏各项事务都做得很好,对历史方面的知识了解很多。组员们互帮互助,共同进步,相信在我们的努力下会取得更好的成绩。

期末总结获奖主题词:

成绩优秀奖获奖主题词:漆黑浩瀚的夜空下,闪闪点点的繁星,是最璀璨的点缀;一望无际的大海上,波涛汹涌的浪花是最澎湃的跃动;荆棘丛生的求学旅

程中,滴滴答答的汗珠是最迷人的风景,骄傲喜人的成绩是最满足的收获。

运动奖获奖主题词:这是他第一次在运动场上尽情展示自我,这是他第一次为班级获得荣誉,这也是他第一次为了班级而拼搏,当然也是他第一次为荣誉而幸福,以后,他也一定为了让这个集体感到骄傲而努力!

好学拼搏奖获奖主题词:大海与月亮结伴,勾画出美丽的银色浪花;种子与细雨结伴,换来了丰硕的果实;她与勤奋结伴,唱响了人生奋进的主题曲。

互助奖获奖主题词:每个人都给别人小小的帮助,那么这个班是无比美好的;而我只是伸出了一只手,回答了一个问题,于是,别人因我的存在而感到幸福。

……

第三节 老师要"hold"得住学生!

首先以自身的专业素养和人格魅力让学生敬佩,对学生严格要求,让学生敬畏。生本不是放纵,关爱不等于放松。要让学生感觉到如果他学习不认真,态度不端正,该做的事没有做好,老师是绝不会放过他的。老师不是跟学生斗,而是和学生"逗",也就是说老师要"hold"得住学生!

案例1:自习课纪律差怎么办?

学生自习课讲话是令班主任头痛的一件事。有老师在教室,就不讲,班主任盯着就好一点,班主任一走就"涛声依旧"。其实我们可以采取生本自主管理的办法来解决这一问题,层级管理,班级总负责是班主任助理,班级有问题交给她处理,她怎么处理?纪律问题找纪委书记,纪委书记怎么办?找当天值日的班委干部,五位班委每一天都有一人轮值,值日班委也不是自己亲自管,班级每天有一位值日班长,他是当天的"老大",有权处理当天的任何人、任何事,班级制度规定,一级管一级,问责到每一层级,如果下一级管理不了就必须向上一级汇报,如果当天班主任助理没向我汇报就说明教室里"平安无事",如果班主任助理没报,而有学生违纪,班主任就要找班主任助理"是问"。假如自习课某一位同学讲话,小组同学就会提醒他,如果他不听,当天值日班长找他做工作,还不听,向值日班委汇报,还不行,向纪委书记汇报,纪委书记找他,"事就有点大了"。纪委书记是班级里最厉害的铁面无私的同学,如果还不行,只能找最大的领导班主任助理出马了。你说这么强大的"攻势"还有谁敢说话违纪呢？老师们说生本自主管理，不用事事都要班主任管理督促，而是达到了班主任"人不在魂在"的管理境界。

　　这里还有一点请大家特别注意，一定要让发现问题的同学自己想法处理，而不是向上一级汇报。我们的班级管理不能培养"汉奸"，而要重奖"功臣"，只要能及时制止、处理好班级不当行为者，帮扶同学有进步的学生，就作为班级"功勋人物"给予重奖。这样做既培养了学生的能力，又解决了班级管理的难题。班级里就会出现"后进生"很"抢手"，"问题生"难"找寻"的局面，大家抢着要"帮扶"，争着想"转化"，人人都成为班级的管理者。

案例分析

美国有个著名的植物园，里面有各种名贵花卉，每天参观者络绎不绝，但常有花卉不翼而飞。园方出示告示牌："偷窃花卉者罚款300美元"，反而偷得更厉害。改写成："凡检举偷窃花卉者奖300美元"，结果没人再偷了。原因是这样做人人都成了植物园的管理者。

学生由被管理者变为主动参与者，班级里每一位学生都成为管理者，齐抓共管。管理变成治理，管住变成关注，控制变成引领，班级管理的各种疑难问题自然就会迎刃而解。

案例2：

班主任的沟通艺术——两双袜子

林泽龙

　　故事得从刚毕业那会儿说起，那时候我刚参加工作，被分到区里一所初中任教，并担任初一新班级的班主任。刚接手一个全新的班级，总要尽快熟悉每个学生。于是在课间有空的时候，我总是变着法子和学生闲聊，以便了解他们。在这个过程中，有一个学生引起了我的注意。他叫小李，个子高大，却不爱说话，每次和他聊天，他总是低头不语，或者勉为其难地憋出几个字：嗯，哦，好……如果说，要用一样东西来形容他，大概就像池塘里的石头，平时沉在水里，一动不动，当你尝试去触摸他时，却只能感到冰冷。这孩子的反常表现让我决定和家长沟通了解一下。然而令人失望的是，孩子的家长也像块石头一样，难以沟通！通过几次简短的电话沟通，能感受到家长的态度不太友好，印象最深的是孩子父亲的一句话：老师我很忙，我和你一样管理几十个人！我不会麻烦你，希望你也不要来麻烦我！于是，在多次沟通无效后，我妥协了。这个人，这件事便一直压在了心底。

转眼到了第二学期，某天我闲来无事，翻看日历，发现父亲节快到了！于是突发奇想，要不给小李上一堂课？课间，我把小李叫到了办公室，并掏出100块钱，说道：我给你出道题，如果你答对了，我奖励你50块钱。虽然这孩子不爱说话，但听到有钱，立马来精神了。于是我提了提嗓子：是这样子的，父亲节不是快到了嘛，我给你50块钱，你给你爸买个礼物，但是不能随便买，有两个要求：第一，要每天都能用到。第二，要能让人感觉到温暖。如果你想得出令我满意的答案，我赞助你50块钱买礼物，另外50块钱奖励给你。

孩子毕竟是孩子，50块钱对他来说怎么说也是"一笔巨款"。说罢，他便开始认真思索起来，很快，便有了一个答案：我爸爱抽烟，给他买包烟吧！听到这个答案，我眉头一皱：为什么要买烟？这孩子天真地回答道：烟有温度啊，不但温暖，还暖得发烫！这个说法一下子把我逗乐了，但笑过之后我略带严肃地告诉他：吸烟有害健康，不太好。我鼓励他再想想，很快，他又蹦出了一个答案，我爸是银行上班的，他经常看书，我给他买本书。刚说完，他又补充了一句：老师，书是个好东西吧？他略带得意地看着我，做出掏钱的手势，似乎在暗示着什么。当然，这个答案也不能让我满意，我告诉他：书是不错，但是金融的书无法让人感到温暖，也不对。这孩子听到我又一个否定，顿时有点气馁了。这时，上课铃响了，我拍了拍他的肩膀说道：先去上课吧，下节课再来找我。

第二节课下课，由于拖堂，我晚了几分钟才回到办公室，发现他早已在办公室门口不耐烦地等我。一见到我，没等我坐下，他便迫不及待地告诉我：老师我有答案了！好，你说吧，我对他微微一笑。他略带激动地说，我可以给我爸送两双袜子。袜子？我想了想：袜子穿在脚上，能让人感到温暖，而且每天确实都要用到。说实话，他这个答案令我很满意，于是言而有信，我爽快地掏出百元大钞给他，并嘱咐他要遵守诺言。至于小李回家后有没有买袜子，我并没有跟进，毕竟只是突发奇想的举动，忙起来我也就把这事儿给忘了。

大约过了两周，某一天我接到一个家长的电话，电话那头是一个语气平缓的男中音，仔细听竟然是小李的父亲。在电话中，他向我表达了两层意思：首先是道歉，之前因为工作忙等原因，上了初中从来没主动和班主任沟通，甚至消极沟通。他解释道，孩子上小学成绩就很差，经常被叫家长，所以他们也厌烦了和老师沟通，甚至不愿意接到老师的电话，因此对于之前说的话向我道歉。其次,很感谢老师对孩子的教导,因为孩子从小就叛逆,也不懂事,没想到上了初中突然开窍了,父亲节还给他买了两双袜子,虽然是花色的袜子,但他很喜欢也很重视,每天都穿着它去银行上班。甚至还和同事炫耀:这是儿子送给他的父亲节礼物。尽管他心里清楚,这样的花色袜子并不适合严肃的职场工作。在长达20分钟的对话中,这位父亲向我吐露了他的很多心声,作为一个成年人的辛苦,以及曾经对孩子教育的失望等等,更重要的是,通过这两双袜子,他发现儿子其实很懂事,而自己作为父亲,反而缺少了应有的陪伴。他也坦诚工作忙是没办法的,但是以后也一定要花更多的时间去陪伴他的成长。最后,整个电话聊天在一种友好、平和的气氛中结束。而挂掉电话后,我有种如释重负的感觉,看来,我似乎做了一件好事。

  这件事过后,小李开始主动和我聊天了,对话也不再是以前应付的"嗯,哦,好"。而在聊天的过程中,我也发现他的更多改变,例如有那么一次,他主动谈到了他的爸爸:老爸其实是个表里不一的人,他说我买的袜子太花,上班不能穿,但他又经常穿着去上班,真是一个矛盾的人!也许小李只是无心的一句话,但他是否明白,这种表里不如一,难道不就是父亲无言的爱吗?就这样,在无意间,一个突发奇想的点子,两双五颜六色的袜子,在老师、家长、学生之间搭建起了一座桥梁,让忙于工作的父亲,能够感受到儿子的成长;让青春期的孩子,能够发现父亲无言的关心,以及让家长与老师之间开始相互理解,相互信任。我想,这是件多么美好的事情啊!

  时光荏苒,一转眼三年过去了,从初一到初三,这个班我一直带他们到了中考结束。领毕业证的那天,很多学生都来和我道别,还送了一些小礼物给我,大多是贺卡、鲜花。最后毕业证件发得差不多了,我准备离开办公室的时候,一个学生提着个大袋子出现在我面前,我抬头一看是小李,此时的他已经是个一米八的大男孩,站得笔直。这个大男孩见到我腼腆地一笑:老师,毕业了,我送你个礼物。他拆开袋子,拿出了一个枕头递到我面前:这是我在泰国旅游买的乳胶枕,送给你,希望您能休息好。看到这个枕头,我开玩笑地说道:别人都是给我送个花送个贺卡啥的,你送我个枕头,是希望我每天睡懒觉吗?小李听完,微微一笑,说道:老师,枕头有两个好处。第一,每天都能用到;第二,让人感到温暖!

  听到他这个回答,一瞬间,思绪把我带回了三年前,那个人多吵闹的课间,那个冥思苦想的小男孩,以及一个年轻的老师和内向学生的对话。原来,三年前我教会他的,三年后他都回馈给我了! 那一刻,内心百感交集,感动、激动,更多的是成就感!

德国哲学家雅斯贝尔斯曾说过:教育,就是一棵树摇动另一棵树,一朵云推动另一朵云,一个灵魂唤醒另一个灵魂。读大学那会儿,我就听过这句名人名言,当时还不懂它的含义,只知道这是个优美的排比句。而如今,我的亲身经历,让我明白了这句话的含义,也让我感悟到了教育的真谛!

第四节 | 营造和谐的氛围 |

教育的目的不是奖励和处罚,而是唤醒和鼓舞,成功始于心动,成于行动。我们教育者最终追求的则是心与心的融合,教育本质是生命对生命的感动,所以我们要努力营造和谐的师生、生生关系。具体可从以下三个方面入手:

(1) 建立良好的师生关系。老师把学生当朋友,他就会跟着你干;老师把学生当敌人,他就会对着你干。老师把学生当天使,教室就变成天堂;老师把学生当魔鬼,教室就变成地狱。有的老师成天板着脸,与学生讲话口气就是不一样,师生对立,无法生本。老师最大的智慧,就是走进学生的心灵。得人心者得天下,士为知己者亡。没有爱就没有教育,良好的师生关系是教学高质量的前提。教学效果70%取决于感情因素,30%取决于能力。老师在学生出现问题时,多一些理解和安慰,对学生是鞭策和激励,他们会因此被感动而发奋努力,一旦形成向上的力量,就会不断创造奇迹。一个学生喜欢某一位老师,往往就喜欢上这位老师的课,慢慢地就喜欢这门学科,甚至喜欢这个班级,喜欢这所学校。改变教育要从改变师生关系开始。关系好坏决定教育成败,良好的师生关系才能带来成功的学校教育。所以,我们要向改善师生关系要教育教学质量,向改善师生关系要学生的快乐与健康,向改善师生关系要我们教师职业的幸福感。

(2) 营造"自律"的班级文化,人人爱班,个个为班争光。小组考核一定要营造和谐的氛围,组规由组员一起商量制订,大家都能做到,每个人都同意才写进"组规",而且组员有好的建议可提出,不断改进。每个人要都要遵守已定的"组规",一旦违反,组员要勇于为自己的错误承担责任,同组成员要多一些理解、包容,帮助不埋怨,多为同学进步找方法,取长补短、合作共进。营造"人人爱班,为班争光"的班级文化,把教室建设成学生心灵的港湾、温暖的家。

千万不能因为所谓的"考核"定了许多制度,罚罚罚,学生很烦,搞得教室里人人自危。我们要"多奖少罚,以奖代罚"。任何制度都不可能一劳永逸,要不断修正,有让学生"在意的评价",不断点燃学生的激情。强调是与自己过去比较,只要进步就给予鼓励和肯定,让孩子收获信心和不断超越的勇气。老师做好三阶段引导,第一阶段:怎么学?第二阶段:我想学!第三阶段:拼命学!

第四章
以爱为本，柔性管理为学生赋能

有的老师以为生本赋能教育下学生成绩好是考核奖励和处罚的结果，其实不然。德国师范教育之父第斯多惠说过："教育的目的不在于传授知识本领，而在于善于不断激励、唤醒和鼓舞。"教育的目的不是奖励和处罚，而是不断地唤醒和鼓舞。

再好的教育比不上孩子的内力觉醒。生本赋能教育结果学生成绩好，是学生"内驱力"焕发的结果，教育是生命对生命的感动。我们要追求的是柔性管理，它注重的是内驱力，通过文化的引领、氛围的熏陶，让学生内力觉醒，使之融入班级、爱班惜誉，让每一位学生都成为班级的管理者。柔性管理注重老师在学生出现问题时多一些理解、安慰和鼓励，他们会因此被感动而发奋努力，一旦形成向上的力量，就会不断创造奇迹。

现在是互联网＋时代，努力实现的是物与物的互联。养鱼养水，养树养根，养人养心，管理刚开始也许要有制度的约束，但教育最终追求的则是心与心的融合。"制度只能管人，文化才能管心。""文化"可以用四句话表达："根植于内心的修养，不需要提醒的自觉，约束为前提的自由，为别人着想的善良"，所以管理要"由表及心，由心入'化'"。我觉得班级文化不应是写在墙上的口号，而应该是内化到每个同学心中都非常认同的精神层面的共同追求。举个生活中的比喻，应该像一滴墨水融入水中，慢慢浸入到水的每个角落。

第一节 | 没有文化的班级没有灵魂！ |

班级文化建设可以从以下几个方面入手：
一、班会课也生本
班会课全部有学生组织、策划，分小组轮流，丰富多彩。

案例1：高二(20)班主题班会《我的梦》节目表

序号	小组	题目	类型
1	第一小组	奋斗	小品
2	第二小组	南京大学	介绍
3	第六小组	Everyone is No.1	舞台剧
4	第四小组	生本介绍	演讲
5	第八小组	成长的梦	舞台剧
6	第三小组	我的梦	朗诵
7	第十小组	你的位置在哪里？	英语秀
8	第七小组	阿甘正传	写书评
9	第九小组	生本圆梦路	演讲
10	第五小组	我的未来不是梦	朗诵

主题班会演讲稿

生本圆梦路

第九小组

曾经的我，当老师问出一个问题，会习惯性环顾四周，习惯等待。

曾经的我，在遇到难题时，会习惯性扔在一旁，习惯逃避。

曾经的我，在我的集体里，只有我自己。

直到一年以前，有一个人告诉我，其实你可以学得更快乐，这种快乐的学习方式叫生本。

依稀记得那天，我走过几个世纪般漫长的一段距离，迈上了讲台，讲解了第一道数学题。当讲台成了舞台，当掌声击退恐惧，当喜悦冲散了紧张情绪，我渐渐明白了生本的真谛。

依稀记得昨天，我淡定地解决了一道道难题，成功的喜悦不言而喻，我开始对自己说：难题，我不怕你！

依稀记得那天，我试着融入六个人的集体，互帮互助的感觉如此神奇，我豁然开朗，其实，我们整个20班，就是一温馨的大家庭。

生本，改变了我太多，荆老师，让我成长了太多。

我相信，插上了生本的翅膀，一定可以飞向成功的太阳。

……

案例2：

同学？同窗？同家人！
——记第十三周主题班会
学生　刘金莲

11月25日，我班进行了第十三周主题班会课，现场有多位来自全国各地的优秀教师听课，同学们表现积极，气氛活跃，获得一致好评。

本次班会主题为"同学·同窗·同家人"，由第七小组负责，廖雯和孙静美同学担当主持人。班会以高山流水开篇，引以"同学""同窗"的概念，又向同学们介绍了关于友谊的诗歌，使同学们开始进入主题。最精彩的部分当属讨论及活动环节——"猜猜TA是谁"及"我心中的……"，通过这两个环节，同学们都去挖掘身边朋友的特点和亮点，尤其是那些平时在班里较低调安静的同学，大家都对他们有进一步的了解。在这几个活动中，陈海杨同学当之无愧地被推举为"大众男神"，郑智雄也不甘示弱地成了"第一帅"。总之，整个班会气氛都非常活跃，时不时就有同学精彩而诙谐的发言惹得大家哄堂大笑，连听课的老师也忍俊不禁，整个课堂充满欢声笑语。最后，主持人放出《我们是一家人》这首经典歌曲，伴随着抒情的音乐，以及主持人的串串妙语连珠，大家都陷入了对过去集体生活的回忆和对未来的沉思，在便利贴上写下心愿，贴在黑板上已画好的爱心上。班会课圆满结束。

刘鸿杰："留下来。"

在最后的写心愿环节，有一张便利贴上仅有简简单单的三个字——"留下来"，却道出了许多人的心声。这三个字便出自刘鸿杰同学之手。人与人相遇不容易，相知更是一种缘分。经过近一年的相处，大家已不仅仅是一起求知的同班同学那么简单，更像是一家人。在即将面临的分班考试之际，大家的心愿都是"留下来，不要走"，这更是所有同学奋斗的目标。

在整个班会中，可以说后面的部分是比较煽情的了。主持人廖雯舌吐莲花，句句话说到人的心扉。听着赞颂爱与友情的歌，相信大家的心灵都被触到最柔弱的部分了吧？就连最后进行点评的唐燕梅都说："刚刚弄得眼泪都差点要掉下来了。"

这次班会，是大家共同努力团结的结果。我们在班级，仅仅只是同学或是同窗吗？不，"不是亲人，胜似亲人"，我们更是同家人！愿同学们在接下来的日子里,珍惜友谊,与朋友知已一起乘舟破长浪,挂帆济沧海!

二、开展学生喜欢的各种活动

我觉得组织活动是凝聚班级合力最好的办法之一,教育学理论指出:"学生最喜欢的就是和同伴一起玩,这是孩子的天性!"所以我们就利用课余时间尽量让他们尽心地玩。我们班级口号是"学得专心,玩得疯狂,成长成才,青春绽放"。开展丰富的社团活动、嘉年华、野餐、郊游、体育比赛等,让各类学生展现特长,每个学生都有希望、有梦想、被信任,人人有进步,个个都有"奔头"。学生一般分三种类型:优秀生、中等生、问题生,"问题生"转化是教育重点,"搞定"他们,班级也就稳定了。

案例 3:李易昌的故事

我要争取倒数第三!

李易昌同学很贪玩,不想学习,成绩倒数第一,老师跟他聊什么都可以,就是不能谈学习,一谈学习他就不高兴。他特别喜欢打乒乓球,我就陪他打。我到贵阳讲学,还带回"会发光唱歌的陀螺"给他玩,他好开心,玩得忘乎所以,甚至忘了上晚自习。玩了一会,他感觉氛围不对,对我说:"老师,好像上晚自习了吧?"我说:"是的。"他说:"老师我去学习了,你放心,你对我这么好,我一定认真学习。"我说:"好!易昌你只要考倒数第二,你要什么奖励我就给你什么奖励。"他说:"老师你看不起我,我要争取倒数第三!"我说:"好!你要什么奖励?"他说:"老师,我想要一副最好的乒乓球拍。"我说:"没问题,一言为定!"他学习真的用心多了,开始做前置作业了,上课也很专心,周末居然找到我家里问问题,期末考试数学果真考了倒数第二,问我要乒乓球拍。我说:"没有!"他说:"老师你说话不算数。"我说:"你物理只考 24 分(班平均 86 分),怎么能奖励你?""啊?老师你讲的是总分倒数第二,我还以为你讲的是数学,是我理解错了,他说我要回去狂补物理……我一定要得到你的乒乓球拍。"有老师会说:做老师哪里有这么多钱奖励学生?实际上不用老师出钱,有家长出钱,我跟他爸爸说好了,他爸爸说,这孩子我没法管。我说:"我们一起来想办法,你准备点钱吧。"他爸爸说:"好好好!"

易昌的心里话:"我感觉上课十分愉快,但也十分心惊胆战,一边为自己展讲感到满意,一边为事事都要责罚而感到担心。尽管表面上好像没什么,但是,从心里感受到了班级的好,这些天强哥一直都在表扬我,说我有进步,而且同学也是这么说的,我为什么进步这么快,好像换了一个人一样。我只是觉得以前想放假,可以休息,可以放松,但是现在真正放了假,呆在家里,哪怕是玩游戏也感到无聊。而在学校时,尽管每天都很累,却从不会感到乏味,反而累得十分开心。而且,我们还有亲爱的强哥童鞋,我们要求的事情,强哥都尽量满足我们,并且每件事情完成得都十分出色,得到了我们私下的高度评价!"

案例4:

运动会也生本

运动会有学生自己策划、组织、训练,口号班级里征集,班服自己设计,入场表演自己排练,动员自愿发言,人人都是班级主人,个个都为班级出谋划策。运动会我们班把所有第一全包了!广播操比赛第一、精神文明奖第一、团体总分都是第一,白天运动会,晚上座谈会,人人讲感动,个个掉眼泪。白天开晚运动会,晚上召开座谈会,讲感人的细节、感动的瞬间。我们班陈胜在跑步时摔倒了,全班同学都汇聚过去帮助他,递水的、搀扶的、拿凳的,中午李小俊给陈胜打四个荤菜,自己只舍得吃两个菜。我们班张丰帆总提不起精神,小错误不断,这次运动会他在司令台计时,动情地说,坐在高高的计时台上看到陈胜摔倒,穿我们班班服的同学都向他涌去时,心里好温暖,我已经真正融入一班,成为一班一员,这么好的班级氛围我怎么舍得破坏而影响大家呢?讲得很多同学掉眼泪,人人触动心灵,真正凝聚了班级合力,让大家真正成了相亲相爱的一家人!我们在一起,喜悦共享,困难同担!原来一班仅是一种符号,从现在起我们真正成了"一班人",想到"一班"脑海里就会浮现班级很多温暖感人的场景,所以说开展活动是建设班集体的最佳时机。

班会课学生写的运动会总结

努力

运动会中,我们获得了累累硕果,都是大家用努力换来的。入场式也罢,比赛项目也罢、集体项目等等,我们都获得了各种各样的第一名。不但让别人对一班的印象深刻,还为一班新添了一个全新的代名词——"团结的一大家"。

入场式的队形,从一开始的杂乱无章,到了正式表演时的整齐划一。

中间包括了一次次的训练、调整、再练习、再改善,使我们最终取得了好成绩,不枉费同学们的努力。

其间,运动员们在"战场"上的一次次拼搏,他们精彩的表现也来自他们私底下的刻苦。跑4×100的4位汉子,从下了自习一直到12:30都没去吃饭,之后回去4个人分五碗泡面,还推来推去说谁多吃一点,明明都饿得饥肠辘辘的,问他们为了什么,"为班级争光!!"光是想象一下那强有力的回答声,都能让人体会到他们的认真、他们的执着,每个人的眼中都闪着光,仿佛已经看到自己已经站在领奖台上了一般,那样的自信。尽管这一项没有拿到冠军,但是,那只是小小的失败,他们就是我们的冠军!

友情

友情,友谊的同义词。它是朋友和朋友之间的感情。它是一种很美妙的东西,可以让你在失落的时候变得高兴起来,可以让你走出苦海,去迎接新的人生。它就像一种你无法说出,又可以感到快乐无比的东西。

友情,并非嘴上说说,而真的是应该用自己无意识的行为去表达的,我们的一班就很好地诠释了这一点。

100米比赛时,胜因为受伤,中途突然停了下来,围在两边加油助威的同学一下子就围了上去,后来仔细回忆一下,当时确乎是想都没想就往那边跑,越跑越近时,也不知从哪聚集来的,"紫色的人"一下子就多了起来,把胜围了个里三层外三层,一声声急切的关心的话语,一颗颗悬着的心,一门心思关心着胜的我们也没注意到外班人那一个个惊奇诧异的眼神。

那一次次"包围",一次次的关心,不经多虑的行为,这就是我们一班的友情。

胜利

之前老师说我们班一定能赢时,我们都说不可能,觉得简直就是"蜀道之难"。但是结果既出人意料却又在意料之中。出人意料,我们得到了许许多多的第一名,锦旗和奖杯纷纷收入囊中,然后胜利的喜悦存于心中。意料之中,这不得不让人觉得是理所当然,我们有深厚的友谊,我们付出了努力,我们有自信,我们就是第一!

但我们的胜利也不仅仅只是那几个第一名,我们赢在我们的团结,我们的友谊,我们对一班的爱。这些才是我们真正的胜利!

三、让学生找网上的教育资源和大家分享

1. 孩子,我为什么要求你读书?

孩子,我要求你读书用功,不是因为我要你跟别人比成绩,而是因为,我希望你将来会拥有选择的权利,选择有意义、有时间的工作,而不是被迫谋生。当你的工作在你心中有意义,你就有成就感。当你的工作给你时间,不剥夺你的生活,你就有尊严。成就感和尊严,给你快乐。

2. 视频:如:"鹰之重生",《超级演说家》之刘媛媛震撼世界的演讲"寒门贵子",阳光乐观的"向日葵女孩",丽塔·皮尔斯的"每个孩子都是冠军",还有"白手起家到亿万富翁的奥秘","赔了30亿我从头再来"等等,以及送给沉迷网络的朋友的《你将来会过得很狼狈》……

3. 周末建议孩子们看励志电影等。

特别推荐日本电影《垫底辣妹》。

四、构建和谐的生生关系和师生关系

案例 5

吴艳艳同学的心里话

我们班级经常有老师来参观,一般都会有学生给老师们介绍班级生本自主管理的做法。有一天我们班吴艳艳主动提出来说:"我想跟大家说说心里话,由于我来自单亲家庭,强哥就像我的父亲一样关心我。记得上次月考我化学考得很差,只有40分,对于一名理科班的学生来说无疑是莫大的耻辱。我原以为强哥会骂我,我会痛哭流涕,可是这一切都没有发生,他说他把我当女儿,就算为了他,下次至少也要考60分。"

我对艳艳说:"您难过,有什么心里话就来对我说。"我也对她特别关心,有一次一位家长带鸡汤给孩子吃。我看到艳艳又在掉眼泪,我就对那位家长说:"鸡汤能不能分一碗给艳艳喝?"家长说:"好!"我就把鸡汤端给艳艳。艳艳边喝边掉眼泪,对我说:"强哥,我爸爸几个月都不跟我打一次电话,您且对我这么关心,您比我爸爸都对我好,我叫您一声爸爸,好不好?"我说:"爸爸不能乱叫,但是在我心目中,你就是我最优秀的女儿。"

期中考试来临,艳艳又对我说:"我的压力很大,怕考不好对不起你强哥。"我对她说:"艳艳,我要批评你了,你就是情商太高,想得太多,你这么认真学习肯定会考得好,分数不重要,努力了就好。再说,这次考不好,还

有下一次,付出总有回报,只要努力,最终一定会取得好的结果。"我告诉她,这个班我最欣赏的人就是你!这给了她极大的信心!结果这次化学考试她考了84分!她说:"这一切都要感谢强哥!"我相信所有老师都爱自己的学生(这一点我从在场老师们的泪水中证实了),我想告诉大家,爱是要说出来的,把爱说出来就是对我们最好的鼓励!这一点应该才是强哥的最大魅力了,这才是生本的秘诀!生本绝不仅仅是上课让学生冲上台讲题目。

不仅仅是我,我们的每一位同学都是这样,每位同学都在自己的领域内得到了很好的发展,这就是我们的班级文化。强哥总说"制度管人,文化管心",所谓的"白胡子""亮点、黑点"以及"积分扣分的制度",其实都是作为辅助的。对于我们班来说,所谓的分数其实都没什么,就以我自己来做例子。我是一个很静不下来的人,自制能力也不强,但在这个班级里因为大家都做得很好,都可以很好地进行自我管理,我常常问自己:"别人都能做好,为什么我不能呢?"在这种氛围下我自然而然也就逐渐地学会了管理自己。这种氛围就是我们的班级文化,在接触强哥之前我从来没有碰到过这么融洽的班级氛围,是强哥把我们系了一起,教会我们如何融入班级的大家庭。

不要总怀疑生本哪来时间,我们愿意学,时间是自己挤出来的;不要总说,生本管理是奖励处罚的结果,我们根本不在乎扣分和奖励,我们班整体氛围好了,大家发自内心爱班、想学,谁也舍不得破坏这么好的班级气氛!

来参观学习的很多老师都被艳艳感动得流泪。这是康仕平校长写的文章:

有一种爱叫放手 有一种情叫无痕 有一种苦叫享受
——与全国生本名师荆志强老师学生交流有感

4月28日,我们来到强哥所在学校学习,在多功能室一次次掌声、一片片真情、一滴滴热泪中落下了帷幕,同时也将学习推向了高潮,在场的各位校长信服了!

"能让我这位倒数的差生在这里与大家交流,我非常感谢荆老师!""我是一个单亲家庭,荆老师说他就把我当成自己的女儿!""我知道这些话很难讲出来……"一位女生很从容地、直接地表达了自己对荆老师的心声。从在场校长们湿润的双眼中我们看出了一位教育家所说的在未来五年内教育一定会重新洗牌,让我们拭目以待!

有一种爱叫放手。荆老师对学生的爱体现在眼神里、鼓励中、尊重处、依靠间,因为他知道只有大胆放手,让学生去独学、交流、展示、讨论、争论、争辩、质疑,学生的思维将不断碰撞,能力也就在不经意间得到大幅度的提升,老师和学生享受着自己生产出来的"拳头产品"。从他的课堂中我们看到了一个个未来行业中的领军人物将不断出现。

有一种情叫无痕。刚才那位女生的话里我们真切地感受到信任的力量,学生一旦对老师信任、尊重、崇拜,他会对自己的言行不断反省,否则会从内心产生一种愧疚感。荆老师就是把师爱做到了极致,一缕缕阳光天天照耀着课堂,照耀着学生的心灵。爱不必大声说出来,在细微处触动着我们情感的爱才是真爱!

有一种苦叫享受。荆老师上午为我们上了两节课,中午交流,下午做报告,组织学生与大家交流,不知不觉就下午六点多钟了,怎一个"苦"字了得!但荆老师习惯着这样的生活方式,享受着这样的生活方式。荆老师真的是太伟大了,在良性的轨道上改变着学生、改变着家庭、改变着教育人……

深圳,人们向往的城市,在追求经济高速发展的同时,还有像荆老师这样的一线教师追求着教育的真谛,简单而前卫,这带给像我们一样内地的在素质教育与传统教育的漩涡中苦苦挣扎的教育工作者更多的思考。荆老师,这一切太感人了,我也是用手机断断续续录了这些,光听没录全。谢谢荆老师!

……

这是四川黄映超校长写的文章:

荆老师,我十分激动和振奋,今天的学习是最有质感的。岁月幽幽情幽幽,遗憾的是时间太短,带着依依不舍再见。我是满载而归,我仿佛彻底地飞跃了一次,我从您的学生自信大方地回答大家的现场提问和一举一动间,看到了他们在您培养下所流露出的领袖风采!

我是教英语的,在二十多年的教育生涯中我也喜欢创新,学生也很喜欢我,我才发现我的过去仅仅停留在他们的喜欢上,并没有让学生发生实质性的飞跃。从您这里我得到的满满的收获,让我如虎添翼,今后,我很有信心让我及我的团队的教育工作更加充实饱满,不只是激扬学生的生命,一定也会激扬家长和老师的生命,仰慕您!大家太需要您了,欢迎您再来四川,我们能继续聆听您的精彩!

我眼中的荆志强老师

北京　喻心

　　最初认识荆志强老师,是在北京顺义一中自主学习研讨会上,荆老师做了一场报告,内容大概是关于小组学习、调动学生学习积极性之类的。听起来"忽悠"人的本领超高,所以我自以为是地认为,荆老师的讲座一定有很多水分,边听边怀疑着,吸收的养分自然有限。会后买了一本荆老师的《幸福地做教师》,也是一直束之高阁,没有太多关注。

　　2015年10月,我作为语文学科教师被派到广州参加生本教育学习,听说专家团有荆志强老师,所以找到蜷缩在书柜一角的《幸福地做教师》,掸掉上面的灰尘,揣进行囊匆匆上路了。会议进行到第八天,荆志强老师露面了。因为有前七天的铺垫,对生本教育多少有了些认识,再加上第二次和荆老师见面,感觉亲切了不少。很认真地听,很认真地记录。中间休息的时候,我跟旁边的学员说:"我要和荆老师照张合影,你去不去?""不去了,专家忙,架子很大的,上去会自找没趣。"我不信邪,觉得从北京背来的书一定要让荆老师签个名才好,就跳上讲台,直接诉说了两个请求:签名、合影。荆老师笑嘻嘻地答应了,随后,很多学员排队上台要求签名、合影。休息时间很快过去了,荆老师连口水也没喝,又继续下一个环节的讲述。

　　吃完午饭,我无意间回头,和在吃饭的荆老师目光正好相撞。荆老师举起一只手,高兴地和我打招呼,我们之间隔着几张桌子和几桌子吃饭的人,大概有十来米的样子,我突然觉得,这个老师真的太有亲和力了,不自觉地也跟着挥了挥手。广州之行给了我很多启发,觉得最大的遗憾是没有听到荆志强老师的课。

　　2016年5月18日,我有幸参加生本教育管理研习班,怀着迫切的心情走进了荆志强老师的课堂。这节课,是荆老师为本届高三讲的最后一节复习课,第二天起,孩子们将进入独立复习阶段,不再进行大面积地辅导。当课程结束后,荆老师满含热泪建议在场的老师为孩子们出色的表现鼓鼓掌时,全场很多老师都不约而同地落泪了。是啊,这是令人震撼的生命课堂!虽然我对高三的压轴题不太了解,但师生心灵与心灵的碰撞奏出了最美妙的旋律。上台发言的孩子落落大方、侃侃而谈,思路一个比一个精妙,一个比一个简洁。台下听讲的孩子伸着脖子全神贯注,跟着讲解者的思路律动,荆老师时而赞赏,时而追问,听"好!""棒极了!""漂亮!""睿智!""数学家呀!",课堂上充满着欢声笑语,看"数学思想""数学方法""解题策略"布满整个黑板,一目了然。荆老师像演员,又像导演,又像主持,一时间,我竟觉得自己不是在课堂里,似乎是看一场精彩绝伦的晚会或是演唱会,感觉全身心地通透、明亮、舒服。这节课,真的体现了生本教育的魂:简单、根本、开放!

至此,我对荆老师有了全新的认识,他的"忽悠"在于他太想把教育做到极致了,想让所有教师认识到做生本可以激发学生的潜能。不然,他五十开外,家庭事业双丰收了,何以还要那么拼?何以对一个个素不相识的小老师热情招呼?何以大老远迎过来紧握我的手表示欢迎?这样的尊重人、关心人、赞赏人是他骨子里透出的素质,他天生就是这个样子,这个样子的老师谁不喜欢呢?学生、家长一呼百应的现象就不难理解了。荆老师是资深的心理专家,他完全在教学实践中摸透了人的深层需要。艳艳父母的离异带给艳艳的伤害,让荆老师的鸡汤化解了;易昌的懒惰让荆老师的陀螺化解了;痴迷于课外读物不务正业的孩子让荆老师的暗度陈仓化解了。不能不说,荆老师的教育无痕,对学生的学习动机起到了推波助澜的作用。

学荆老师绝对不能学表面,以为让学生上台就是所谓的"生本"了,而是要学荆老师对教育的情怀,对学生的"大爱",用"心"生本!如果把荆老师比作武林大师,一定是深藏不露、一击致命、白发飘飘的长胡子老爷爷。那可是要经过多年修炼、历尽千辛万苦才修得正果的。年轻老师,刚上路,拿到武林秘籍,还是要经过不断地修炼,才能达到这种出神入化的地步啊!

案例分析

成功始于心动,成于行动,爱是最大的生本,没有爱就没有教育。鸡蛋从外面打开只能作为食物炒鸡蛋吃了,但从内蜕变出来就是生命,再好的教育比不上孩子的内力觉醒。教育本质是生命对生命的感动。我做思想工作的标准是触动孩子的心灵,生本的真谛和最高境界:有生本课堂向生本管理发展;有学业成绩向学生成长转变;有外在激励向内因发力提升;有制度考核向文化自觉升华!以爱为本,文化是根!

第二节 | 老师绝不能对学生"发火" |

老师骂学生后,学生不记得你对他的好,他只记得你什么时候骂过他,老师对学生发火之时,就是师生分裂之际。我们都有感受,谁也不想对学生发火,但为什么有时总会搞得不欢而散呢?因为一个班级里大部分学生,老师都喜欢,但是总有少数学生,老师一看见他的样子就想生气,他做的事更让你"来火",所以教师天天心情糟透,缩短自己的寿命。魏书生老师说得好:"生气就是拿别人的错误来惩罚自己。"我们怎么办?最好办法就是"宽容",修炼到学生第n次发脾气,老师第n+1次向他微笑。当时微笑,事后谈心,以诚相待,问题也就可化解。

有的老师认为这样做老师都没有"尊严"了,实际上我觉得争的不是"尊严",而是所谓的"面子"。有的老师说,道理我知道,可"臣妾"有时实在做不到。发脾气是人的本能,能控制自己情绪反映了人的修养。骂学生的代价太大,现在有的学生很脆弱,不怕一万,就怕万一。如果因为老师凭感情用事,学生发生意外,一切归零,老师终身遗憾,"残局"还得有老师自己"收拾",我们也伤不起!所以老师绝不能对孩子发火。我认为"教师对学生示弱,是对自身最好保护"。

案例1 "差班"转变的故事

有一位刚上岗的青年老师,到一个"很差的班级"上课。他备课很认真,工作热情也很高,可学生不听他讲课,在教室里大吵大闹。这个老师很着急,学生不听他讲就发火,"你们再不听我就不上课了",他真的气呼呼地离开了教室。少数学生是"唯恐天下不乱",看见老师生气走了,正好看老师的笑话,"嘿嘿,真好玩!老师被我们气成这样子……"过了一会这位老师只能又回到教室,学生说:"老师你不上课怎么又回来了?"老师好尴尬,无话可说。

这位老师问我怎么办?我笑着说:你上课试着让学生讲一讲,问一问他们应该怎么做?你把他们讲的过程拍照或录像发到班级群里,再加上一些赞美的点评。过了一段时间这位老师说:"荆老师你的办法真管用,好神奇,现在我的学生上课好多了,大家都把注意力集中到自己怎样把题目讲好上了,很少有学生再上课调皮捣乱了。"每个人都想得到大家的承认,教师给学生舞台,学生就会还教师精彩。

案例2　第n＋1次微笑

什么是"以生为本"，热爱每一个学生，尊重每一个学生。我觉得任何时候都要尊重学生，对学生一定要有耐心，始终笑脸相迎，面对微笑。只有让他心情愉快，对学习甘之若饴，进步才能飞快。绝不能和学生"一般见识"，特别是对看上去"很不讨喜的学生"，尤其要注意做到这一点。刚开始我也没认识到这一点，每次调节好心情去上课，但经常碰到不愉快的事。过后反思，如果好的学生我们老师肯定喜欢，但一个班级中总有少数学生会有这样那样的问题，这时我们老师一定要始终调控好自己的情绪，努力做到学生第n次发火，我们老师就第n＋1次微笑，始终笑脸相迎，过后学生自然会认识到，会后悔而过意不去，最终学生一定会理解我们，会被我们感动的，这样做的效果反而好。

我们班有一位学生刘斌，原来基础很差，且身上有很多不良的习惯，听不进别人的批评，谁指出他的缺点就与谁急，跟他谈了多次仍无明显效果。有一次"前置研究"错得很多，都是不应该错的，小队长讲了他一句，他就瞪着小队长。我想找他谈心，没等我开口，就冲我发起了无名之火，说"你们都烦死了！我就是这样，你们能把我怎么样？"完全是"死猪不怕开水烫"的样子。我微笑地对他说："刘斌，你是不是遇到不开心的事了？放晚学后老师请你吃饭，讲给我听听。"在吃饭时，我若无其事，给他买了很多好吃的，搞得他很不好意思。过后他用他爸的手机给我发来短信："荆老师，晚上好，我是赵斌，首先，先谢你请我吃饭，那天，我因发脾气再次道歉，您对我这么好，我还对你发脾气，我真的是太不懂事了。说真的，那时候我看见那么简单的题目还错这么多，我真的很不开心。老师，我一定会努力的，我们做学生的都有一颗感恩的心，你这么辛苦为了我们，我们是不会让你失望的。"

从此他发愤学习，尽了最大努力。最终成绩由倒数几名一跃进步到前几名，有一次还考了160分满分。他后来总结说：荆老师经常找我谈心，究竟有多次我记不得了，只能用第n＋1次来形容。谈话时他总是露出了一张笑脸，这张笑脸我见过无数次，但每次看见总是那么亲切，无论心中有多么不开心，也早已烟消云散。他总是以鼓励的形式，告诉了我人生的真谛，如何快乐地学习。

我要向荆老师学习，学习他微笑地面对一切的态度，高中，是人生的一个转折点，正所谓"一分耕耘，一分收获"。高中生活肯定是很苦，并且是枯燥乏味的，但我们可以把它变成一件快乐的事去做。荆老师的生本激励课堂,教会了我们如何快乐地学习。在做题时,我是快乐地去做,去享受它,我觉得不要惧怕题目,每钻研出一道道难题,或是速度比别人快,那种幸福、优越感,无法言语,只有体会过才知道。课堂是我们的舞台,我可以积极地上去讲题目,每一次当我把题目讲对了,同学们掌声一片,同学们对我都刮目相看,我的自信心顿时猛增,脸上的笑容也更加灿烂。既然荆老师的生本为我们提供了这种机会,我觉得那真是一种享受,你每次上台得到的掌声,那真是一件很快乐的事,而且你也更加有自信。笑一笑十年少,高中是我们必须跨过去的门槛,如果用一种乐观的心态去面对,你会觉得时间过得很快,这会是一种很棒的享受。我已经真正享受到了生本教育带来的学习快乐,相信大家在生本教育之下,肯定也能体会其中的快乐。学习,本不枯燥,让我们一起快乐地学习!

生命是大自然最伟大的杰作;生命创造奇迹,善待每一个生命,不管生命再弱小,都是完整的人,双向尊重是一切成功的可能。人在社会最重要的是关系的建立,这是找到幸福的方法。所有关系的基础是爱,爱是自然的历练,爱就是包容,包容所有的学生。我们老师应该让学生的学习与愉悦连接,让学生体会到学习的快乐。只有心情愉快,才能进步飞快。

第三节 | 教育而不是教训学生 |

关爱不等于放纵,不发火并不是放纵学生,学生有不足,我们老师必须指出,但一定要尊重学生,注意讲话的语气、表达的方式,尤其要注意场合是否恰当,千万不能简单、粗暴、操之过急,伤害其自尊。

一个好的教师,先要有一颗爱心,一颗慈爱学生的父母心。现在的学生,自尊意识强,个性特征明显,稍不小心,就会挫伤他们的积极性,我们老师千万不能伤孩子的自尊,在找学生谈话的时候,要特别注意说话的措辞,就事论事,不以偏概全,更不能挖苦讽刺。学生学习成绩退步了,先说他以前成绩的辉煌,再谈学习退步的原因,继而帮想办法,订措施,使学生认为老师是真心为他着想,老师就是他的亲人,学生就会感激,下决心改变学习现状。对学习暂时落后的学生,千万不要流露出不屑的态度,要找他谈话,让他从基础抓起,提高分析问题的能力,慢慢赶上来。

案例：胡玉玉故事

我们班胡玉玉同学经常迟到，特别是周一学校升国旗，她总有各种理由请假不参加，已请假三次，第四次周一早晨她又让她妈妈给我打电话请假，说她身体不舒服，不能来参加升国旗仪式。等我们升完旗回到教室，她已经若无其事地坐在教室里了。我心里有一丝不悦，笑着对她说："玉玉你的病好像来得快，走得也快啊。"我话一说完，她脸色马上变了，我知道不好，赶紧跟她道歉："对不起，老师说错了，你千万不要介意。"可是已经晚了，从此以后，她再也不理会了，我想找她谈话，她回答我说："跟你没什么好说的！"扬长而去。于是我就向我们班"最高领导"班主任助理求教说："你去问一下玉玉，我究竟有什么地方做错了。"她了解情况后告诉我说："强哥你不懂，女孩子每个月总有一次'肚子疼'，人家疼完了来上课，你不但不表扬，还批评人家。"原来是我错了！我多次想找她沟通道歉，她始终不理会我。我在班级里不管讲什么她都反对，她从此成了我的"反对党"。

有一次她认为报复我的机会又来了。我上课，她擦黑板，看到我站在教室前面，她猛烈地敲黑板，粉笔灰飞得满教室都是。我走到她身边对她说："玉玉，我知道你对我有意见，可你这样做对坐在教室里的同学都不好，能不能到教室外面的垃圾桶去拍？"她狠狠地说："你让我到垃圾桶去拍，不脏啊，你才是垃圾！"我说："玉玉，你不要这样，我们先上课。"上完了课，我想，一定要想办法"教育"她了，这样下去对她将来肯定不利，于是晚上我就给她写了一封信：

玉玉：你好！

老师想跟你讲讲心里话。自开学以来，我们曾经发生过一些误解，闹得不愉快，但是通过沟通后，我们相互理解了，我好欣慰。当看到你在教室里很快乐地带大家早读；上课瞪着大大的眼睛专心听讲；当你告诉我"老师我都弄懂了"时那神情，我由衷地为你高兴，为你的每一点进步而高兴。我是真心关心你的，我只想看到一个快乐阳光的你。我总体感觉你是一个刻苦向上、感情细腻、善于为别人着想的好女孩，老师对你没有任何意见，就是希望你开心过好每一天！

但我觉得我们之间可能没能真正进行心灵的沟通，就拿今天擦黑板的事来说，如果我们是真正的相互理解，就不会出现小小的不愉快。我也不想再来讲你应该怎样做？你也一定知道该如何做！但我只想让你知道，我作为老师有些事不得不说，如果不说，就是我当老师的失职，我会良心不安的,将来你也一定会埋怨我的。我希望你不仅在学校而且今后一生幸福!我把你们当成我自己的孩子一样看待,从心里爱你们,我感觉你就是我优秀的女儿……呵呵,我想你一定会理解我的!

晚上我把信从QQ上发给她。早晨正好在楼梯间碰到她。往常她看见我会远远地躲开,但是今天没有像平常一样绕着我走,她看了我一眼,还轻轻地说了一声"老师早"。我知道我们之间的"心结"就要打开了,一整天心情都特别好。第二天还我特地买了一本书《第56号教室的奇迹》送给她,我说:"老师想努力做得和书上写的雷夫老师一样,但很多地方做得不够,我想请你监督我。"她对我说:"老师我错了,我不该那样对你,今后我会改。"我说老师也有错,我们一起改,成为真正的好朋友。深圳市教育局王水发副局长说:"爱与真诚,一沟就通。"我们老师只要心中有爱,抓住教育的契机,与学生真诚沟通,一定可以化解任何教育的问题。

第四节 | 表扬学生要有针对性 |

表扬学生一定要"用心(真心)、用情(真诚)、用力(力度),有针对性、个性化地表扬,不能总是摸摸他的头,说你不错。学生会想老师的表扬一点都不真诚,是不是有什么事情想让我做?想表扬学生要找他的亮点,某事、某题、某方面确实做得好,再表扬他。可采用写心里话、小纸条、建群、吃饭、聊天、活动等多种形式了解学生,感知他们所想所需、烦恼忧愁、身心健康等。

案例1:上课"埋头学生"的突变

开学前几天,我发现有一位女生,不管老师讲什么、学生如何热烈讨论,她始终低着头,好像一直在写着什么,一副"水火不容"的样子。我心里想这位同学可能比较难"对付",怎么办呢?

我一直留心,机会来了!有一天我发现她做的"前置研究"有一道题做得很独到,我马上请她上台讲,等她讲完,我"狠狠地"表扬她,给她加"亮点",让全班同学为她"点赞"。她眼睛发亮,显得特别开心……从此以后她不仅头抬得高高地听课,而且上课非常专注、投入,还主动要求做学科组长,学习热情非常高,经常到我办公室来问问题,和我成了无话不谈的好朋友。她说就担心今后文理分班后我不能教她,在操场上跑步故意跑到我面前"卖萌"……看到她处处洋溢着青春气息、时时充满活力的样子,我心里好开心!

案例分析

我们在平时的日常的教育教学中都会碰到这样或那样的问题,得体的手段才能产生良好的效果,抓住契机、适时鼓励,往往是解决问题的良方。成长需要鼓励,宽容而包含真诚的赏识教育总是最美最动人,对孩子也最有影响力。

案例2:特殊的方式和学生交流感情——写纸条

江苏昆山女教师于洁,自从参加工作以来,就一直在用一种特殊的方式和学生交流感情——写纸条。20年,光是小纸条,于洁就写了27万字,她用这些文字激励着学生前行,也由此获得了"诗意追梦人"的称号,成功当选了"苏州十大教育年度人物"。于洁的小纸条鼓舞了无数学生。她回忆,曾有个单亲家庭的学生不理解母亲工作的艰辛,和母亲关系很坏,还曾闹着要跳楼。于洁知道后,就给他写了一张小纸条,站在师友的角度苦口婆心地告诉他母亲的艰辛。学生看到纸条后幡然醒悟,赶紧和母亲通了电话。"他们后来关系一直都很好,还常常跟我提起这件事。"她说。

第五节 | 做教师可享受人间真情 |

《学记》一书中写道:"亲其师,信其道。"一个学生不喜欢某一位老师,往往就不喜欢上这位老师的课,慢慢地就不喜欢这门学科,甚至不喜欢这个班级,不喜欢这所学校。更有甚者,会因此而厌学。所以,改变教育要从改变师生关系开始。关系好坏决定教育成败,良好的师生关系才能带来成功的学校教育。所以,我们要向改善师生关系要教育教学质量,向改善师生关系要学生的快乐与健康,向改善师生关系要教师职业的幸福感,最重要的是我们精神富有,看到一个个学生的转变很有成就感。哈佛大学对"幸福"的最新定义是"每天在学习和成长中的感觉就叫幸福"。

案例1:老师经常向学生"请教"题目,拉近师生距离

厦门一位老教师为了拉近和学生的距离,经常向学生"请教"题目,在口袋里放了很多小纸条,每一个小纸条上都写一个题目,走到学生面前说这一道题我不会做,请你想想办法,做好了教教我。学生做好后很认真地去"教"他,一方面学生觉得很有成就感,老师不会的问题我做出来了,另一方面增加了师生间的感情。

我也在教育生涯中深切感受到了学生及家长的爱戴,周末学生给我送薯片,我由于用电脑时间过长颈椎发炎时家长帮我找深圳最好的医生,我外出讲学时家长非要开车送我到机场……

案例2:学生杨莹婕给我的留言

老师我想你了,还有想生本赋能教育。在课堂中我体会了学习的快乐,由衷的快乐!我的脑海里总是浮现你带给我们有趣的生本课堂的画面,耳畔总能够萦绕你那浑厚的声音。我想我是爱上你的教学了,因为你将我带入了学习快乐的时代,可以取得想要的进步。

在你的教导下,我能够学会怎么去好好地预习,在上新课之前我可以充分地自主学习,找出自己的学疑点,到了第二天我就能够在课堂上发问,这样一来,不会的也会了,这样就能够进步。同样地,在下课有疑问时可以请教同一学习小组的同学。你把我从一个数学成绩不好的人变成了一个数学成绩有明显进步的学生,真的很感谢你的生本激励课堂。

案例3:学生小萨的心里话

老荆,大半夜的睡不着,翻来覆去,又打开了电脑。正如你当初说的,高考后,玩了好长时间的游戏,现在也变得没那么有劲了。又回想起高中奋斗的那段日子,不知不觉地点进了你的博客。

一转眼,半年就这么过去了,也是,半年看不见你了,说不想,那是鬼话,我想所有的同学心中都与我一样,有着那么一份浓浓的怀念吧。博客上翻了一页又一页,都是如今你在深圳的情况,让我欢喜的是,老师你现在发展得不错。说实话,当初听说你到深圳,心里还真有些担心呢……你说你的老家普通话,呵呵。不过现在想想,完全是杞人忧天。

终于在后面找到了许多当初的日子,看了后心头又是一阵感慨,恰似分别就在昨天,那些年,我们携手奋斗的日子。看着大家在同一课堂的照片,看了好久好久,我知道,这些日子,一去不复返了。过年时,老师回来聚聚,大家围在一起,再回味那些一起快乐的岁月吧,老师多保重!

我的回复:小萨:您好!谢谢您对老师的关心,有您这样的学生老师真的很幸福,虽然我只看到你的网名不知您真实姓名,但这不重要,我们有这份师生真感情就够了！祝万事如意！我永远爱您们！

案例4：上课睡觉十几年学生的转变

"年级倒数第一名"吴一成全年级闻名，来我班之前期末考试睡一大觉后，在数学答卷纸上写下这样的话："祝老师平安长寿，财源广进，求您给几分吧，谢谢！共产党万岁，谢谢老师！"

吴一成在考试卷上给老师的留言

这学期文、理分科，已经读文科"艺术班"的他，听说我教普通班，他爸通过学校把他送到我教的班上来。我找他谈心："一成，你来我们班，我很高兴。"他笑了一笑。我又说："但我也很担心。"他马上不高兴了说："怎么了，我不好吗？"我说："不是你不好，而是老师听说你上课要睡觉。"他说："老师说得对，这我倒是睡了十几年了。"我说："你来我们班，如果你不想学还是要睡觉，我担心你学不好，我对不起你。"他说："听说你这个老师还不错，我给你点面子，尽量不睡吧。"我说："好！有你这句话，我就放心了。"上课时我看他好难受的样子，好想睡却在努力克制自己。我说同学们我们大家看一下一成，他那么要睡觉，但在努力不睡，我们全班同学为他点赞。大家一齐点赞，他马上坐坐好，过了一会他又要睡了。他桌子上什么也没有，就趴在桌子上似听非听的样子，我又为他想办法，我说你把书拿出来看一下就没有那么要睡了。他用眼瞟了一下教室边上的柜子，意思是：他的书在柜子里。我就从柜子里把书找出来递给他，他看了一会又要睡了。我再帮他想办法：一成你动手写一下就会没那么要睡了。他伏在桌子上不动，问他为什么不写，他说没笔，笔呢？他看了一下地面，我发现他的笔掉在地上了。我就弯下腰，从地上捡起笔送到他手里。最后他还是没坚持住，头"哐"的一下倒在了桌子上。我一个箭步冲上去，一把抱住他的头说："一成，你的头有没有撞疼？"他说："老师没有！"同样一句话站在学生角度讲，收到的效果且完全不同。最后他实在不好意思了，终于被感动，只能装模作样开始学起来，一开始做样子，后来看到别的同学抢着上台展讲，他也开始上台讲了，我说："你怎么不睡了？"他说："我也想讲的！"（每个人都想做老板）他说："我再不学对不起你,我原来不想学,现在想学了,我也不笨!老师你要相信我!"我说:"对啊,你只要想学,一定能学好!"现在他还开始做作业了,班主任说:"不可思议,吴一成做作业了,荆老师我真是服了你了!"他爸对我说:"荆老师,一成早遇到你就好了,他就不会变成这样了,太感谢你了!"

有老师来听课参观,吴一成上台发言讲得非常好,我表扬他说:"吴一成上次只考三十多分,现在学得多好!"他说:"老师不对,原来我只考二十多分,现在想学了,所以已经考到50多分了,我还能学得考得更好!"

这是吴一成妈妈发给我的短信:荆老师,您好!我是吴一成的妈妈,孩子中考后朝着危险的方向滑去,还好,他遇见了您。您一次次地找他谈心,帮助他,对他温柔地坚持着您的原则,他终于有了一些变化,上数学课不睡觉了,数学作业能交了,甚至其他的作业在您的催促下也交了,对此我们表示非常感谢!他对您是绝对信服。他对我说:"有一天如果我吴一成能有美好的未来,完全是荆老师的功劳!将来,荆老师有任何物质上的需要,我一定要满足他!"听他说这话,我能想象到老师您为他付出了多少用心。他现在处于这个青春叛逆的特殊阶段,能碰见您这样的老师,真是他的幸运啊!在此,我用任何语言都无法表达我们家长的谢意,但还是要说,荆老师,谢谢您!没有放弃吴一成,给了他我们父母不能给的鼓励!

教育的英文单词education,我把它理解为"有爱就开心"。工厂造的零件是"死的",人有情感,只要我们用欣赏的眼光、包容的态度,真诚地对待学生,就能感受到人间这份最纯真的感情。做老师不可能荣华富贵,但是这份人间真情是任何其他职业都无可比拟的。做教师可享受人间真情,做老师的精神富有,看到一个个学生的转变,我们很有成就感。

我们要向《第56号教室的奇迹》作者雷夫·艾斯奎斯学习,把教室变成心灵的港湾、温暖的家。郭思乐教授说:荆志强和雷夫的共同特点就是把学生带入各自发展的极致!你们教书,他教人;你们教人,他把教人转变为帮人学;你们帮人学,他给人最大信任与依靠地帮,他把学生组织起来理清头绪,进入自主和自为。达到荆老师这样的境界,定会喜看花开如海,灿若云霞。

所有的改变都是干出来的,想的是问题,做才有答案。日本教育专家佐藤学说:改变课堂教改成功分三步,第一步:校长持积极态度,领导有力,做好顶层设计;大家转变理念,老师有执行力,关注实际细节,做好落实。第二步:做好"三课"课堂、课程、课题。打开课堂,让教师们敞开教室大门,全员听课;课程整合再造，国家课程校本化研究，小整合即做好"前置教学案"已经解决80%的问题，国家课程大再造解决20%的问题。学科组开展课题研究，提高教研质量，相互点评，真正研究，形成适合本校授课方式、课程设置、教研形式。第三步：需正式固定下来，并且长期坚持。除此以外，别无他法。改变学校从课堂突破，课堂改变学校就会改变，学校改变就能幸福师生。

不用担心，实施生本赋能教育进度不是慢而是有效地快。实施生本赋能教育学生能力强，各科成绩都好。实施生本赋能教育有一个过程，不能急于求成。实施生本赋能教育无须个人魅力，每个老师能做好。生本并不难，实习生也可做好。广州刘志敏老师高考前外出学习一学期，让刚来学校的实习老师带他的班，学生按照原来的模式继续生本，最后高考考得非常好。叶圣陶说："教育就是养成习惯。"作家孙云晓说："养成好习惯才是好教育，好习惯成就幸福的人生。"

教改路上即使有一些"小失误"也没关系，"小失误"是善于反思老师的最大财富。有时没考好是正常的，关键要反思，并不断改进。有困难找学生，和学生一起分析，找到问题的原因、解决的办法。原因可能有：过分相信学生，"大意失荆州"；是否操作不当，"封杀上台之王"；各科时间分配是否合理；落实不到位，训练量太少，限时训练不够；学生有没有消化、整理（文科：积累本；理科：纠错本等）……任何事都不可能一帆风顺，改革不可能没有挫折，孟子说："天将降大任于斯人也，必先苦其心志，劳其筋骨，饿其体肤，空乏其身，行拂乱其所为也，所以动心忍性，增益其所不能。"古今中外凡有成就者都会经历磨难。一切的过往只不过增加一些小故事而已，最后的成功一定属于持之以恒的改革勇者。

我想送大家"三千万"，第一，千万不要一讲就到底！心动不如行动，从现在起学生能做让学生做、能讲让学生讲。第二，千万不要一下就放开！遵循教育的规律循序渐进，慢慢放开，边做边改进、且行且修正。第三，千万不要一试就放弃！习惯养成一般至少要坚持108天，开展生本赋能教育，一学期有"雏形"，一学年基本"上路"，先苦后甜，之后学生能力起来了就会越来越轻松，越困难越要坚持。放弃之时，成功之际。只要我们改变理念，相信生本，相信学生，持之以恒，课堂就一定会活起来、动起来，你也一定会发现一番新天地。

衷心祝愿老师朋友们每天都有好心情，每天都有新发现，原来书可以这样教，我们生活可以如此美好！

老师们要说的似乎还很多，总觉得意犹未尽，"以生为本，调动学生"是千古真理，"生本赋能教育"就像是一个"帅哥美女"，大家一看都喜欢，但生爱容易，相恋难,真正追到手结婚生子,可得下一番功夫。调动学生绝对没错,可怎么做?需要我们一起探讨。没有最好,只有更好,教改探索,我们永远在路上,让我们一起研究。没有完美的个人,只有优秀的团队,我们团队有很多一直在一线、具有丰富实践经验的各学段、各学科的优秀老师,作为"过来人",我们很愿意为大家服务,让大家把"生本赋能教育"娶回家,生个"大胖娃"。

第五章
以细节为学生赋能，细节决定成败

大家都知道"生本赋能教育"很好，但是具体如何操作，很多细节值得我们一起探讨。为了使老师们少走弯路，下面我回答老师们提出的开展生本赋能教育实践的一些疑问。当然教无定法，贵在得法，各学情、学段、学科不同，不能机械地生搬硬套，我介绍的做法仅供大家参考，适合的才是最好的！

第一节 | 如何设计前置"先学研究"？|

开展生本赋能教育实践，首先要设计"先学研究"。"先学研究"也就是之前提到过的"前置学习"，为了加强印象，我在这里再强调一下。"先学研究"实际就是一个"先学提纲"，有纲才有自学的抓手，因为任何有效的学习都须经过学习者自学独立思考的过程，自学能力的培养对生本教育开展至关重要！传统教学是老师先讲，再布置作业让学生做，实则"套题型"，学生只会亦步亦趋，缺乏自己解决问题的能力，考试也难考好。

我们老师都深有体会，自己学通才能教学生，教一遍胜自己学三遍。所以要想学生学得好，把学生当老师一样培养！让学生先做"先学研究"，练在讲之前，也就是让学生先"备课"。生本学生为什么能在课堂上自信勇敢、对答如流，他自己已经研究过了，他是带着问题来，有对话的资本，有想跟大家一起研究解决问题的欲望。如果学生平时都是这样自己解决问题，就能真正"学进去"，长此以往，学生自学能力自然强，遇到任何问题都能自己想办法解决，平时变成考试，考试也就变成了平时，最后终端考试成绩也一定会好！

"先学研究"不等同于复杂的"导学案"。"导学案"多而全，繁而难，学生一看就烦，不利于学生自学，我们把"导学案"做一些改良便于学生自学，就可形成"先学研究"。

1. 设计原则。"先学研究"要做到简单、根本、开放,而且它们是一个有机的整体,不可分割。所谓简单就是大道至简,把复杂的问题简单化。所谓根本即抓住基础、最重要的部分,人性之根是让学生容易理解"好学",知识之根是找到学生思维的起点,我们要低入,以学定教,学生现状就是我们教学的起点。所谓开放即问题的设计是开放的,解决方法是多样的,面向全体学生,对学生的要求也是开放的,有选做题,遵循因材施教的原则,要求学生做到尽力而为、自由选择,千万不能统一要求,强迫所有学生都要完成,那学生只能抄作业了。

2. 主要内容。学习内容以教材为主,参考资料为辅,以一节课的容量为标准设计,内容不要过多或者是过于具体,应该给学生留下思考的空间,一定要有思维含量。掌握基本知识、基本技能,渗透学科的素养、关键能力、核心价值。基点自求:知识点采用填空的形式让学生自己梳理;突出重点:选择典型例题、易错问题;难点分层:形成问题串,给学生台阶,由浅入深;最后让学生提出自己的疑问。

3. 集体备课。"先学研究"通过老师集体备课完成,分工协作,大家轻松,并通过"电子稿"传承,上届传下届,不断修改完善。

4. 呈现形式。重点学科每天一张大的8K纸"新授",约40分钟完成;一张小的16K纸"滚动复习"回眸,约10分钟完成;还有10分钟要求学生反思、总结,总计用时不超过一小时,其他学科酌情处理。

5. 提前布置。"先学研究"原则必须学生先做再研究,所以一般是提前一天或两天下发让学生先做,课代表按小组收上来,老师先批改或浏览,对学生做的情况、各种解法、典型错误做到心中有数、了如指掌(统计小组有专人统计错误率)。有的老师提出,提前一天做没时间批改或浏览,那就提前二天布置,要保证老师有一天时间批改或研究学生做的先学研究。

6. 轻装上阵。这里要特别注意的是:生本教学只有"先学研究",课后千万不能再布置作业,否则就会加重学生的负担。我深入一些学校调研时发现,有的老师不放心,总觉得量不够,学生既要课前做"先学研究",课后还要再完成作业,"先学研究"没弄透,布置的作业又做不好,错得多、进度慢、效果差,学生怨声载道,苦不堪言!

7. 螺旋提升。学习是一个循序渐进的过程,千万不要一下子"挖得很深",我们可以通过三种课型:"新授课、习题课、复习课"螺旋式提升。一张大的学新授内容,让学生彻底搞懂,一张小的复习前面的典型、易错问题滚动复习,回眸提升。防止学生"一看就会,一做就错"。学习要求两原则:"会做的尽力做对,该错的尽量少错!"就是成功!学习心态四句话:"基本题不失分,中档题少失分,难题目拿几分,每人至少120分(总分150分)"。水涨船高,大部分人能得基本分必定有很多人得高分;大多数人能解基本题必定会有人解难题,先掌握"基本题型",再学会"化归转化",所谓"难题"自然迎刃而解!莫斯科大学教授雅洁卡娅说:"解题就是把要解的题转化为已经解过的题的过程!"

8. 指导先学。老师要指导学生如何先学,有困难找学生,让学得好的学生介绍经验和学习方法。

第二节 | 开展生本教育的十五大误区 |

到全国各地学校调研,深入课堂听课,与一线老师们交流后,我发现,有些老师在做生本教育的具体操作过程中存在着许多误区,表面"形似",但实际操作不当,所以达不到理想的效果。下面列举分析,并提出我们成功的做法供大家参考。

误区一:"先学研究"设计不合理。所选的题目过难,要求太高,且无知识点疏理、无梯度、无选择性,多数学生都无法先学。我们认为"先学研究"要"低入",从学生的起点出发,让学生先掌握"基本知识、基本技能",渗透学科的素养。具体做法是基点自求;知识点采用填空的形式让学生自己梳理;突出重点:选择典型例题,易错问题;难点分层;形成问题串,给学生台阶,由浅入深;最后让学生提出自己的疑问。

误区二:"先学研究"学生没有先做。上课时才用"先学研究"点缀一下,浅尝辄止,老师讲仍然是"涛声依旧",课后还要布置作业。表面"生本",实则还是"师本"。实际上,生本教育最核心的思想就是要培养学生的自学能力,"先学研究"必须要学生独立思考先做,通过自学解决70%的问题,上课只是师生、生生共同讨论的解决疑难问题,一定让学生把每一张"先学研究"彻底弄懂弄透,课后绝不能再布置作业。我们要的是绿色质量:要让学生轻装上阵,学有思考,不是靠题海战术。只有这样才能学得真轻松!具体做法是:每天一张大的8K纸"先学研究"新授,一张小的16K纸"滚动复习"回眸,保证学生做到该对都对,该错少错。这样才能做到:"基本题不失分,中档题少失分,难题目拿几分,每人至少得基本分"。

误区三:"先学研究"老师没有批改。"先学研究"原则必须学生先做再讨论,所以一般是提前一天或二天下发让学生先做。课代表按小组收上来,老师先批改或浏览,对学生做的情况,包括各种解法、典型错误做到心中有数、了如指掌才能和学生研究(统计小组有专人统计错误率)。老师要做到游刃有余,点评自如,有针对性,讲在关键处,只有了解学生,才能走进学生,服务好学生。

误区四:学生讲的课堂就是生本赋能课堂。刚开始无人上台,老师可以点名,点了一段时间,出现问题,上台的总上,不上的还是不上,有些老师以为只要有学生讲就是生本赋能课堂,这是做生本最大的误区。什么学生讲?讲什么?怎么讲?都很有讲究!好学生无论怎么学都会好,事实上如果少数几个优秀生"独霸讲台表演"两极分化严重,考试成绩还不如"师本"老师讲的效果好,因为大部分学生都没听懂。所以要想大面积提高班级平均成绩,必须要充分调动中、下学生的学习积极性。可采用调控的办法,让优秀生讲有难度的"挑战题",刚开始让中、下学生讲基本题,提高他们的学习兴趣,养成习惯,不上台会难受,到最后就会形成全体同学一起上台的局面,整体成绩自然就会提升。我们学生还制定规则上台三优先:"女士优先、后排优先、'关注生'优先"。展示二个一:"每个小组每节课至少要有一人上台,每天八节课每人至少有一节课上台",保证课堂参与率。习惯成自然,每节课都努力这样去做,学生自己会感到成绩明显上升、能力增强,尝到甜头后也就乐于配合。

误区五:生本赋能课堂老师不能讲。生本课堂应该是学生能讲的让学生讲,当学生想讲而又讲不出来时,老师要适时介入,"不愤不启,不悱不发!"讲在关键处。老师的引领、提升很关键,起"画龙点睛"的作用,老师该出手要出手,该讲的一定要讲到位,提升不好,学生就达不到一定的高度,永远在低层次徘徊!老师的作用主要是组织引领,归纳总结,方法提升,提高学生分析能力,思维层次。教师点拨时要"收放自如",通过点拨,让学生向更深处迈进,这就是"放";能让学生换个角度思考问题,把学生引到正轨上来,这就是"收"(形散神不散!)点拨的最终目的是让学生学会思考。郑州教育局田保华局长说得非常好:"知识就是力量,影响了人类几百年。未来,思维才是力量。以往,在职场中稳操胜券的是有知识的人;未来,独领风骚的将是会思考的人,将是有智慧的人。在学校中重要的不再是学知识,而是学思考。未来,越来越多的人会理解:学习,就是学思考……"

误区六:生本赋能课堂小组讨论流于形式。有的老师上课是无小组讨论环节,或有也是形式上"走一下场",下面大家开始讨论。3分钟未到,老师又说:"同学们由于时间关系,大家还是听我来讲"。学生题目还没看完,讨论什么?

没法讨论,有的学生只能趁机讲话。学生先做,通过自学已经解决了70%的问题,通过小组讨论再解决20%,还有10%疑难问题全班讨论解决。所以小组讨论至关重要,一般用时10分钟,小队长必须关注全组成员,一对一组织好,保证小组的每一个成员都积极参与,小组讨论一定要透!要有完整的考核评价体系,防止假讨论,小组成员中有一人会的问题,要保证其余的成员都必须会。传统教学就像一列普通列车,只有一个车头,火车跑得快,全靠车头带(教师)。生本教学就像一列动车组,每个学习小队就是一节带动力的"车厢",节节有动力,人人有活力,大家一起飞奔!小组讨论让每个学生都成为老师:老师讲是一对多,而小组讨论是一对一,小组合作是一个有效的学习平台,生生交流使得许多问题在小组学习中就得到了解决,提高了课堂的效率。

误区七:生本赋能课堂的氛围没调节好。有的老师上课始终"板着脸",学生讲得很好,也没有任何表扬,课堂死气沉沉,我们认为老师上课一定要有激情,对学生的回答给予真诚的表扬和掌声鼓励(不要机械的),学生成就感得到极大的满足,学习的兴趣更浓、良性循环,肯定会做得更好,使教学过程成为源源不断激励学生发挥自己最大潜能的过程,快乐的感受是人更好学习的情感基础。快乐的日子使人更聪明,产生心理的兴奋和生理的活跃。在兴奋中,他会获得最高的学习效率和最好的学习效果。让学生的学习与愉悦连接!让学生觉得学习好像上网、打游戏一样好玩!事实上,学科知识是人类文化几千年精华的积淀,比任何游戏都好玩,理应让学生自己体会,做自己喜欢的事就不觉得累!

误区八:生本赋能课堂要制作精美课件。老师不用花很多时间精力制作课件,由"师本"到"电脑本",我们这样做:把学生做的"先学研究"直接用实物投影,既可提高课堂效率,又看到学生"原生态的做法",有针对性地解决学生的问题,效果很好!

误区九:生本赋能课堂不重视板书。"爱要无痕,教育有痕",有经验的优秀教师都知道:要保留"主板书"展现本节课的重点内容(最好不要擦)。生本教学板书也同样重要,可分三个方面呈现:一、知识点(鱼),二、方法总结(渔),三、学科思想(道)。可采用师生共同边讨论、边总结、边板书的方法。

误区十:生本赋能课要让学生上黑板写。有的老师学所谓的"某某模式",让学生上课时现场在黑板上做题,学生写了好长时间,老师一看:不合我意,直接擦掉,浪费大量时间,毫无效果。实际上有现代化的投影设备,为什么不用,前面已经讲过,学生"原生态"做的"先学研究"实物投影一放,有针对性直接分析,多好!而且其他学生有不同做法,随时可上台讲,效率高!我们觉得,可以把传统的黑板和现代投影有机结合起来用效果更好。(我们可以到各学校根据当地具体现场示范)

误区十一:生本赋能课堂学生一定要围座。其实不然,生本教育不求形式,只要效果。我们是这样做的:一个小组共六人,前三位后三位坐二排,讨论时前三位回头一对一,讨论完,全班展示时还是朝前坐,传统的课堂朝前坐学生已习惯,孩子们非常舒服,不用改变!

误区十二:生本赋能课堂学生不能出错。有的老师经常说:"讲了这么多遍,你怎么还是错?"有的老师就担心学生出错,你平时不允许学生错,那他只能考试时错了!我们认为学生做错能发现问题是好事,错了就改。研究表明,学生错误停留时间越长,今后犯的可能性越小,对于学生的错误,让学生自己上台展示,自己讲错误的原因(听课时经常发现,有的老师上课时列举学生的错误,为什么不让学生自己讲呢?),一方面自己吸取教训,另一方面其他同学可引以为鉴,把学生的错误变成教学的资源!讲错有什么关系?总有其他学生会指出其错误。我们老师要努力营造有安全感的课堂,婴儿学走路,是在跌到、爬起、再跌到、再爬起的过程中学会的。学生思维能力的发展就好像婴儿学走路一样,要有一个想错、再想、再想错、再想的过程。学生的每一个错误都意味着他在成长,教师要有"祝贺失败"的修养。

误区十三:生本赋能课堂统计考核可有可无。统计对于生本赋能课堂非常重要,统计错题,可以让老师心中有数,讲在关键处(三种题型,整体题:一般10个错误以下可不讲,挑战题:错得人多的题的重点讲透,抽查题:中间的抽查人代表小组讲)。原来是学生"带着教材进课堂",现在是学生"带着问题进课堂",这有别于的传统教学,做到以学定教,真正提高教学的针对性和实效性;统计学生上台次数,可以做到"以生生为本",让每个学生都积极上台(上课使用"随机抽取抢答器"等);统计小组考核分数,可以促进组与组间的竞争,因为我们有完整的考核评价体系,组长负责制,一级管一级,优胜小组享受一切奖励,只要想得到,我们能办到,最后的小组接受一切处罚,怕什么就来什么!(我报告中有很多例子),大家都不愿做最后小组,但总有最后小组,水涨船高,最后班级平均成绩只能抬得很高。有的老师又提出问题,让一个学生统计全班,这个学生无心思听课了。我们的解决方法是"分解",每组设一个统计员,他只统计本小组的错误情况,再由统计部专人汇总出全班情况。

误区十四:生本赋能学生成绩好是考核的结果。教育的目的不是奖励和处罚,而是不断地唤醒和鼓舞。再好的教育比不上孩子的内力觉醒!生本教育最后学生成绩好,是学生"内驱力"焕发的结果,教育是生命对生命的感动!我们要追求的是柔性管理,它注重老师在学生出现问题时多一些理解、安慰和鼓励,他们会因此被感动而发奋努力,一旦形成向上的力量,就会不断创造奇迹!"制度只能管人,文化才能管心"。我们教育者最终追求的则是心与心的融合,成功始于心动,成于行动!爱是最大的生本!没有爱就没有教育!良好的师生关系才是教学高质量的前提!教学效果70%感情因素,30%取决能力。

误区十五:一做生本赋能学生成绩就会好。实际上做生本赋能教育,刚开始成绩不差就已经很不错了,因为学习是一个厚积薄发的过程,教育是有规律的,习惯的养成不可能"一蹴而就",在做的过程会碰到很多问题,特别是刚起步,没考好是正常的,关键要反思,不断改进,有困难找学生,和学生一起分析,找到问题的原因,解决的办法,边做边改进。一学期基本成型,一学年才大致上路,先慢后快,先苦后甜,学生能力起来了,成长在前、成绩在后;素质高、何愁考?最后终端考试成绩好才是必然结果!

第三节 做生本怎样分组?如何让分组出成效?

小组的构建是做好生本教育的基本保证。每一位学生都应有两个职务:学科长和管理职务,各司其职。班级工作要分解,力争做到:人人有事做,事事有人做,人人抢事做,人人把事做好。

一、组建二条线:学习线和管理线

1. 学习线(纵向):根据班级人数,分成若干个学习小组,一般每组4到6人为宜,前后一一对应(结对子)。小组不一定围成一圈坐,讨论时前面三位同学回头,讨论完展示时还是朝前坐,传统的好做法不用改变,我们不求形式,只求实效。中心组长负责制,每个人都是各学科的学科长,每组选设一个统计员。

2. 管理线(横向):根据需要设置,如学习部、统计部、资料部、纪检部、卫生部、生活部(下设网购小组)等,每个人都是班级的管理者、服务者,保证每项工作都落实、督查、考核到位。

二、分组二阶段

高度尊重学生,让学生"欲"分组,而不是老师要学生分组,具体可分两个主要阶段实施。

1. 第一阶段:刚分班时让学生自由组合,老师说:"大家想和谁坐就和谁坐",学生会很开心,感觉老师特别理解他们。

2. 第二阶段:相互了解后,一般第一学期期中考试后,进行第一次考核,第一、二小组享受"想到能办到的"所有奖励,最后两小组接受"怕什么就来什么的"一切处罚(所有的奖励和处罚都由学生制订),很多学生就会要求重新分组了。

三、怎样分组?

重新分组一定要让学生来完成。他们会提出很多要求,根据学生成绩、能力、性格、男女、学科等情况尽量均衡,老师可引导学生先民主选举出得力的班委,由班委讨论选出各部部长、各组中心组长,再由各部长"招兵买马"组建各部人马,各组中心组长们想法"统筹均衡分组"。例如:"S"型分组、"ABCD"型分组、分类分组法等等,这样分组基本做到好差搭配,利用学生的"差异性"学习。(我们在讲座中都会具体举例讲解)

第四节 | 展讲,提高成绩的有效方法 |

在生本激励课堂里,对学生展讲的要求是:大方、大声、清晰和简洁。"大方",是一种良好的心态和品格,需要锻炼;"大声"是一种自信,一种责任,也是对听者的尊重;"清晰"是一种将问题答案、解题思路和方法的流畅表达,也是思维和语言的和谐、整合;"简洁"是字眼、词眼、句眼、段眼等关键语句的学习和使用。如果同学们能经常地按此要求锻炼自己,那他们的能力将不可估量。

一、展讲的方式有哪些?如何锻炼?

1. 从读书、讲书开始,从与同伴互动开始:现在几乎所有的老师都会让同学们先自主学习,从读书开始。我建议同学们读书时做到至少"二读二讲":第一遍,快速阅读至整体把握;读的效果如何? 与同伴(同桌或前后桌或找一个同学)对讲一下,哪怕你只能说出几句话也没有关系,这是一种训练,是思维能力和品质的训练(坚持训练,定能提高速度和思维的敏捷性);第二遍:细读、找、划关键词,重要段,并进行思、品、悟。然后第二次与同伴互动:讲讲所读、所思、所想、所悟。其实这种方式除了可以与同伴分享、向同伴学习外,更重要的是对自己学习效果的检验(如果读书不能讲,说明学习无效果)。如果你想和同伴互动得更好,那你可以再多读几遍书。成绩差的同学只要认得课本上的字,就有学好的可能,除非你不做!因为只要你肯比别人多读几遍书,多讲几遍书,多做几遍题,就会逐渐学得好起来。(没时间?挤,比如学生完成作业就觉得学完了,这都很可怕。晚自习不让讲话?可以自己讲给自己听,利用好课堂和业余时间,当做一种追求,一种成长的乐趣。坚持训练,能力提升后,学得更快,学得更好。)

2. 小组内的交流(组内展讲):你和同伴交流后,仍然不懂的问题,可以在小组内的交流中得以解决。要做到"三积极":一要积极主动地发言(展讲),要明白帮助别人就是提升自己,越会用学科语言说话,就越能提高自己对知识的理解和掌握,越是讲给别人听,就越学得透彻和扎实;二要积极主动地请教,以解决自己还不清楚的问题,要提高效率,明白学习不是别人的事,是你自己的事,所以,错了,就要改正、学会;三是积极主动地鼓励同学发言,特别是做错题目的同学,因为水涨才船高,小组内要团结合作,不要让任何同学掉队,你也会进步得更快。

3. 全班的展示交流:在组内没有解决的问题,要在全班交流中学会。每个小组的同学,都要轮流在全班展示,这是提升自己的最好机会(每天都有机会)。展示的同学为什么不敢上台或声音小?更多的因素是不够自信,怕讲错。要有自信,就要在前两个环节中努力。另外,展讲是允许错误的,为什么展讲一定要讲对?只要是你有自己的思考和见解,尽管讲出来,错误本身也是一种资源。当然,在小组合作学习中,我们要树立团体概念。每个展示的同学都不是代表自己,而是代表小组,所以,小组的同学,要尽力帮助展示的同学做好展讲准备。一定要知道:在小组里,帮助同学就是帮助自己!而展示的同学,要认真准备。小组是个学习团队,要积极进取,争创一流。每一个小组成员,要努力,要让小组因你的存在而骄傲。

二、如何面对同学的展示?

1. 学会倾听:这是对展示同学的最起码的尊重。如果同学展讲的声音小,讲不清楚,要给以理解和帮助。老师训练学科长、小组长,做好充分准备。

2. 积极参与:率真,去虚伪。有不同见解、有更好的方法,大胆质疑,大胆发言。

3. 课后消化:如还有疑问,课后请教会的同学,放下架子和虚荣。学会才是硬道理。

第五节 | 纠错，提高成绩的制胜法宝 |

如何大面积提高班级平均成绩？如何让大多数同学把会做的题都做对？艾宾浩斯遗忘曲线表明了遗忘发展的规律：遗忘进程是不均衡的，在识记的最初遗忘很快，以后逐渐缓慢，到了相当的时间，几乎就不再遗忘了。也就是遗忘的发展是"先快后慢"，所学知识如果不经过及时的复习，这些记住过的东西就会遗忘，而经过了及时的复习，这些短时的记忆就会成为了人的一种长时的记忆，从而永生难忘。

有的老师总是埋怨学生，我讲了这么多遍，你怎么还是错？还有的老师采用学生做错罚做很多遍的做法，这都没有效果。最好的办法就是纠错，具体怎么做呢？

学习过程的四部曲：

第一步：学生先做，让学生先自己独立做"先学研究"。

第二步：课堂讨论，批改后生生、师生讨论，力争做到让每一位同学真正弄懂、弄通"先学研究"上的每一道题。（前面的系列讲座中已经讲过具体怎么做）。

第三步：自主订正：错误的地方找到错误的原因，用红笔订正，做上记号，并写上点评，注明题目当时为什么写错了，以及心得体会，不要干巴巴，只写错题而已。

第四步：滚动纠错：一般 3 天到 7 天后，当学生将要遗忘时，引导学生自我纠错、反思、提升，如果做对了今后就不用再纠错了，如果又做错了，再做上记号，隔了 3 天到 7 天后再纠错一次，直到不再错为止。这样做绝不是机械重复，也不是题海战术，而是让学生自主反思、提升，达到纠错的目的，让学生考试时做到：会做的尽力做对，该错的尽量少错！

学习心态四句话："基本题不失分，中档题少失分，难题目拿几分，每人至少 120 分（总分 150 分）。"学生能得到基本分，考试成绩就不会差，大多数同学能拿到基本分，全班的平均分一定会好，大多数同学能得到基本分，一定有很多同学得高分！老师们也再不用担心班级成绩了。

第六节 ｜ 重视教改细节，提升教学绩效 ｜

为帮助一线教师理清教学思路、排忧解惑，有针对性地解决实际问题，特提出如下提升绩效的对策和建议，供大家参考：

一、几点说明

回归教育的本真：我们的目的是想方设法调动学生的积极性，提升绩效！这不是创新，而是教育本来就应该这么做！古今中外早有论断：建构主义、人本主义理论；不愤不启，不悱不发；教学做合一等等。

延续原成熟做法：坚持各学校原有自身行之有效的做法。

本着自愿的原则：不折腾、不搞形式，不增加负担！可选择性改进，我们是给想改的老师一点启发和帮助，给想改的学校一些参考和建议，期望他们少走弯路，改出成效！

有模式不模式化：基本式＋变式，不能机械生搬硬套，适合的才是最好的！

成绩好是硬道理：加强过程评价，全面客观公正考核，从起点看提高，从基础看发展，从过程看变化，不管采用什么方法，只要有效果就是好方法！

二、教改成功的四条规则

第一，大家转变理念，校长持积极态度！

第二，全员听课，让教师们敞开教室大门！

第三，提高教研质量，相互评论共同研究！

第四，形成适合本校的授课方式和课程，并正式固定下来，长期坚持！

除此以外，别无他法。

三、对策建议

第一，师生关系：良好的师生关系是教学高质量的前提！

老师要特别注重与学生的情感交流，一定要尊重、关爱、理解、包容学生。老师修炼、管控好自己的情绪，正确对待每一位学生，不讽刺、不打击、不罚做罚抄，努力为学生创设成功的情绪体验，给每一个学生自信和希望！（和谐班风建设）

第二，提倡"先学后研"，也可采用传统模式："讲练结合"，总之不能再拿着一本资料，"满堂灌"。

（一）学习过程：学得进（授之于"欲"，发生对话），讲出来（交流展示，自己思考),写下来(整理思维,内化知识),记得住(有效纠错,形成能力)。

(二) 总的要求

无论采用何种模式,都要保证教育教学的质量!我们要"向先学要效果,向课堂要效率,向选题要质量,向评讲要水平,向滚练要进步"。题目永远讲不完,也猜不到,唯一不变的就是学科思想和方法,我们要力争做到:做一道题让学生会一类题,注重对话、互动、质疑、争论、理解、生成、思维含量、方法思想、总结提升。

(三) 具体过程

1. 前置教学案(课前):

(1) 作用

"前置教学案"是自学的导航、互动的载体、落实的抓手。可整体提升!(无"前置教学案"无抓手,不能落实。)

(2) 内容

① 注重双基,培养能力,激活思维。知识点以填空形式让学生自己疏理,选典型、易错题、高考真题等,对现有资料电子稿进行整合。

② 特别提醒:以学定教!根据时间,根据各校学生实际,控制好难度、进度。(快步走、勤回头!)

(3) 形式:一大一小或一正一反(分四栏,便于投影)

(4) 编制:团队分工合作、集体备课研究,超前一周定稿。

(5) 先做:按每节课量提前一天或二天发给学生独立思考先做,养成自己解决问题习惯。(平时变考试,考试变平时!)

(6) 全批:(提倡)

① 收交:上课前收齐(按小组收)。

② 批改:原则上老师"全改全批"。

③ 统计:老师做"批改手册",学生做错题统计(分解)。

三种题型:统计全班同学

整体题:不超过 10 个错误的题,可以不讲。

挑战题:错的人多的题,要重点研究讨论透彻。

抽查题:介于中间的错题,抽查某同学代表小组讲。

④ 优点:上课前老师对学生情况已了如指掌,原来是师生"带着资料进课堂",现在是"带着问题进课堂",真正提高教学的针对性和实效性。只有了解学生、走进学生,才能服务好学生。

抽批:(少用)

① 收交:上课前收齐(按小组),老师检查学生做的情况,并做好记录。

② 抽批:老师至少批改学生总数的三分之一或以上(2至3个小组),以便了解情况。

③ 自批:老师发答案(自己做的或已批改的优秀生的答案),让学生自己批改、统计。

2. 课堂教学(课中):

(1) 前置学习(70%,独立思考)

(2) 合作探究(20%,小组讨论)

① 时间:一般10分钟,学生讨论已经做过的问题,才有对话的资本!(用好小组)

② 小组讨论要透,讨论标准,有一个人会保证其他同学都要会。(有检查:全查、抽查)

(3) 展示点拨(10%,全班展示)

① 学生能讲的让学生讲:

让学生大胆展示我的发现、我的见解、我的问题、我的补充等,专注投入、兴趣浓厚,跃跃欲试,置身于科学的殿堂中,在成功的喜悦中尽情玩耍,沉浸在自我展示的幸福中。

课堂上老师最重要的目的:点燃学生的学习热情,满足学生体验与参与、发现与创造、表现与分享的欲望。

人的天性:想得到大家的认可!有不服输精神,想超越别人!人的价值是自我实现的价值。学习香港学校,一门课有很多课代表:课代表、课代表助理、课代表助理1、课代表助理2、课代表助理3……

② 以"生生"为本:

保证课堂的参与率(抢答器),调控防止出现少数几个优秀生"独霸讲台表演"的现象(好生讲挑战题)。

三原则:"女士优先、后排优先、'关注生'优先",想要大面积提高班级平均成绩,就要充分调动成绩中下学生的学习积极性。

③ 错误分享:把学生的错误变成教学的资源!

对于学生的错误,让他们自己上台展示,讲错误的原因,自己吸取教训,其他同学可引以为鉴。

(4) 归纳升华

① 老师作用:

主要是组织引领、归纳总结、方法提升,提高学生分析能力、思维层次。做到会鼓励、多装傻、多追问、最后点金。(彻底弄清知识的来龙去脉,总结出学科的方法思想。)

② 老师根据统计讲在关键处:

课堂教学一定要让学生动起来,老师不要和盘托出,要雪中送炭,教师的讲解太强势,预设过多。学生被老师领着走,教师展现了自己的学识,但留给学生的空间、时间太少,学习效果就会大打折扣。

教师点拨时要"收放自如",有获取并灵活运用课堂生成资源能力,让学生换个角度思考问题;通过点拨把学生引到正轨上来,让学生的思维向更深层次迈进。

老师的引领、提升很关键,起"画龙点睛"作用,老师该出手要出手,该讲的一定要讲到位。提升不好,学生就达不到一定的高度,永远在低层次徘徊。

③ 规范板书:

知识点;方法总结;学科思想。

④ 提高效率:

少用课件,少让学生在黑板上板演,用实物投影展示学生已做已批改的原生态的"前置教学案",效率高、容量大、进度快。

⑤ 课堂氛围:

营造轻松、愉悦、开放、好玩、有安全感的环境,有发自内心的掌声(不要机械的),不沉闷。

3. 自测考试:

(1) 重视考试管理:考前抓命题,考中抓监考,考后抓诊断。及时批改、反馈、分析,不断修正,使复习更有针对性、更有效。

(2) 各学科每周安排专门时间,强化综合训练,加强学科之间的联系,特别重视综合课的训练,提高应试水平。

4. 辅导落实(课后):

(1) 过关:所有做过的讲义、试卷等要收上来再检查。

(2) 面谈:如有问题,小组捆绑,一级找一级面谈。

(3) 算账:做过的讲义、试卷指导学生做上记号,算能得到的"基本分",找差距、找原因、落措施。

(4) 纠错:可分以下几项:

① 原题:可剪贴(可节省学生抄题时间)。

② 错因:溯源做标记(知识点、算错、方法思路)。

③ 订正:举一反三(姐妹题、改编题、化归题)。

④ 归纳:堵歧点(盲点、疑点、漏点)。

⑤ 频数:可打"正",统计纠错次数。

理科:一般3天到7天后,当学生将要遗忘时,引导学生自我纠错,如果做对了今后就不用再纠错了;如果又做错了,再做上记号,隔了3天到7天后再纠错一次,直到不再错为止。这样做绝不是机械重复,也不是题海战术,而是让学生自主反思、提升,让学生考试时做到"会做的尽力做对,该错的尽量少错!基本题不失分,中档题少失分,难题目拿几分,每人至少得基本分"。

文科:可引导学生理解记忆,做记号,会的去除,逐渐由多到少。华罗庚读书法:"由薄到厚"与"由厚到薄"。

(理科通过练来感悟,文科通过理解记忆)

5. 尖子生培养:

(1) 做完基本题再给提升题(刷题)。

(2) 当小老师教会别人(感受自身价值)。

(3) 老师经常向学生"请教"压轴题(学生有成就感)。

(4) 成立兴趣小组,研究、出题、出试卷等(效果很好)。

(5) 尖子生一场考试可做多套试卷(在对基本题有绝对把握的基础上,只做同类有挑战的题,提升实战思维能力)。

(6) 导师制:举所有的教学资源关爱帮助尖子生,如行政领导、教学名师、教研专家担任指导教师。

第六章
荆志强文章课例选及公开课反馈

第一节 | 所有的学习问题，都是学生自身的问题 |

我曾是江苏丹阳六中的一位数学教师，也是负责全校近6000名师生学习生活的总务主任。多年来，我在任教的数学课上进行生本赋能教育实验，使学生学得生龙活虎、思维积极，富有创造力，学业成绩优异，受到学生和家长的热烈欢迎。2010年10月，来自全国各地的数百位教师见证了我的一堂高一立体几何课，同学们不仅可以编制中等难度的题目，还把立体几何和代数的极值、函数以及把图形中某个元素的动态的运动演化为各种题目，听课的老师大为惊诧，认为这已经超越了重点中学高考临考的水平。事实上，他们在成绩上也大幅超出了重点中学。

近两年时间里，我应邀在全国各地二十多个省、市及港澳地区作课堂教学专场报告多场，所到之处反响强烈。我感到，我之所以能够取得这样的成绩，是因为生本赋能教育具有强大的生命力。

多年来，我自发地做了依靠学生的教学改革，我认识到一个道理：所有的学习问题，都是学生自身的问题。我们的教学就是要让学生找到自身的问题，自己去解决自身的问题。只有这个时候，解决问题和人的成长才是完全一致的，提高成绩才能和发展人的素质很好地结合在一起。

生本赋能教育强调学习是人的天性，与生俱来，只要得到合适的启蒙教育，学生就可以学而知、学而能。教学中必须高度尊重学生，全面依靠学生，不仅使学生成为学习的参与者，更要使学生成为学习的组织者。简而言之，把学习权还给学生。

在课堂上，我把讲台让给学生，由学生自由上讲台展示，大家边讨论、边总结、边板书。由学生在投影仪上展示课前完成的学习前置，讲述他解题的思路与方法，这是一个激发学生学习兴趣的交流平台。如果学生乙认为学生甲归纳的知识不完全或解题的结果不正确，可以径直走上讲台展示自己的归纳或结果；如果学生丁认为学生丙的阐述欠妥，也可以陈述自己的见解。同学们只要有不同想法，都可以自由上台发表，在唇枪舌剑中去伪存真，在热烈的交流中集思广益。这就把以前教师平淡的知识点陈述，变为学生生动而有价值的学习体验。

遇到疑难杂症，我也不急于抛出答案，而是创设情境，引导学生自主走出困境。在学生的讲述过程中，我只是适时介入，指点迷津，发挥引而不发的作用，让学生在解决疑难问题的实践中学会思考。只有经历了艰难探索所取得的成果，才能在大脑中深深铭刻。而唯有经历这样的磨炼，再碰到陌生问题时，学生才会应对自如。

把课堂还给学生，教学便充满活力。传统教学就像一列火车，全部车厢都靠车头带，而生本赋能教育中全班就像动车组，每个学生都有学习的原动力，大家齐发力，动车跑得快。教师没有三头六臂，只有把全班每位学生的潜力都挖掘出来，才能收获丰硕的成果。

应试教育单纯以分数评价学生的学习，片面追求短期效应，导致教学急功近利。在生本教育中，我们实行自评、组评、班评、师评相结合的综合评价，引导学生由关心分数、名次，转变为关注学习方法、过程，关注知识获取能力的提高，促使学生养成良好的学习习惯。

我们在班级成立若干学习小组，每个学生都隶属于一个学习小组。有了问题首先在组内讨论，组员之间互帮互学、互助共进，在取长补短中进步。在教学过程中，我们设立了班级裁判员，对学生的表现给予评价。学生发现了精彩的方法，同学们就报以热烈掌声，裁判员则予以加分记录，作为平时成绩的累计。这样的鼓励使学生获得成就感，学习兴趣更加浓厚，使教学过程成为激励学生发挥自己最大潜能的过程。这样的机会对于全班同学是平等的，他们可以在教学活动中找到自我，体现自我价值，也可以发现学习的榜样，形成你追我赶的良好局面。

把评价权交给学生，前提是相信学生，依靠学生；做法是发动学生，组织学生。设置科学而多维的评价标准，核心是让每一个学生都能发现自己的长处，感觉到自己的进步，都能聆听到自己成长的脚步声，从而增强自信心，增加学习的动力。

生本赋能教育的根本是心中有学生，一切从学生的需求出发，关注每一个学生的成长进步,想方设法使每一个学生取得进步。调动生命积极性,是教学工作的重中之重,我坚信"素质好,不愁考",坦然地摆脱分数压力和短期行为,不纠缠于某一个阶段(环节)的进退、得失,在课堂活动中启迪生命、激扬生命。

这是已经毕业的学生发给我的信息:"荆老师:真希望还能够回到高中,回到高三,回到属于我们共同的课堂中,真的很怀念以前的点点滴滴,怀念那激情飞扬的课堂!如果有机会的话,真想回去再感受一下那气氛活跃的课堂,再去聆听一下您的教诲。上了大学,我才真正感受到:我们的课堂乃真课堂,我们的争辩是真正的探讨!真希望现在你所教的学生能够懂得,这样的课堂来之不易,希望他们能够好好珍惜……"

我感觉,不把教师的意志强加给学生,主动释放捆绑学生手脚的过重学业负担,才能促使学生自主地快乐地成长,让学生学会学习,学会思考,学会合作,学会做人,为自己的终身发展奠定坚实基础。

践行生本赋能教育,教师轻松教书,学生快乐学习。学生真正成为学习的主体、学科活动的主角,学生在激扬生命活力的课堂活动中,挖掘生命潜能,获取的不仅仅是知识、成绩,更是成长、成才。(发表于2012年《人民教育》杂志第4期,有修改)

第二节 | 找准角色定位 |

生本赋能教育理论指出:"在教学中我们要'以生为本',高度尊重学生,全面依靠学生,把主要依靠老师教转变为(在老师的帮助下)主要依靠学生学!"我认为生本赋能教育的核心思想就是:调动学生!一个教师,没有三头六臂,更不是千手观音,班上有这么多学生,只要想办法把他们组织起来,积极性调动起来,那么这个班级就会潜力无限!老师要利用好学生资源,不要再"抱着金饭碗讨饭!"我这么多年在教育教学中就一直在探索,把生本理念真正运用到日常教育教学行动中!我主要从以下几点入手:

一、教学重构,做好顶层设计,抓住根本!

根据教材,通过老师集体备课、课程整合,把要学的内容系统分解成几大模块,每个模块又分解成若干个小节,每个小节抓住"教学之根",所有的教学设计围绕找根、培根、壮根展开。也就是抓住三点入手,具体从是什么?为什么?怎么用?由此设置先学研究(即先学提纲)。

先学研究要便于学生先学、好学，所以要做到简单、根本、开放。即设计起点要低，要求简单，形式开放。具体来说："简单"就是重视基础和知识基本技能，"低入"让孩子们在学习时找到成就感，千万不能要求太高，一下子挖得很深，学生没法学；"根本"是核心，即重要的、有价值的知识或问题，要求抓住知识主线，找准教学重难点。理科学习注重学生的探究，文科学习注重学生的大量阅读；"开放"就是老师不要过多地预设，形成开放空间，容纳学生最广大的活动，让他们去发挥，要让学生在个性化的发展中展现出五彩纷呈的智慧才能。

前置设计分基础题、研究题、自出题三大块，重在激活思维、提高自学能力，引导学生会学。可让学生富有创造性地自编拓展题和挑战题，激发学生兴趣，让学生在个性化的发展中展现生命活力，最大限度地把教转化为学，教学重构不能仅仅是增加或减少难度和广度，更应该将能力素养的提升与课程改造有机结合起来。只有这样才能使学生有思考，才是质的飞跃；而不是靠题海战术：苦、累，仅有量的增加。

例如：学习"基本不等式"这节这样设计：

1. 基本不等式是什么？（空的地方让学生先学时自己填写）

$$\sqrt{ab} _____ \frac{a+b}{2}(a,b,\in _____)$$ 即两个正数的几何平均数____它们的算术平均数

2. 为什么是这样？学生通过看书，运用数形结合的思想可以用几何法证明，再问学生有没有其他方法？自然会有同学想到整体思想代数法化归到重要不等式 a^2+b^2 _____ $2ab$ $(a,b,\in)$ 来解决，再追问学生重要不等式为什么成立？学生最后会追溯到 $(a-b)^2 \geq 0$，这就抓到了问题的之"根"：任何数的平方都是非负数！

3. 怎么用？然后让学生围绕"根"，结合教材和参考资料自学后举例子进行定理的基本运用，例题自己做，难题自己想，从而达到培根、壮根的目的。通过学生自学，使学生知识扎根心灵，提高学生的智慧。引导学生多层面、多角度地思考，把知识深化构建成认知结构，使学生浅池戏水、深池激浪，达到深思高出。

生本赋能教学只有前置研究，没有作业，这与传统的作业完全不同。原来作业是老师先讲再布置"配套作业"，学生没思考是在"套题型"，现在老师什么也不讲，让学生独立思考先学。事实上，我们都知道"教一遍胜学三遍"，把学生

当老师一样培养!

二、过程再造,设计四个环节,学得轻松!

以激扬生命为宗旨,是为学生好学而进行的教学。老师要正确把握好自己的角色定位,老师是学生学习的促进者、引导者、组织者。生本教学包括四个基本的教学流程:前置学习研究——小组合作探究——学生上台展示——评价激励超越。结合本人长期的教学实践,介绍各个教学流程的具体操作。

(一)前置学习研究

1. 学生是研究者。学生的自学对生本教学开展至关重要(自学),每个学生自学的深浅和效果是不同的,这种超前性和差异性正是课堂开展合作学习的宝贵资源,使每个学生在课堂教学中具备了对学和群学的资本,这正是落实"先做后学,先学后教"的生本赋能教学原则的具体体现。

书是最好的老师,学生在前置学习时,要先把书看懂看透,然后把本课的内容要点、层次、联系划出来或打上记号,写下自己的看法。对于一些较难的问题,在课堂去讨论、提升,不必强求一律。学生在自学时可以创造性地提出自己的独特的解决问题方案。前置学习学生一定要独立完成,一定要尽力想办法解决所遇到的问题,力争个人做好达70%。

刚开始老师还要指导进行前置学习,要学生明确看书范围、注意问题、学法研究等等。有的传统教学的"带着教材进班级"转变为"让学生带着问题进课堂",真正做到以学定教,提高教学的针对性和实效性。

(二)小组合作探究

1. 学生是合作者。小组合作探究学习主要表现为小队讨论(对学),针对前置作业中的问题,学生能自己订正先订正,对于学生不会订正的错题和自学中发现的问题进行充分的小队讨论。小队长要严防假讨论,克服浮躁,讲究实效,保证全员积极参与。对一般的问题先由队内讨论解决,小队不能解决的问题由小队长做好记录,准备全班交流。小队讨论一定要透彻,小队讨论大约10分钟完成,小队中有一人会的问题,其余5人必须会,小队讨论再解决20%的问题,小队做透达90%。传统教学就像一列普通列车,只有一个车头,火车跑得快,全靠车头带(教师)。而生本课堂就像一列气势十足的动车组,每个学习小队就是一节带"分动力机"的"车厢",队队有活力,生生有动力,大家齐飞奔!

2. 老师是巡视员。教版依于学,老师"少教"是为了保障学生"多学"。老师在小队对学中要通过巡视指导或小队汇报等形式把握学情和讨论进程,并以此调整自己课前预设的教学方案,剔除无效教学内容,减少不必要的教学环节。

老师少教了,学生多讨论多学了。"多学"从三维目标考虑,多让学生掌握知识要点,多掌握课外的知识,多让学生对知识点进行自主的构建;多让学生在学习过程中进行思维训练,老师留出的空白,是让学生有独立思考的空间,提高学生的理解分析能力;多让学生经历学习的过程,使学生对学习更有兴趣。

(三) 学生上台展示

1. 学生是主角。班级展示即由学生主持人对学生自学、对学中没有解决的10%的问题全班交流(群学)。学生上台展示,引出问题,好戏连台,开戏就交上火。通常在我的课堂投影屏幕下会并排放着好几根教棒,教棒在不断地交接。座位上任何一个学生都可以带着自己的先学研究,直奔讲台,用多媒体实物投影展示自己的做法。遇有"疑难杂症"的挑战题,班级中心组成员便会披甲上阵,出谋划策。如果同学们都解决不了,然后再由老师讲解。学生群学能集思广益,深化认知,理论上讲,每个学生应该是把所有问题都彻底弄懂弄通,即全班做优达到了100%。学生上台与全班交流群学时,犹如碟飞凤舞,《转碟》杂技演员巧手轻旋轻摇,使几十只碟子转个不停。

学生上台展示的主要包括以下四个内容展开:

(1) 知识梳理:知识梳理要将原来平淡的知识陈述过程转变成为有价值的师生互动。我通常采用PK式展示法,即让小队互动提出有一定质量和难度的问题PK对方,胜队整体加分,答不上来的队整体扣分,为了难到对方队,小队就必须把双基知识弄懂弄透,这样学生学习兴趣更浓、效果更好。

(2) 错误分享(课堂用时约10分钟左右)。对于学生的错误,让学生自己上台展示,讲给大家听,讲清错因在哪里,通过小队讨论后自己知道了应该怎样解决,希望其他同学能引以为鉴,把学生的错误变成宝贵的教学资源。

(3) 质疑解惑(课堂用时约10分钟左右)。对于学生在自学、对学中还不能解决的疑难困惑,学生可直接上台质疑,要讲解题目的分析过程,把自己的思维表述出来。有不同解法或仍有疑问者可接着上台展示,每到这时,学生总是抢着质疑、争着解惑,课堂此起彼伏,学生跑上跑下,遇到特别精彩的回答,学生会得到热烈的掌声和真诚的表扬。学生在自信和愉悦中好学、乐学,不会的学生有求知欲,会的学生有表现欲。当学生成为课堂的主人时,教学便充满活力。课堂因互动而精彩,老师想到的想不到的学生都会想到!

(4) 当堂抽查(课堂用时约5分钟左右)。理论上说,经过前三个环节后,每个学生、每个问题都能弄懂弄清。为了保证实效,需进入第四环节——当堂检测。抽签检查:任抽一人代表小组上台展示,讲对了,他会像英雄一样凯旋;讲错了,他会觉得相当歉意,因为整个小队是捆绑扣考核,强化团队合作意识。促使他们每个人把每个问题都思考讨论透彻。

2. 老师是导演。课堂是剧场,老师成导演。生本课堂要求做到"少教多学",少教多学不是指真的老师不教,而是指老师教得有效。为了锤炼学生思维,老师要"缓说破",要静待花开。等学生有困惑的时候或等学生想表达却表达不出来的时候,老师才出手,要让学生从不同的角度、不同的途径、不同的方法去尝试解决问题。老师仅在关键处点拨,老师要做到"三讲三不讲",教师集中力量讲学生学习中的易错易混易漏点,讲学生想不到拓展点,讲学生自己解决不了的。凡能由学生学懂的内容教师不讲,凡能由学生提出的问题教师不提,凡能由学生解答的问题教师不答。

上课展示四大环节,使教学过程成为源源不断激励学生发挥自己最大潜能的过程。让学习与愉悦连接,让学生觉得学习好像上网、打游戏一样好玩!事实上,学科知识是人类文化几千年精华的积淀,比任何游戏都好玩,理应让学生自己体会做自己喜欢的事就不觉得累!

三、柔性管理,激发内在动力,幸福师生!

得人心者得天下,士为知己者亡!成功始于心动,成于行动!柔性管理注重的是内驱力,老师在学生出现问题时,多一些理解和安慰,对学生是鞭策和激励,他们会因此被感动而发奋努力。一旦形成向上的力量,就会不断创造奇迹!鸡蛋从外打开是食物,从内蜕变就是生命!

让学生享受学习过程的快乐,教师就能享受教育,感受到职业的幸福!让教学回归本真:一旦根据人类的天性做事,过去认为复杂的事情就会变得很简单。我们也就一定能幸福地做老师。人都有情感,只要我们用欣赏的眼光、包容的态度真诚地对待学生,就能感受到人间这份最纯真的感情。最重要的是我们做老师精神富有,看到一个个学生的转变很有成就感。

作为一线老师,多年来我一直坚持将"生本理念"运用到教学实践中,颠覆传统课堂,转换师生角色,让学生成为课堂的主人。朱万喜校长这样评价:"荆老师不管学生基础如何,总能不断创造教育的奇迹,把不是一流的生源培养成一流的学生!"更可喜的是,学生通过生本教育获取的管理、交流、解决问题、团队合作等能力不仅体现在高考成绩上,更让他们今后终身受益!

我应邀到全国二十多个省、市(包括香港、澳门)作报告多场,所到之处都引起强烈反响。写的书《幸福地做老师》全国畅销,再版14次仍供不应求。全国各地很多老师运用"生本赋能教学法"后由衷地说:"原来书可以这样教,生活可以如此美好!"(发表于2015年《人民教育》杂志第4期,有修改。)

第三节 | 激发学习原动力:从"解题"到"解决问题"的转变 |

——以《二倍角的正弦、余弦、正切公式》教学为例

一、引言

在全面推行以课程改革为核心的教育改革中,深圳市罗湖区积极探索,提出了"课堂革命"为中心的"课改"方案,它的核心理念是:让每个孩子扬长发展和向"课改"要质量。这一"课改"方案得到了罗湖区广大一线教师的积极响应和参与,涌现出许许多多精彩课堂。在"课改"引领下的教学模式,更加凸现了师生之间尊重与被尊重,关注与被关注,使得学科素养更显性化和人文化。

二、问题提出

常庚哲教授说:"……大多数的数学定理和命题就是数学家'瞎鼓捣'而玩出来的……""玩"不仅有"变式、变换、特殊化、一般化……",而且能使数学学习变成一系列的"智力"和"思维"游戏。秉承这一思路,结合笔者三十多年教学实践,以问题为驱动、激发学生的求知欲望,创建良好的教学情境,让学生"玩"数学。在乐教乐学中实现了从"解题"到"解决问题"的转变。经过笔者多年教学实践,不仅取得了良好的教学效果,而且形成了鲜明的教学风格。主要体现在:一是坚持先学后教的教学原则,以学生为中心,引导学生主动参与学习过程,深度思考,合作探究;二是把爱心带进课堂、用微笑面对学生、让鼓励给人希望、使成功怡悦生命,坚持教学永远具有教育性的基本原则。那么在数学教学中,怎样才能做到从"解题"到"解决问题"呢?

三、教学方法

教学应回归教育的本真,授之以鱼不如授之以渔。我们再进一步授之以"欲",设计一个又一个"问题",由浅入深,让学生自己探索,激发了他们"闯关"解决问题的欲望,获得快感,兴趣盎然. 让学生"玩"数学。就本文而言,要实行从"解题"到"解决问题"转变。笔者认为,教学设计尤为重要,好的教学设计就是好的问题导向和问题驱动,有了好的教学设计才是真正意义上贯彻学科核心素养的教学,为此,笔者在教学设计上主要从以下几个方面着手。

1. 编好"前置教学案"。作为教学设计的"蓝本"的前置教学案，就是让学生根据前置教学案进行自学课程，解决一些基本的概念和问题，并自觉记录自学过程中的疑难问题。在这一过程中，由于"前置教学案"的问题驱动作用，学生学习的原动力得到了进一步激发，学习的积极性和主动性也得到了进一步提升。必须指出的是，从"解题"到"解决问题"，首先要有"问题"，即有待学生解决的"问题"。因此前置教学案就成了承载"问题"的载体，是指导学生自主学习的指南针和路线图。在学生预习中，能帮助学生对预习知识进行梳理理解。当然，在编制"前置教学案"时，要坚持"简单、有据、开放"的原则，对教材和教辅资料进行整合，对知识重新"翻译"，设计出学生易于接受、易于学习的教学案。教学案不仅要条理清楚，由易到难、循序渐进、提炼知识，而且教师要转变角色，站在学生的认知水平上进行设计。

2. 对于"前置教学案"，顾名思义就是做到提前发给学生，让学生有充分的时间去完成，并在上课前收阅批改好，对学生在自学过程中存在的问题（包括对错）做好定量和定性两方面的统计，以便在上课时做到有的放矢。教育家陶行知先生说："教的法子需根据学的法子。"只有认清楚你的学生学现状，思维习惯，才能因势利导，开拓学生的思维，引导学生进行深度学习，也只有这样，才能实现从"解题"到"解决问题"转变。

3. 在学生完成"前置教学案"基础上的教学过程自然就成了"问题解决"的展示课，就成为生生、师生思维的交流与碰撞。借用上海名师张亚东的观点，那叫巧抖"包袱"，激活思维。"包袱"的设计与运用，实质上就是设计恰当的问题系列，引导学生的思维不断地深入，体现教师的主导作用，引导学生参与到思考问题的过程中来，在提出问题、分析问题、解决问题的过程中提高思维品质和能力，而教师只在这一过程中充当一个引导者、组织者和参与者的角色。笔者认为"前置教学案"是学生自学的导航、师生互动的载体、落实效果的抓手。

四、教学过程

课题：《二倍角的正弦、余弦、正切公式》新授课。

授课对象：深圳市罗湖高级中学高一某班。借班上课，授课班级的学生基础相对较弱。

听课对象：全区中小学校长、教科、教务主任、骨干教师，教科院、教育局相关领导及各科室负责人，督导室专职责任督学等有近400名教师听课。

1. 教学目标

（1）理解二倍角公式推导，掌握二倍角公式及其变形公式。

(2) 能综合运用二倍角公式进行化简、计算及证明。

(3) 通过实例,体会方程思想、换元思想、整体思想、化归转化思想。

2. 重点与难点

重点:运用二倍角公式进行化简、计算及证明。

难点:二倍角公式灵活变形运用。

3. 教学设计

(1) 公式的推导与变形

环节1:复习

教师:请大家写出两角和的正弦、余弦、正切公式:

$\sin(\alpha+\beta)=$ _____;$\cos(\alpha+\beta)=$ _____;$\tan(\alpha+\beta)=$ _____.

随机抽取学生1上讲台板书全对。

[设计意图:通过复习旧知,引出新知。问题虽然简单,但借此先把学生学习的积极性调动起来,尤其可让基础差的学生一开始就能体验到成功。]

环节2:探究

教师表扬学生1后,继续提问,二倍角公式的结论是什么?

$\sin 2\alpha=$ _____;$\cos 2\alpha=$ _____;$\tan 2\alpha=$ _____.

随机抽取学生2上讲台板书全对,教师表扬学生2后继续追问:二倍角公式是如何推导出来的?

[设计意图:自主探究、获取新知。]

环节3:推导

学生3:当$\beta=\alpha$时就可得到二倍角公式。

教师表扬学生3后,和学生一起总结:由一般到特殊,等量代换思想。

[设计意图:这一环节让学生弄清公式的来龙去脉,弄清知识的发生过程,体会由一般到特殊的演绎推理过程。]

环节4:变形

教师:如何推出余弦二倍角公式的另两种形式?

变形公式1:$\cos 2\alpha=$ _____ $=$ _____.

学生4:因为$\sin^2\alpha+\cos^2\alpha=1$,代入$\cos 2\alpha=\cos^2\alpha-\sin^2\alpha$就能得到。

[设计意图:通过变式探究,深化对二倍角余弦公式的理解。]

教师表扬学生4后,教师总结:等量代换思想。

环节 5：逆推

教师：如何推导出降幂公式？

变形公式 2：$\sin^2\alpha = $ _____ ，$\cos^2\alpha = $ _____ ．

学生 5：可以求出来！教师追问：怎么求出？请说明过程。

学生 5 上讲台用实物投影仪展示自己的正确做法，教师表扬学生 5 后总结：在降幂公式推导过程中需要运用逆向思维和方程思想。

[设计意图：从逆向视角变换二倍角余弦公式，强化理解二倍角余弦公式。]

教学体会：以上五个环节，从二倍角公式"是什么"到"为什么"，从知识产生到方法的提炼，都是在教师的引导下学生自主完成的，课堂不仅因"生成"而精彩，更因"互动"而精彩！

(2) 巩固与应用

教师：三角变换只变其形不变其质，揭示某些外形不同但实质相同的三角函数的内在联系。下面，我们通过一些典型问题进一步理解二倍角公式。

类型一：逆用公式

典型题 1：环节 6：计算 $\dfrac{1-\tan^2 75°}{\tan 75°}$

学情现状：全班共 40 人有 34 位学生错。

本题大部分学生无从下手，没想到可逆用公式，还有学生想"切化弦"太繁没解出来，也有的学生想到逆用公式但化简错误，如在变形过程中没有提出负号、少乘了系数 2、求 $\tan 150°$ 的值时诱导公式用错等等。

学生 6 上讲台用实物投影仪展示自己做法。

教师抓住"倒数"这关键，追问学生：为什么这样想？

学生 6：这样就可以逆用公式了。

教师："思考得很好！"表扬学生 6 后总结：这题实际是根据公式结构特征，创造条件逆向使用公式。

类型二：变形用公式

典型题 2：环节 7：计算 $\dfrac{1}{2} - \cos^2 \dfrac{\pi}{8}$

学情现状：全班有 22 位学生错。

本题大部分学生不会做，少数学生想"逆用"公式，但变形出错，还有学生平方降幂化简出现错误。

学生 7 上讲台用实物投影仪展示自己做法，提取 $\dfrac{1}{2}$，便可"逆用"公式，

即原式 $=\frac{1}{2}\left(1-\cos^2\frac{\pi}{8}\right)=-\frac{1}{2}\left(\cos^2\frac{\pi}{8}-1\right)=-\frac{1}{2}\cos\frac{\pi}{4}=-\frac{\sqrt{2}}{4}$。

教师:"你的见解很有创意!"表扬学生7后追问:还有没有其他解法?

学生8上讲台用实物投影仪展示自己做法,可直接用降幂公式来做,教师表扬学生8后总结:这道题实际是根据"变形"公式求解。

教师总结方法:题目中有平方可采用"降幂扩角"的方法(边讲边板书)。

典型题3:环节8:(2018年高考全国卷Ⅰ)

已知函数 $f(x)=2\cos^2 x-\sin^2 x+2$,则( )

A. $f(x)$ 的最小正周期为 π,最大值为3;

B. $f(x)$ 的最小正周期为 π,最大值为4;

C. $f(x)$ 的最小正周期为 2π,最大值为3;

D. $f(x)$ 的最小正周期为 2π,最大值为4。

学情现状:全班有26位学生错。

本题大部分学生不会做,有的学生想到方法但化简过程有错,还有学生方法较繁:把 $2\cos^2 x$ 化为 $\cos^2 x+\cos^2 x$,然后前一个 $\cos^2 x$ 用降幂公式,后一个 $\cos^2 x$ 与 $-\sin^2 x$ 组合"逆用"公式 $\cos 2x=\cos^2 x-\sin^2 x$ 再化简。

学生9上讲台用实物投影仪展示自己做法平方可降幂。过程如下:

$f(x)=2\cos^2 x-\sin^2 x+2=2\cdot\frac{1+\cos 2x}{2}-\frac{1-\cos 2x}{2}+2=\frac{3}{2}\cos 2x+\frac{5}{2}$,

据此求出周期。

教师:"你真有才!"表扬学生9后追问:为什么这样做?

学生9:为了都化成"余弦"。

教师继续表扬学生9解法"漂亮",总结此方法的本质是为了"名称统一"(边讲边板书)。

类型三:综合灵活运用公式

典型题4:环节9:在 $\triangle ABC$ 中,$\cos A=\frac{4}{5}$,$\tan B=2$,求 $\tan(2A+2B)$ 的值。

学情现状:全班有26位学生错。

一部分学生不会做,有的学生想到做法,想先用和角公式求出 $\tan(A+B)$ 的值,再用二倍角公式求 $\tan(2A+2B)$ 的值,但因解题过程较长,导致化简出错。

学生10上讲台用实物投影仪展示自己做法,先用二倍角正切公式求出 $\tan 2A$ 和 $\tan 2B$,再用两角和的正切公式求出 $\tan(2A+2B)$。

教师总结:本题实际上方法是二倍角公式与和角公式的综合运用,体现数学的整体思想(把 $2A$ 和 $2B$ 看成整体)。

教师表扬学生 10 后,再问:还有没有其他解法?

学生 11 上讲台用实物投影仪展示自己做法,先用正切和角公式求出 $\tan(A+B)$,再用二倍角公式求出 $\tan(2A+2B)$。

教师总结:学生 11 的做法实际上也体现数学整体思想(是把 $A+B$ 看成整体),也非常好!

学生 12:我也是这样做的,但没做出来。

教师请学生 12 上讲台实物投影仪展示自己做法,分析出错的原因:方法是对的,但因解题过程较长,导致化简出错。

师生总结:如果题目步骤多,可采用"分步计算"办法更容易做对。

典型题 5:环节 10:已知:$\sin 2\alpha = \frac{5}{13}$,$\frac{\pi}{4} < \alpha < \frac{\pi}{2}$,求 $\sin 4\alpha, \cos 4\alpha, \tan 4\alpha$ 的值。

学生 13:我先求 $\cos 2\alpha$,再用公式求 $\sin 4\alpha, \cos 4\alpha, \tan 4\alpha$,为什么会出错?

学生 13 展示做法。

教师:大家一起研究学生 13 的做法为什么出错?

学生 14:我发现他因为没有确定 2α 的范围,所以结果错误,我是这样做的。

学生 14 展示自己的做法:因为 $\frac{\pi}{4} < \alpha < \frac{\pi}{2}$,所以 $\frac{\pi}{2} < 2\alpha < \pi$,$\cos 2\alpha$ 值是负的。

教师:"你的思考很周到!"表扬学生 14 后总结:求三角函数的值首先要先确定角的范围(判角),再根据角所在的象限确定正负(边讲边板书)。

另倍角是相对的,解题时要注意运用换元思想、整体思想、数形结合的思想。

教学体会:学生的错误是教学的资源,让学生在课堂中重现错误,分析出错原因,然后纠正错误,就是为后面的学习不再出同类错误。研究表明学生的错误,要让他们细细体味,停留的时间越长,越弄清错因,今后犯的可能性越小。

典型题 6:环节 11:证明 $\dfrac{1+\sin 2\theta - \cos 2\theta}{1+\sin 2\theta + \cos 2\theta} = \tan\theta$。

学生 15 上讲台用实物投影仪展示自己做法,左边分子 $\sin 2\theta = 2\sin\theta\cos\theta$,$\cos 2\theta = 1 - 2\sin^2\theta$,分母 $\sin 2\theta = 2\sin\theta\cos\theta$,$\cos 2\theta = 2\cos^2\theta - 1$ 代入化简就可以得到右边。

教师追问：为什么这样想？

学生 15：我想把 2θ 都化到 θ。

教师："你的思考很能有价值！"表扬学生 15 后总结：此方法的本质是通过三角变换达到"角的统一"目的。（边讲边板书）

学生 16：我还有其他解法，因为 $\sin^2\theta+\cos^2\theta=1$，可以"逆用"公式，把"1"化为 $\sin^2\theta+\cos^2\theta$，从而"逆用"完全平方公式把 $1+\sin2\theta$ 化成 $(\sin\theta+\cos\theta)^2$，再把 $\cos2\theta=\cos^2\theta-\sin^2\theta$，然后提取公因式化简就可以得到右边。

教师追问：你为什么这样想？

学生 16：这样可把"1"化掉。

教师："你这个方法真有创意！"表扬学生 16 后总结：上述做法实际上是逆用及灵活运用公式，还运用了等量代换的思想。

环节 12：抽查题 7：计算 $\dfrac{\sqrt{1+\sin20°}}{\sin10°-\cos170°}$

学情现状：全班有 14 位学生错。

学生主要有两类错误：一是求 $\cos170°$ 时诱导公式用错，二是没想到"逆用"公式 $\sin^2\theta+\cos^2\theta=1$ 把"1"化为 $\sin^2 10°+\cos^2 10°$。

在 14 位做错的学生中随机抽取一位上讲台，讲自己现在的做法。

学生 17 被抽到，他说：因为 $\sin^2 10°+\cos^2 10°=1$，可用逆用公式，把"1"化为 $\sin^2 10°+\cos^2 10°=1$，$\sin 20°=2\sin 10°\cos 10°$，这样分子被开方式就可以化成完全平方式了。

教师："你真懂了，我们全班同学为他点赞！"

〔设计意图：此题属于中等难度题，随机抽取原来做错的学生上讲台，讲出他现在的想法，看是否正确？目的让做错的学生通过听课后能改错，使全班每一个学生都能真正掌握所学内容。〕

教学体会："课堂革命"要坚持教学设计与课堂管理"两手抓"。美国两位专家布罗菲与艾弗森指出，课堂教学管理技能足以决定教学的成败。课堂管理的意义在于管而不乱，管而不死，使每一位学生都参与进去，每一个小组都活动起来，学生非常积极，整个课堂非常有序，这个管理就成功了。

本节课教学案还设置了两道挑战题供有余力的学生思考。

环节 13：挑战题 8：求值 $\cos20°\cos40°\cos80°$

〔设计意图：构造法多次"逆用"公式。〕

环节 14:挑战题 9:若 $\sin\left(\dfrac{\pi}{4}-x\right)=\dfrac{5}{13}$,$0<x<\dfrac{\pi}{4}$,求 $\dfrac{\cos 2x}{\cos\left(\dfrac{\pi}{4}+x\right)}$ 的值。

[设计意图:通过"拆角"发现"已知角"和"要求角"之间的关系,构造"台阶"解题。挑战题属于有一定难度的题目,主要为学有余力的学生准备。]

学情现状:由于本班学生基础较弱,两道挑战题全班只有极少数同学做出来。

教学策略:采取课后与个别做的学生面谈交流互动的方式教学。

(3) 知识小结

对本节课从知识(公式)、方法(应用)、思想(升华)三方面来总结。

第一,知识点(授之以鱼):

① 两角和的正弦、余弦、正切公式:

$\sin(\alpha+\beta)=$ _____ ;

$\cos(\alpha+\beta)=$ _____ ;

$\tan(\alpha+\beta)=$ _____ ;

② 二倍角公式:

$\sin 2\alpha=$ _____ ;

$\cos 2\alpha=$ _____ ;$=$ _____ ;$=$ _____ ;

$\tan 2\alpha=$ _____ ;

③ 二倍角公式变形(降幂公式):

$\sin^2\alpha=$ _____ ;

$\cos^2\alpha=$ _____ ;

第二,方法总结(授之以渔):

① 公式运用,包括正用、逆用、综合用、变形用(平方可降幂扩角)。

② 求角的三角函数值先定象限、再定正负(判角)。

③ 化"统一"(化简时用公式化成"同角"或化成"同名称")。

第三,数学思想(授之以道):

① 逆向思维

② 方程思想

③ 整体思想

④ 换元思想

⑤ 化归转化

师生边讨论、边总结、边板书，填空处尽量由学生填写，随授课进度书写在指定的位置。（分三竖排板书）

五、教学反思

1. 学法在前，教法在后。

课堂效果好不好，学生最有发言权。这一节全区公开课结束时，区教研员对听课学生进行了即兴采访，同学们纷纷点赞："我感觉数学很有趣，太好玩了"，"万变不离其宗，数学学习很有规律"，"这些错题率很高的题，原来没有一道题是难的"，"感觉数学没有难题，数学是一个很好玩的游戏"……

因为有先学，有小组交流，学生才有对话的资本，展示与互动才那样精彩，只有学生先自由思考，才能产生学的灵气。深入研究、深度思考的前提就是"有备而来"，学生原来是带着书本，现在是带着"问题"而进入课堂。课前做好前置，课堂才能展示，能把别人教会，自己才算真会。本节课充分凸显前置教学案中的学法地位，通过前置教学案，把"学"的权力还给学生，把"想"的时间交给学生，把"做"的机会留给学生，把"说"的愿望转给学生，使得学生有足够的空间和时间来习得，这样的学法才是有意义的，才能让学生在潜移默化中学会学习。所以，学法在前，教法在后，不是师生表面的忙碌，而是教师引导学生对问题进行深入的研究。没有深度思考的勤奋都是徒劳的，有方法的努力才能创造奇迹！

2. 改变教育观念是改变教学方式的前提。

裴光亚先生说："传统教学是一个定义，三项注意。"教学中若教师是告诉学生的，学生就会索然无味，不感兴趣。当前的数学教学，有的教师往往采用"几道例题，解法总结"的方式，讲完例题就让学生做题，做了题才发现学生对这类问题一知半解，于是让他们做更多的题，这实际是"套题型"，教师往往被高考和课外资料绑架，本末倒置。"高一高二教师做高三教师该做的事（让学生刷题），高三教师反过来做高一高二教师该做的事（恶补概念和基础知识）"。这样的教学既不能唤起热情，又不能提高能力，甚至连是否能提高分数也大有疑问。就上述课例而言，它的出发点就是在努力改变"重知识、轻能力；重结论，轻过程；重教法，轻学法"的做法，敢于放手让学生去自主探究，通过阅读教材，认真思考，得出解决问题的方法，哪怕是不完整的方法也总比被动接受的要好。改变教育观念就要真正让学生经历知识的发生、发展、形成过程。这样课堂，学生的经历是丰富的，从复习两角和差公式到推出二倍角公式，不仅有发现的经历体验（特殊化过程）和结果形成过程的归纳体验（归纳公式），而且至少让学生经历了两次,一次是自学教材、完成学案,另一次是课堂中由浅入深、由粗到细、由感性上升到理性的互动探究过程,这样的教学才不是直奔公式的记忆和解题技巧的传授而去。本节课体现了转变教与学方式的课堂转型和教改创新,高度尊重学生,全面依靠学生;把主要依靠教师教,转变为(在教师的帮助下)主要依靠学生学,由重视教真正向依靠学生的学转变,学生的参与度、自主度、合作度、探究度都非常高。所以转变教育观念,探索新的教学模式,是有现实意义的课题,基于建构主义的理论而言,课堂教学从"解题"到"解决问题"转变,是对先进教育理论的课堂实践,是对新课程改革的最直接回应,是对"灌输式"教育方式的反叛。所以转变教育观念,探索新的教学模式,成为很有现实意义的课题,教师要把最好的论文写在课堂"。

3. 在教学中把发展学生的核心素养落到实处。

在平凡的日常教学中,教师必须增强课程意识。本文课例设计有很强的课程意识和教材观念,通过学生阅读教材,完成教学案,最终回归到课堂的生生、师生互动中来。在整个教学过程中,从两角和公式推导出二倍角公式、降幂公式以及公式应用全部是问题导引,教师不断追问、启发、引导,做到了"不愤不启,不悱不发"等游刃有余的境界。同时,教师又注意到数学素养并不能像知识那样直接"教"给学生,必须组织一个个数学探究活动,使学生参与知识的形成、发展过程,获得感受、体验并内化其中,使教学过程成为源源不断激励学生发挥自己最大潜能的过程,把学习数学知识、能力发展、素养提升有机结合,为了发展学生的核心素养,首先要设计合理的数学问题,创设良好的教学情境,并选择便于学生发挥主动性的教学方式,这才是对"以生为本"的真正要义。课堂永远是培养和发展学生核心素养的主阵地,让不同层次的学生都能在"最近发展区"学得"恰到好处",这就是核心素养最本质的东西,是数学知识、能力、素养的综合发展,这样教学可让学生终身受益。

4. 从"解题"到"解决问题"就是培养学生的创新能力。

创新能力的培养需要有创新冲动,设计好的问题情境是产生冲动的必要条件。这就需要我们精心设计"包袱",激起学生探索新知的欲望。第斯多惠说过,"不称职的教师强迫学生接受真知,优秀的教师则教学生主动寻求真知。"并强调"教师先不要急于给学生讲解观点,应当启发学生自己去寻求答案,主动去掌握知识"。我们认为培养学生创新能力的教学方式是多样的,每一次课都能抓住几个典型的问题进行,举一反三,长期坚持下去,走出一条从"习题"到"问题"的育人之路。例如上述课例中的典型题1就是培养学生逆向思维能力的好题目。在课堂中教师不仅没有轻视学生的"错"(错误率达85%),而且借"错"消"错",这个"错"最终在教师的引导下得以"认错";同时又因为这"错",激发了学生的充分表现欲,授之以渔之时,又授之以"欲"。课堂因互动和生成而精彩,学生的表现欲被充分地激发,数学课成为科学探索的殿堂,以此实现数学教学要从"解题"到"解决问题"的转变,为课改找到了出路,学生学得快乐,教师教得轻松,教学变得简单。(发表于2019年《中学数学教学参考》杂志第7期,有修改。)

  这是荆志强老师在罗湖区教育系统每周一小时校长学习会暨教师发展论坛借班上的高中教改课例。全区校长、骨干教师,教科院、教育局相关领导及各科室负责人,督导室专职责任督学等近400人参加了本次活动。罗湖区教科院高中部主任数学教研员陈小波、教科院院长宾华、教育局局长王水发对本节课进行点评和总结。

  本次活动采用"公开课+微讲座"的形式,由罗湖区教科院副院长荆志强主讲公开课《二倍角公式》,并以《激之以"欲"——激发学生学习的原动力》为主题进行分享。在公开课展示中,荆志强通过一步一步的问题引导,让学生主动讲解解题思路,从而理解二倍角公式的运用,注重培养学生自主学习能力、表达能力、创新思维等能力。

  把爱心带进课堂,把微笑带进课堂,把鼓励带进课堂,把成功带进课堂。在主题分享中,荆志强表示,激之以"欲"其实就是激发学生学习的热情,坚持先学后教的教学原则,以学生为中心。他指出,教师要引导学生主动参与学习过程,深度思考,合作探究,"让每一个学生都参与进去,让每一个小组都活动起来"。

  主持人朱艳主任现场对听课学生进行了即兴采访,同学们纷纷点赞:"我感觉数学很有趣","万变不离其宗,数学学习很有规律","这些错题率很高的题,原来没有一道题是难的","感觉数学没有难题,数学是一个很好玩的游戏","老师的讲课幽默风趣我很喜欢"……

罗湖区教科院荆志强副院长:激之以"欲",激发学生学习原动力

  教育就是要回归本真,要想方设法让学生想学,激发全体学生内在的学习动力。教学要通过问题导引,激之以"欲",这样学生兴趣才会浓厚,才会让学生像玩游戏一样喜欢学习。罗湖教改要全面落实课堂革命,先学后教,以学生为中心。

因此,我们总结了教学基本式的三大流程和四个环节:三大流程是:课前,做好前置,以学定教;课中,教学互动,协同共振;课后,及时反馈,有效落实。四个环节是:前置学习,学生通过做前置自学解决约70%的问题;合作探究,再通过小组讨论解决约20%的问题;展示点拨,最后通过全班展示解决约10%的疑难问题;总结升华,师生共同归纳出方法思想,弄清来龙去脉,揭示学科本质,提高学生分析能力、思维层次。

课前前置有什么作用?

课前要做好前置,前置教学案是"学生自学的导航、教学互动的载体、落实成效的抓手",是指导学生自主学习的指南针和路线图;教学案在学生的预习中起导航作用,能帮助学生对预习知识进行梳理理解。

如何编制前置教学案?

教师要认真钻研教材,在编制前置教学案时,坚持"简单、根据、开放"的原则,对教材和教辅的电子稿进行整合,对知识重新"翻译",设计出学生易于接受易于学习的教学案。不仅要条理清楚、由易到难、循序渐进、提炼知识,而且教师要转变角色,站在学生的认知基础和理解水平上进行设计。

有老师疑问,已经有了参考资料和教材,为什么还要做前置教学案?第一,资料种类繁多、难度不一,并不是适合所有学生;其次,前置教学案还可以实现团队合作,集群体智慧,提升整个科组的水平;第三,前置教学案便于落实,更有实效,让教师上课更具针对性;第四,做前置可以更好地利用资料和教材,学生在自学和课后反思时都可以使用。

集体备课要做到"四定"时间,每周每个学科用半天备课;定地点,让每个学科有固定场所集体备课;定人员,学科组全体成员都要参与;定内容,"讲什么、谁来讲、怎么讲"都要落实好。

编制前置教学案还需注意什么?编制前置教学案,需要提前一周集体备课完成、提前三天打印出来、提前两天发给学生独立思考先做、再提前一天收上来,让教师有充足的时间批改,只有了解学生才能服务好学生。

有了前置教学案还需要布置作业吗?有了前置,就不需要再布置作业。这并不是说不要作业,而是作业已经前置,以前是老师讲了再布置作业让学生做,现在是作业"倒置",让学生先做,做后有问题,再通过生生交流、师生讨论等环节把问题弄懂弄清。这样做的目的就是激发学生的学习兴趣,这像玩游戏一样,没有老师教,自己先"闯关",有困难没关系,自己想办法,同伴共研究,虽然历尽艰险,但是勇往直前,兴趣浓厚,享受快感,欲罢不能。

　　以学生为主角，实现高质量课堂探究，课中要做到教学互动、协同共振。课堂变成学生展示的舞台，老师变成导演。课堂上老师要善于调动学生的积极性，让学生勇于展示自己的思考、发现、错误、疑问等等，打好两张牌：会的学生有表现欲；不会有求知欲。好学生是"忽悠"出来的！当然老师是善意地"忽悠"，真诚地表扬。对学生的回答，老师给予真诚的表扬和掌声鼓励。学生成就感得到极大的满足，学习的兴趣更浓、良性循环，肯定会做得更好，这样做使教学过程成为源源不断激励学生发挥自己最大潜能的过程。

　　小组学习是做好生本教育的基本保证。上课前10分钟小组讨论，先一对一结对，解决可以解决的问题，有困难全组交流，讨论一定要透，标准是小组有一个人会的问题全组其他同学都要会，通过同伴学习，达到整体提升的效果。如果小组讨论还不能解决疑难问题，老师组织进行全班展示讨论解决，这时学生可自由地上台质疑或解惑，用"实物投影仪"展示自己原生态的做法，手执教鞭讲给大家听。每到此时，学生总是抢着上台、争着发言，各路豪杰粉墨登场，颠覆传统课堂，转换师生角色，学生沉浸在自我展示的快乐中，大家集思广益，专注投入、深化认知，问题总可以得到圆满解决，课堂因"互动与生成"而精彩，老师想到的想不到的学生都会想到，常常出乎我们意料。好课的标准：不是师生表面的忙碌，而是教师引导学生对问题进行深入的研究，没有深度思考的勤奋都是徒劳，有方法全力以赴才能创造奇迹！

　　把学生的错误变成教学的资源，对于学生的错误，让他们自己上台展示，讲错误的原因，自己吸取教训，其他同学可引以为鉴。教师要做到"二多二重"：多鼓励、多装傻、重追问、重点拨。教师要雪中送炭，不要和盘托出，讲解过于强势，预设过多，展现自己讲课水平高，学生被老师领着走，留给学生思考、消化时间太少，学习效果会大打折扣。

　　课后要做到结果反馈、有效落实，所有讲过的前置课后按小组收上来再检查，教师要有目的地约谈"关注生"，有针对性地检查其有没有真正理解。通过"学生讲，老师听"的方式适时提出建议，发现问题按小组为单位再落实，争取每位学生学懂学通会运用。

　　此外，课堂革命还与素养培养、师生关系、学校变革有关。什么是素养？就是学生加工处理素材的能力，各科实际上只是加工素材不同而已，不在于"教什么",而在于"怎么教",如果学生的学习任务变成了兴趣,那么素养也就自然生成。

罗湖区教科院高中部主任兼高中数学教研员陈小波点评荆志强老师的课:"双主体"教学成就"亦师亦友"课堂

今天我们欣赏了全国知名专家荆志强副院长执教的教改研究示范课,效率、效能和效果都非常好。

本节课体现了转变教与学方式的课堂转型和教改创新,学生的参与度、自主度、合作度、探究度都非常高。基于数学学科的特点,重视对学生数学思维的培养,培养学生"解决问题"的数学素养下的核心价值,学生在课堂上得到非常好的个人发展。

课堂还贯彻了两个方向:一是课堂革命,先学后教,为学而教;二是深度学习,落到实处,就是学生学会和会学,深入浅出。同时,课堂的目标定位、内容设计、教学过程、教法创新都具有很大示范性,各个环节实现了高度融合。另外,课堂落实了数学学科素养下的四个关键能力,即逻辑思维、运算求解、空间想象、创新能力,最重要的是落实了解决问题的能力,从"解题"到"解决问题"这是这节课最典型的示范成果之一。

本节课以学定教,先学后教,为学而教。体现了教师、学生双主体的地位,让课堂真正成为亦师亦友的课堂。

罗湖区教科院院长宾华点评荆志强老师的课:八条路径落实罗湖"课堂革命"

回忆我自己的学生时代,也回想我自己的教研生涯,我从来没有听过今天这样一堂数学课,给我留下的印象是充满激情,充满智慧,催人奋进,发人深思。

最近我一直在思考两个问题:第一,罗湖"课堂革命"的实施路径在哪里?第二,学习活动真正发生的前提条件是什么?

丹麦当代著名学习研究专家克努兹·伊列雷斯提出了学习活动真正发生的两个过程,我觉得也是两个前提条件:第一,学习者必须经历与环境的互动过程,必须亲身参与互动体验;第二,学习者必须要有自己的心理获得过程,必须要将所学内容转化成、内化为自己的认知建构。也就是说,学习者的学习要真正发生,就必须要有学习者的亲身经历体验和认知建构,这两个过程、两个条件缺一不可。

目前"罗湖教改"正在深入推动"课堂革命",我们梳理出了"课堂革命"

的八条路径：第一，重塑师生关系；第二，厘清教学目标；第三，拓展教学内容；第四，转变教学方式；第五，重构教学过程；第六，创新教学技术；第七，变革教学评价；第八，优化教学环境。目的就是要推动教师的课堂教学组织和课堂教学活动，要引发、转化、生成为学生的学习行为、学习体验和学习收获，促进我们的学生的学习在我们的课堂上真正的发生。

今天听了荆志强的这一节课，我觉得这正是一节典型的、活生生的"课堂革命"的展示课，这堂课给我留下了三个很深的印象：第一，它是我正在寻找的重塑师生关系的典范；第二，它是转变教学方式的范例；第三，它是重构教学过程的经典。

原任罗湖区教育局局长、现任深圳市教育局副局长王水发点评荆志强老师的课：课堂革命是对学生最大的负责任

荆志强副院长的课真的极具震撼力。他的课有三个特点：课前以学定教，做好前置；课中教学互动，协同共振；课后及时反馈，有效落实。因为有前置研究，所以课前学生有机会看书、做题、做好准备；因为学生有备而来，所以课中小组交流才卓有成效；因为有前置研究、有小组交流，所以学生的展示与师生互动才精彩纷呈，也才有学生"数学真好玩"的学习体会。整堂课贯彻了先学后教、以学定教、师生协同、教学相长的原则。他的板书分为三个板块：梳理知识点，夯实基础；总结方法，举一反三；提炼数学思想，把握根本。

课堂上，学生的感受是，上课活泼有趣，像玩一样；万变不离其宗，数学学习很有规律；数学没有难题，数学是一个好好玩的游戏，数学很有趣。我的感受是，他真心关爱学生，及时鼓励，激情四射，装傻追问生成大空间，注意启发引导，语言独具魅力。

荆副院长的微报告传达了几条基本思想：一是激发每一个学生的原动力，通过激趣和激欲两个手段，将课堂变得好玩；二是强调从师本走向生本，以问题、话题为抓手；三是主张课堂革命，坚持学生中心、先学后教；四是课堂要有课前、课中、课后的一体化设计。他的教学策略是，个体先学解决70%，小组合作解决20%，全班展讲解决10%。

荆副院长的前置教学案坚持了简单不复杂、把握根本、充分开放三个原则。前置教学案要一大一小，要提前一周集体备课，集体备课要定时间、定地点、定主题、定主备人。课中设计，要明确小组构建的原则、人数、方式，小组探究要明晰方式与流程。课后要有订正到位、二次检查、面谈辅导、科学纠错四个环节。这课后的四个环节是一般的老师不会重视的事，而这恰恰是极其重要的"最后一公里"。

  研究荆副院长的课时间长了，我受到一个启发，那就是"课堂革命"要坚持教学设计与课堂管理"两手抓"。你只抓教学设计，设计得很漂亮，理念很先进，流程很完美，但是课堂管理不到位就做不下去。为什么很多地方的课改理念很好、模式很好，但是做一段时间做不下去了，家长也不干了，课堂闹翻天了，考试成绩也不行了。美国两位专家布罗菲和艾弗森做了一辈子教师培训，得出一个规律，课堂教学管理技能足以决定教学的成败，课堂管理的意义在于管而不乱、管而不死，使每一个学生都参与进去，每一个小组都活动起来，学生非常积极，整个课堂非常有序，这个管理就成功了，这样的管理就值得我们研究。荆副院长的课堂管理有四大策略：第一，先行沟通引导策略，很多年他都接高三，三流的学生最后高考一流的成绩，每一个班都这么改变，他非常注意磨刀不误砍柴工，先和学生做好沟通培训，先和家长做好沟通培训，跟学生培训，跟家长培训；第二，纵横分组管理策略，班级50多个孩子，他纵横分组，有学科小组，有行政小组等实行学生自主治理；第三，对调检查批改策略，小组内、小组间对调检查批改，批改也是学习，相互检查，发现错误；第四，团队捆绑激励策略，最后落实到每一个小组团队捆绑激励，因为团队捆绑，所以每个组能做到"一人会，全组会"，只要有一个人会了，6个人一定都会，如果某一个人不会，这个组长晚上睡不着觉，下了课组长找到那个学生急，你不懂干嘛不问干嘛不说，比老师还着急。说到这里我引用上海市教委副主任倪闽景说的开启学生深度学习基因的6把钥匙，这6把钥匙跟荆副院长今天的课，跟他的做法，跟罗湖倡导的课堂革命本质一样。第一，尊重关切：尊重每一个学生，让学生感觉到老师对他的尊重，老师对他的关爱，有了这一条学生就有了积极性。第二，公平信任，整个班级里面师生之间、生生之间相互信赖，没有被老师遗忘的角落，每一个学生都感觉到老师关心他，老师能够公平对待每一个人。第三，专业规范，重视老师自身的专业、学科素养，尊重学科规律。第四，有趣多样，有趣好玩。第五，问题意识，以问题为中心，让学生争问题，激发学生的问题意识。第六，成功体验，让学生有成功的体验，荆副院长今天的课堂上每一个学生都有成功体验，以至于他会浮想联翩，我要好好努力，我要当数学家。

  最后提两个建议，进一步研究荆副院长的课堂与微报告；进一步研究今天的活动安排，学校教研活动也可这样做，我们一起深度研讨。中国教育的最大问题在课堂，中国教育改革的最大空间也在课堂，这也就是为什么我说要为学生负责任，让我们一起来落实课堂革命，一起来创造美好的教育和教育的美好！

第四节 ｜激励型课堂构建｜

高中教学"提效"与"减负"综合运用，实现学生深度学习。

在高中教学过程中，存在着这样的现象，教师教得辛苦，学生学得痛苦，效果又不理想。教师课堂上大讲特讲，开始领着学生走，后来扶着走，现在是抱着走，有一点教学成绩也是靠"拼命"换来。学生不会主动学习，成天坐在课堂被动听课，自己无一点解决问题的能力。笔者认为，构建"激励型课堂"学习模式，让学生轻松、高效地自主学习，一定程度上可以达到了提效减负的目的。

一、激励型课堂解读

所谓激励型课堂，是指教师将激励学生、帮助学生产生足够的"自我学习效能感"作为课堂教学的目标，并基于此进行课堂教学设计。在激励型课堂上，学生首先收获积极的学习状态，进而保证其在大群体学习的课堂上产生符合自己能力特点的有效学习。

学习是人的天性，每个生命以其自然之伟力促使自己提升，儿童的学习靠天赋之自己，靠天生的学习者的潜能，靠大自然的力量。我们要做的就是回归教育的本真。我们都知道授之以鱼不如授之以渔，而我觉得我们应该再进一步，授之以"欲"，激发全体学生内在学习原动力，想方设法把学生的学习积极性调动起来，让学生乐学、善学，让学生动起来、学起来、做起来，让学生乐于学习、主动学习、深度学习。老师也就能教得轻松，而且绩效又好，获得"绿色质量"。将学生放置在知识生产者的位置上，无论水平高低，皆可参与"总结、归纳、发现、解决、质疑、反思……"等各种知识生产过程并应用于课堂展示。把"学"的权力还给学生，把"想"的时间交给学生，把"做"的机会留给学生，把"说"的愿望转给学生，使得学生有足够的空间和时间来习得，"提效减负"将由理想追求转化为现实。

二、构建新型学习形式

激励型的形式贯彻先学后教、以学定教、师生协同、教学相长的原则。课前以学定教,做好前置;课中教学互动,协同共振;课后及时反馈,有效落实。因为有前置研究,所以课前学生有机会看书、做题、做好准备;因为学生有备而来,所以课中小组交流才卓有成效;因为有前置研究、小组交流,所以学生的展示与师生互动才精彩纷呈,也才有学生"数学真好玩"的学习体会,从而激发学生们"闯关"解决问题的欲望,让学习变成一系列的"智力"和"思维"游戏。老师不断激励赋能,学生获得快感,兴趣盎然,享受"高峰体验"。

激励型课堂要做到:不愤不启,不悱不发。不等学生有困惑的时候,不等学生想表达却说不出来的时候,不去启发。学生能学会的不教,学生不能学会的不告诉,让学生从不同的角度、不同的途径、不同的方法,反反复复地尝试。尝试解决问题的过程就是一个锤炼思维的过程,就是知识构建的过程。教是教会学生去学,教的核心是启发学生思维,而不是简单地告诉。最大限度地激发每位学生主动参与的积极性,使教学过程成为源源不断激励学生发挥自己最大潜能的过程。

激励型课堂具体从以下三个方面构建:

1. 课前以学定教,做好前置。

"前置教学案"是"自学的导航、互动的载体、落实的抓手",要做到因材施教,条理清楚,由易到难、循序渐进。教师要转变角色,对知识重新"翻译",站在学生的认知基础和理解水平上为学生好学而设计。只有设计好了"前置教学案",学生自学才可能轻装上阵,学习才可能有好的效果。具体流程是超前一周集备完成,提前三天印好,超前二天发给学生独立思考先做,超前一天收,老师有充足时间批改。

教师对学生的前置教学案进行评定,能有效调动学生学习的主动性,促进学生热情参与。课代表按小组收齐,老师先批改,并做好错题统计,统计对于"激励型课堂"非常重要,可以让老师做到"眼中有生、心中有底",对学生做的解法,做到心中有数,对学生的各种典型错误及其错原因了如指掌。没有统计老师只能和盘托出什么都讲"满堂灌";有了可以根据学生的"需求",解决他的困惑问题,做到雪中送炭!

2. 课中教学互动,协同共振。

传统理科教学是"一个定义,三项注意",老师告诉学生,学生索然无味。传统文科教学是"注重分析,强调记忆",学生昏昏欲睡,不感兴趣。激励型课堂模式首先让学生先学先练,因为先学,学生会产生很多问题和疑惑,学生课堂专注度极大提升。原来是学生"带着教材进课堂",现在是学生"带着问题进课堂",

以问题为驱动,激发学生的求知欲望,实现了从"解题"到"解决问题"的转变。通过问题或话题引领,生生、师生共同边讨论、边总结、边反思、边板书、边提升。

激励型课堂老师要做好组织引领,归纳总结,方法提升,提高学生分析能力,思维层次。

老师不断地提问、设问、追问是什么?为什么?怎么用?老师最终抓住问题的根本,彻底弄清知识的来龙去脉,让学生深度思考,学习兴趣浓厚。激励型课堂学生的感受是上课活泼有趣,像玩一样。教师上课时"收放自如",形散神不散:通过点拨,让学生向更深处迈进,这就是"放";能让学生换个角度思考问题,把学生引到正轨上来,这就是"收"。放思维:有获取并灵活运用课堂生成资源能力,让学生的思维向更深层次迈进;收考点:通过点拨把学生的思维引到正轨上来,提高学生分析解决问题的能力;老师的点拨、追问很重要,老师的引领、提升很关键,起画龙点睛作用,老师该出手一定要出手,一出手就不一般。适时介入,该讲的一定要讲到位,如果提升不好,学生就达不到一定的高度,永远在低层次徘徊。

激励型课堂老师要为学生创造一种主动参与、亲身体验的学习氛围,引导学生在做中发现问题、提出问题,在思中分析问题、理清思路,在议中解决问题,培养学生综合运用强化学习能力。丹麦当代著名学习研究专家克努兹·伊列雷斯提出了学习活动真正发生的两个过程,激励型课堂也是两个前提条件:第一,学习者必须经历与环境的互动过程,必须亲身参与互动体验;第二,学习者必须要有自己的心理获得过程,必须要将所学内容转化成、内化为自己的认知建构。也就是说,学习者的学习要真正发生,就必须要有学习者的亲身经历体验和认知建构,这两个过程、两个条件缺一不可。

激励型课堂要解决好大班教学所带来的弊端——群体学习效率低下问题。我认为好学生无论怎么教,都能学好,要想大面积提高学生的成绩,必须提高课堂的参与率,调动中、下基础学生的积极性。防止少数优秀生"表演",大多数中下学生的积极性没有调动起来,制订上台规则"女士优先、后排优先"、"待进生"优先,老师要真心关爱学生,及时鼓励,让基础好、差学生各层次学生都有成就感,全体同学都共同进步。如果学生做得好、讲得对,就给予真诚地表扬和鼓励,学生表现欲、成就感得到极大的满足,学习的兴趣更浓、积极性更高,良性循环,肯定会做得更好。对学生提出的各种不可预见的问题,先让学生试着回答,看能否解决,如果不能,再由老师分析师生共同解决。对于学生错误的做法,绝不能责怪,而是鼓励他们自己上台展示,知道错了讲原因,通过小组讨论后知道应该怎样解决;不知为什么错,讲出自己的解题思路,然后与其他同学一道找出错误的原因。一方面自己吸取教训,另一方面其他同学可引以为鉴,把学生的错误变成教育资源。通过评价管理,让每一位学生在课堂上争先恐后发言、相互评价、补充,让大群体学习充分体现出相互帮助、相互裨益的优越性。使每一位学生学习目标的达成、成功欲望的满足、小队集体荣誉的实现、课堂分组展示的竞争、精彩的点评都成为课堂学生学习的驱动力。充分利用组与组之间的竞争,最大限度地调动每位学生的积极性。做到"一人对,全组会,一组对,全班会",使每一位学生都参与进去,每一个小组都活动起来。

3. 课后及时反馈,有效落实。

激励型课堂教学并不是课堂表面的热闹,有订正到位、二次检查、面谈落实、科学纠错四个环节。这课后的四个环节是极其重要的"最后一公里",只有这样才能做到有效落实、保证效果。前面上课师生一起研究找到错因,现在指导学生尽量在课堂上把错误有效订正,概括提炼写下来。写下来是一个整理思维、内化知识、解决实际问题、真正有效的过程。"前置教学案"要二次收上来再检查,按小组 6 人专人负责收齐。老师找"待进生"面谈,如果发现问题按小组为单位重再订正落实,让每位学生真正学懂学通学到会运用。科学纠错就是遵循艾宾浩斯遗忘规律,定期巩固复习,一般 3 天到 7 天后,当学生将要遗忘时,引导学生有针对地对前一阶段的学习内容自我纠错、反思、提升。

三、三维目标上的综合能力提高

学生需要参加高考,高中教师教学压力可想而知。对照新课标的三维目标,激励型课堂教学并没有降低学生知识与技能的要求,它是经得起"考"验的教学方法。不管在什么年级,在乡村还是城市,无论学生基础好差,激励型课堂教学总能让学生在原来基础上有较大的提升。

激励型课堂的教学方法在全国数百所学校推广应用都取得了很好的效果。

激励型课堂就是激发学生的学习潜能,让学生在教学活动中参与、体验、思考,从而培养能力。在大力推进新课程改革的今天,这种要求可以具体地在三维目标中体现出来。所以,我们以为,无论评判哪种教学的优与劣,都可以以新课程的三维目标达成状况来评判。不能强调了部分目标,而忽视了终极目标。学习的最终目标就是培养具有创新精神与健康意识的未来人才。激励型课堂教学把传授知识和能力培养相结合,学生不仅成绩好,还能获得快乐学习与素质全面提升。(发表于 2019 年《教育》杂志第 5 期,首页发表荆志强老师作为封面人物。)

第五节 | 高三后阶段复习的思考和建议 |

高三后阶段复习如果再采用"轻描淡写"回忆知识点,"大讲特讲"专题和考卷上的题,老调重弹学生不感兴趣,用难题吸引学生,曲高和寡,听懂的学生又不多。怎么办?实际上高考越接近终点,越重要、越艰难,最后提升空间更大!即所谓行百里者半九十。如果在最后时刻我们能够抓得实、抓得细、抓在关键,就一定能抓出成效,创造奇迹,笑到最后!对当前的高三复习,谈几点思考,供大家参考。

高三复习分三轮,一轮复习:知识梳理、注重双基、夯实基础;二轮复习:专题训练、侧重运用、查漏补缺;三轮复习:模拟考试、巩固成果、颗粒归仓。所以后续复习要做到如下七个"更"。

一、选题更精

1. 知识点。

可以"以精准选题带重点知识点的复习方法",不是刻意追求知识的覆盖,而是从学科整体高度,在知识交汇处,选取一些有内在联系的问题、典型、重点、综合性问题,让学生先做。

采用"诱"的策略,在关键处提问学生,让学生自己叙述,在学生解答出现困境时,教师对症下药,师生共同讨论,让学生既对知识点有更深刻的理解,查漏补缺,颗粒归仓,形成网络,又对所选题目能彻底弄懂弄透。

2. 专题提升和套卷模拟相结合。

(1) 专题提升

复习要求:专题训练,由浅入深,选题有梯度,提升方法、注重思维,让学生学会分析、思考、判断,体会解题方法和学科思想。(一题多解,多题一解。)

具体做法:设计好问题,环环相扣,一条主线,一杆到底,解决一类问题。问题是课堂的命脉,问题是学科的心脏。

(理科以问题呈现,文科以话题呈现。)

题目来源:在专题中精选外来最新资料;将教材题适当变式、改编、嫁接、拓展、延伸与综合;用好近三到五年的高考试卷和有质量的模拟试卷。

(2) 套卷模拟

当前综合试卷像雪片一样飞来,千万不能不加选择地整套发给学生去做,浪费时间、效果不好。老师一定要自己先做,做好甄别、筛选、整合工作,与高考试卷分布吻合,集体讨论,研究高考,把握高考的命题方向与脉搏。

特别把握好复习难度,立足中低档题,控制好试题的难度(标高),让学生牢固掌握基本题、典型题的通法通则。精选精练典型题目,尽量回避偏难怪题,要适合你的学生。难题可遇不可求,难题肯定要有,但绝不宜太多,遇到一定要研究透。太难的一定要删除,如果花费过多时间在偏、难、怪题上得不偿失。高考考通法通则,偏、难、怪题出现的几率很小。学生把基本题做好,只要让他们学会了"化归转化"(二轮复习的关键点),对付难题自然迎刃而解!

二、学生更"独"

第一看见试卷的是学生而不是老师,所以我们一定要让学生独立先做,并按小组收齐检查。做任何训练和考试都要引导学生有限时的意识。训练自己思路清晰,在最短时间迅速拿到能得的分(特别是理综、文综)强调规范的书写和表述、保持良好的"应试"状态。

1. "专题提升"练习:让学生写用时多少,统计出全班的平均用时给学生参照。

2. "套卷模拟"试题:按高考用时,略压缩一点(10分钟左右),正式高考时学生就会感觉在时间上充裕一些。习以为常了,就会处变不惊、应对自如。

3. "化整为零"训练:已经有很多的整场考试,二轮复习不一定都进行整张试卷训练,可适时进行小题训练和基本大题限时训练,考试频度适宜:不能用考试代替复习,凡考必批必评,评后要总结反思。

三、批改更细

一定要批改,老师对学生做的情况了如指掌后再上课,最好能全改全批,也可部分批改或发答案让学生自己批改(也可轮流发优秀学生的答案),做好批注,老师针对学情设计好上课怎么讲,讲什么?板书怎么设计(有错的知识点、方法总结、学科思想)。

四、上课更活

苏霍姆林斯基:"在人的心灵深处,都有一种根深蒂固的需要,希望自己是个发现者、研究者、探究者。"进入高考备考的最后阶段,学生有"欲":学生学习动力更大,知识视野更宽、认知水平更高、分析和解决问题能力更强,自主探究更容易。大多数学生都想学,学习热情高,一切都好办!

所以我们老师要充分利用好这点,先做再议,激发学生的学习热情,让学生积极主动参与体验,多让学生讲,讲思路、讲方法,满足学生求知欲、参与欲,激活学生思维。老师引领、追问、总结、提升，互动生成、课堂活跃，智慧追问，突出串、联，对学科的知识系统化，强化综合运用的能力。二轮复习老师要为学生创设深层次思维的条件，老师的引领提升尤其重要，指导学生构建知识体系，培养学生知识迁移及分析问题、解决问题的能力。让课堂充满生机，让备考走出一味灌输的"乏味"。在不断解决问题中，把学生的思维引向深入。好课的标准是：师生不是表面的忙碌，而是教师引导学生对问题进行深入的研究。

五、纠错更频

德国教育家第斯多惠说："一个坏教师奉送给学生真理，一个好教师则教学生发现真理。"对学生的错误，教师讲得头头是道，学生听得真真切切，不一定有效果，所以让学生自主纠错，对于目前阶段尤其重要。学习过程：独立先做、课堂评研、订正到位、滚动纠错。订正到位：对做过重要讲义和试卷装订，典型错题找到错因，真正弄懂弄透，用红笔订正，做上记号，写上点评。滚动纠错：一般3天到7天后，当学生将要遗忘时，指导学生自我纠错，主要有三种错误：知识点错、运算错、方法错，针对不同错因，分析反思，直到不错为止，让学生始终保持在最佳的学习状态。这不是简单的机械重复，而是高考得分的制胜法宝。王水发局长说："在学校里，能够不厌其烦地将每一道错题重做的学生，成绩会很好。因为只有写下来才使人精确、深刻、严谨，才能够让知识变成能力，能力变成智慧。这是一个整理思维、内化知识、解决实际问题、提高迁移能力、使学习真正变得有效的过程，绝对不是可有可无！"

六、辅导更准

人工批改与机读结合做好统计，对各类学生进行精准、个性化分层面谈辅导、心理疏导等。有针对性地精准辅导，一对一分析到人，落实到每一位学生，尽量让学生自己评析错误的原因，当学生讲不出来时老师再点拨。每次训练和考试和学生"算账"：一起算能得的基本分，为什么没有得到？可以得的分怎么得到？找到错因，落实措施，让学生每一次考试和训练都有收获，有提升！

分层培养：临界生多达本科线，关注生上新台阶，尖子生多冲名校。有目的地约谈各层次学生，做过的练习、试卷等都要二次收上来再检查。重点、疑点、难点、易错点等让学生讲给老师听，老师在倾听的同时适时提出合理化建议，熟练掌握基本、典型题。尖子生：强化训练，一考多卷，多做挑战题。例如：定人员、定时间、定地点、定内容过关落实。

学习之道在于悟，一定要让学生找到"一看就会，一做就错，眼高手低，会而不对"的真正原因，一道题的价值不在于做对、会做，而在于让学生明白了这题想考你什么。你如何破解、迅速做对,发现知识题目背后的学科本质更重要。题海无边,反思是岸,辨析归因,事半功倍!

七、情感更柔

临近高考,学生的心理压力很大,情绪不稳定,这时学生更需要老师的关心和鼓励,让学生充满自信。说实话,到这个时候要想他再有根本性地改变很难了,不如让他开开心心,正常发挥。

愈临近高考,老师愈要淡化高考,理想的状态应该是:适度紧张,微笑面对,从容镇静,乐观豁达。

需要指出的是,在高三最后的阶段,在管理上既要一手抓"人文关怀",又要严格管理,必须做到的按要求就要做到,如:严管手机。高三最后的时间每一天都是"黄金时间",让他们告别手机,全身心投入复习中。凡有成就的人无不是通过自己努力得来,谷歌公司所有高管自己子女读大学前都不允许自己的孩子用智能手机;乔布斯不让自己女儿未成年时用手机;韩国、日本立法不允许学生沉迷电子产品……跟学生讲清道理,他们也会理解的。

复习有法,但无定法,贵在得法。以上思考,仅供参考!

第六节 | 公开课反馈 |

一、用激情燃烧课堂,以激励点燃学生

四川苍溪 杨红驰

在公开课上,荆志强老师为我们展示了如何通过多维引导的方式,完成让学生从发现错误、纠正错误、讲解思路到最后对公式的理解运用。整堂课激情飞扬,用肯定、鼓励、微笑和爱,践行了"让每一个学生都参与进去,让每一个小组都活动起来"。

(一)前置作业,激发学生主动学习

课堂一开始,荆志强老师放出了一张前置研究统计表,详细罗列了前置作业的完成情况。既反应教师心里有数,也让学生直观感受到班级的整体学习情况。

前置性作业的设置,让每一个同学对将要学习的内容进行初步了解,潜移默化地使学生对于课堂有了参与感,挽回了传统模式中因缺乏预习而

游离于课堂之外的后进生。

在课堂开始的小组讨论环节中,前置作业对于学生的促进作用更为明显:只有每一位同学认真做题了,小组才能有效地活跃起来;只有小组活跃起来了,头脑风暴才能反哺每一位同学,打开思路、发现问题、找到办法。

以此形成的学习模式催发了学生自主的意识,又在不断地讨论中加强学生的参与感,培养学生自主学习能力。

(二) 多维课堂,激励学生迅捷思考

课堂的第三个环节,教师展示点拨部分,荆志强老师不断地在对题目进行变换。

"我要变了!""我要变!""我还要变!"听起来尤为生动。从教学角度看,实际上是抓住联系、灵活转化,以较为简单的前置作业为基础,紧扣重点,不断在原题基础上进行改变,以拓广加深知识点的难度,使新知旧识呈螺旋式上升态势,自然流畅地完成了对知识难点的讲授。

"那有什么难的!""你想讲什么?"每一句话,都在激励学生不断思考、灵活思考、迅捷思考。课堂的层次清晰,难度不断加大,也不断提升学生的思维能力和对知识的应用能力。

在知识强化的过程中,教师进行不间断、高频次的鼓励、激发、肯定、催促,能激励学生迅捷思考,让学生在高效的课堂节奏中不断地提高思维层次。

(三) 饱满情感,激荡学生成就自己

荆志强老师的课堂魅力,不仅能打动学生,更能触动听课的老师。激情澎湃、如同熊熊烈火席卷整个课堂。古人用"蜡烛"形容教师,徐徐燃烧照亮学生。荆志强老师却更像是火柴,猛地一股火焰腾起,就能点燃每一个学生的内心。

声音激昂、抑扬顿挫、精神饱满。"你太厉害了!佩服佩服""好!很好,你的研究很正确""好哇!你们太厉害了!"在如此充满感情的肯定之下,学生既能感受到教师的真心,又能取得成就感。

让学生自己纠正自己,给予鼓励;让同学纠正同学,给予肯定;让整体修正整体,给予赞扬。荆志强老师,毫不吝惜地用真诚的夸奖,激荡学生内心深处的求学欲,使他们自己成就自己。用激情燃烧课堂,以激励点燃学生。激之以"欲",激发学生学习的原动力。

二、这样的课再来千百遍我还要听

广州大学附属东江中学　陈锦情

敬爱的荆老师,听您一节课,我受益匪浅。感谢您不远千里给我们送来精彩的示范课,带来那么好的经验分享。这样的课再来千百遍我还要听！期待您的讲座、您的课堂,更希望得到您更多的指点。

自去年从东源高级中学的朋友那里了解到您,从此开启了我的"追星之路"！那天您给东高的老师作了讲座刚结束,朋友就发来信息问:"荆院长到不到你们学校作讲座？如有告诉我一声,还想再听一遍！"当时我就在想:是怎样的一个人有如此的魔力？是什么样的讲座如此让人着迷？我开始上网查找关于您的资料,上网购买认真拜读您的教育著作《幸福地做老师》,关注了您的微信公众号,甚至怀着忐忑的心情加了您的微信！您竟然回复了我,当时心情非常激动！从您的著作中我学习了您的教学理念——教育要回归本真,要想方设法让学生想学,激发全体学生内在的学习动力！在冬日里,您的理念就像一个小太阳,带给我无尽的希望,我仿佛也看到了教育的春天。

我觉得《幸福地做老师》对我的启发很大,实践性很强。我一遍一遍地认真学习公众号里面的教学视频,深受启发！并期待着有一天能亲临现场听到您的讲座及示范课。

这一天,终于到来！我在东源县高中数学名师工作室主持人匡组长的带领下慕名前往东源高级中学,就为一睹荆院长生本激励课堂的风采！我的偷师计划也成了名正言顺的学习交流,对这次学习机会,我充满期待、倍感珍惜。

在讲学厅,我看到了那个我一直想见的荆院长！现场的设置跟公众号视频里的很类似,大屏幕展示着学生错题统计表,很熟悉的感觉！10:30终于开始上课了,第一个环节开始学生小组内讨论,用时大约10分钟,学生在认真地交流订正,老师则各组巡查,一对一指出学生的问题。第二环节知识点整理:让学生来讲知识点。荆院长语言风趣幽默,步步逼问,紧追不舍,老师想说的要点自己不说而是"逼着"学生说,让学生在笑中记住了易错点！随后进行第三环节:疑难解答数学方法、数学思想总结贯穿其中。课前对学生每一道题的错误人数进行了统计,并对题目做好分类,讲题时分类进行。学生讲解题过程,您善于引导将学生复杂的问题简单化,引导学生总结方法——基本量法:知三求二;引导学生思想归纳:列方程(组)思想。总结完后,让学生找教学案中的同类题,让学生做到会做一道题则会做一类题！归纳数学思想二:化归、转化思想;接着让学生来挑战最后一道题,用幽默的语言启发学生把复杂的问题简单化,抓住题目的本质。同样的方法让学生讲解了第二类,有时用抽签的形式让学生来讲,归纳方法二:用性质、抓中项;第三类题是综合应用,求 S_n 的最小值问题,学生用的是 $f(x)$ 来解决,荆院长用巧妙的语言追问,n 的取值,让学生明白 n 与 x 的区别,让学生归纳数学思想:函数思想。还形象地提醒学生就像借工具,解决问题了就要还回去,用通俗的语言解决了学生的易错点！最后提问:如果 $x=\frac{9}{2}$ 怎么办?n 取什么?有学生说是 4,荆院长又开始逼问为什么是 4?又有学生说是 4 或 5,荆院长把这个问题留给了学生去思考,圆满地结束了精彩的一课！

随后的交流会上,荆院长强调了几个要点:1. 前置学案一定要限时做,及时批改、做好统计,做到心里有数;2. 做到真探究,教师的追问很重要;3. 小组竞争,互帮互助,组内一个人会的全部人要会！抽签考核,抽到者当场讲解,讲错扣小组分,让学生有紧迫感、集体荣誉感;4. 讲过的学生一般不能再讲,让学生大范围地动起来;5. 做到形散神聚;6. 平时的课堂是错 10 个以下的不讲,示范课的班级学生基础较弱,所以讲得较简单。

通过这次学习活动,我终于零距离接触了一节生本激励课堂,也切身体会到了荆院长的个人魅力对学生的影响,整节课下来,我都是处于心情澎湃的状态,没有人想得到下一步您会怎么做,您的语言、您的动作都无形中调动了学生的积极性,"小美女不仅颜值高,思维很敏捷""小可爱讲得真好""太漂亮了!""我要向您学习啊"……等等,每一句话都把学生"忽悠"得心花怒放,学生怎么不爱上数学？整节课,似乎是老师和学生的"对决",老师要表达的重点、难点、易错点,一句都不讲,而是步步逼近,用巧妙的语言追问,让学生说出来！另外,非常重要的是及时引导学生做好总结方法,做到会做一道题,会解一类题！充分挖掘其中蕴含的数学思想,找到解决问题的根本！真的是非常值得学习！

听完课后,很多次我都想上前跟您聊聊,但都错过了,最后出校门的那一刻,终于有机会上前跟您打了个招呼,我感到很开心,就那一次微信的交流您还记得我。谢谢您,让我有了更多的启发！您就像一个小太阳,照亮了我的教育道路,让我更加明确前进的方向。其实,在之前我也有尝试小组合作、师徒结对,但没有作业前置,所以课堂讨论就没有多大的效果,自从有作业前置之后,课堂气氛活跃了,学生积极性提高了,很多次课堂我都被他们感动了,一个个举起手来说"我来讲、我来讲!"争着上黑板讲题,很喜欢这样激情四射、活力无限的课堂!一道题,前面的同学讲得不够好,立刻会有其他同学上来把他(她)赶下去,说出自己的见解,这种感觉真好!幸福地做老师,或许就是这样的感觉吧!

我现在的课堂也只能算是半个生本激励课堂,我觉得还有很多需要改进的,比如前置学案,我没有单独编写,还是让学生自己做资料书上的题,各小组长统计错题及难题,课堂先讨论,然后进行知识点梳理、疑难讲解,题目基本上也是让学生讲,我觉得题型方法总结方面自己有时做得还不够,另外激励机制不够健全,有个别学生积极性不够高。

我们学校数学科匡组长,共5人参加了这次生本课堂观摩活动,随后在微信工作群也掀起了一番谈论,听了您课的老师都持支持课改,没听课的一些老师有异议。不论我们学校今后搞不搞生本课堂,我都会坚持学习,追寻那一种幸福的感觉,也希望荆院长您给我更多的指点,更期待还有机会跟您学习。

三、用激情点燃学生学习的热情,做幸福的老师
——观荆志强老师的生本示范课有感
广东河源市东源高中　肖贤学

从事教育工作多年来,一直被一个问题所困惑着,那就是同事们经常谈论的一个话题:"做老师好不好?你快乐吗?你幸福吗?"

去年12月,我们东源高级中学邀请了全国著名的生本教育实践专家荆志强老师为全体教职工作了"幸福地做老师"的专题讲座,终于使我有了一个使自己都感动的结论:"做幸福的老师,幸福地做老师!"

暮春四月,温暖而充满希望。学校再次请来了荆志强老师,在高三(3)班给全校教师展示了一堂精美绝伦的生本示范课,和一场激动人心、催人上进的专题交流会。零距离观摩荆老师的生本示范课,这是我听过的最难忘的一节示范课,给我很大的震撼,进一步认识到要"做幸福的教师,幸福地做教师",就要"用激情点燃学生学习的热情"!通过观摩学习,我谈一下自己对生本教育的几点体会。

（一）脚踏实地，幸福地做老师。荆老师对待工作充满着激情，对待学生又充满着热情，而且用自己的激情点燃学生学习的热情。4月12日晚九点才到学校，荆老师马不停蹄、顾不上休息到上课班级与学生见面，指导学生完成"前置学案"，第二天一大早在高三听了两节生本教学研讨课，接着是他自己的示范课，上完示范课又与学校数学科组教师进行交流活动。荆教师对素未谋面的学生能如此负责、用心，对待教学工作如此投入激情，真正感觉到他在脚踏实地做好自己的本职工作，专心备课、用心上课、耐心讲解、细心批改，将一件平凡的事做成了不平凡的效果。这源于荆老师一直所秉持的生活信念，"做自己喜欢的事，自己幸福地生活，快乐与大家分享，让更多的人幸福"。每一次的无私分享，为的就是实现他的人生价值，让别人生活得更有价值，这正是一位大师所拥有的胸怀和境界。

（二）用激情点燃学生学习的热情，做幸福的老师。苏霍姆林斯基说过："人的内心深处都有一种根深蒂固的需要，那就是渴望被人赏识。"学生最希望得到的就是老师的承认和鼓励，有时哪怕是老师一个赞赏的微笑、一个鼓励的眼神，也会让学生激动一个星期。整节课下来让我收获最深的是荆老师一直持之以恒的生本教育理念和生本教育的魅力。他用激情点燃了开始有点沉默和拘谨的学生，他整节课都在抓住学生的亮点，给他们略带夸张的表扬，及时适当的点评、鼓励，和蔼可亲的笑容，幽默风趣的语言，使得学生很快投入到课堂，大胆发言，欢声笑语，课堂氛围和谐快乐，学生感受到了自己是课堂的主人，轻松快乐地学习，真正体现了生本课堂教育的以生为本理念，也阐析了荆老师的名言"授人以鱼，不如授人以欲"！

（三）高超的生本教育水平，做有学识的老师。在知识讲解环节，通过布置检查"前置学案"，讲解经典试题得出知识结论、解题方法和数学思想。荆老师设置了精心打造的经典题型，层次分明，激发学生探索的欲望，并设置了合理高效的错题统计表，对学生反馈的做题情况进行分类讲解，使得课堂前奏更高效更有目的；整节课荆老师都是启发式教学，善于追问学生是什么？为什么？巧于总结怎样用？板书设计巧妙高超。这是一节集形、神于一体的生本教育示范课，也是一节知识、方法和思想立体结合的示范课，更是一场视觉、听觉盛宴，体现了大师驾驭课堂的能力、高超的生本教育水平、扎实的学识。

仰望星空，做有情怀的老师。作为一名教育工作者，既需要脚踏实地静心教书育人，做一名匠人；更需要仰望星空潜心教研课改，做一名智者。

教育有希望,民族才有未来。

这节生本激励教育示范课,使人如痴如醉,像一束光、一把火,点燃了高三(3)班每一个学生和全校教师的热情,嗨翻了整个会场,学生带着不舍,老师带着留恋,这是一堂享受的课,是一堂心与心零距离交流的课。荆老师的示范课不仅用激情点燃了学生学习的热情,也点燃了我继续认真做生本的激情,让我知道了如何和学生相处,为何学生喜欢你的课。他的理念是让课堂好玩起来,让学生走上讲台,把学生当老师一样地培养,充分相信并发挥学生的作用,老师学会表扬和多给学生掌声。真正幸福地做老师,做一个幸福的老师。

四、向青草更青处漫溯,在星辉斑斓里放歌
——有感于荆老师的生本课中折射出的教育境界与情怀

江西安远　陈秋玲

阳春三月,我们学校请来了全国著名的生本激励教育专家荆志强老师给我们展示了一堂精彩绝伦的生本激励课和一场激动人心、催人上进的讲座。我们眼中的荆老师、确切地说应该叫荆教授、荆院长了,可因为他的和蔼可亲,平易近人,无私分享,和让人零距离的融洽交流,我似乎更乐意叫他老师。

虽然与上次见面相隔三年有余,可荆老师还是荆老师,永远那么充满激情、热情和热心,不仅是对待他的每一个学生,而且对待全国各地的、哪怕是一面之缘的老师也一样,这源于荆老师一直所秉持的他自己的生活信念,"做自己喜欢的事、自己幸福的生活,快乐与大家分享,让更多的人幸福"。他的每一节课,每一次的无私分享,为的就是实现他的人生价值,让别人生活得更有价值,这正是一位大师所拥有的胸怀和情怀。

上午的这节课似乎像一束光、一把火,点燃了班上的每一个学生和教师,嗨翻了整个会场,整节课高潮不断。虽然到了下课的时间,虽然已过中午12:00,可每一个人似乎意犹未尽,学生迟迟不肯离开,让人流连忘返,犹如余音绕梁三日不绝于耳。整节课下来让我收获最深的是荆老师一直持之以恒的生本教育,让我这个数学的门外汉也沉迷于他的数学课,让我更进一步感受到了生本的魅力。年过半百的荆老师整节课就像20岁的年轻小伙子一样,激情四射,他用激情点燃了仅一面之缘的、开始有点沉默和拘谨的学生;他用激情点燃了周末渴望休息的老师,让我们度过了一个原本

烦躁的周末；让笑声充满了整个会场，这正是一位大师对教育的执着和情怀，一种不拘时空的境界。

荆老师的课堂氛围是快乐的、轻松的，而又是高效的，这与许多老师所追求的宽松而摒弃高效绝然不同，更与许多老师所追求的高效而又严肃苛刻不同。荆老师的课有着美国著名教育家杜威的民主，人人有话说、人人有参与、人人有点评；又有着苏联霍姆林斯基的和谐幽默，如一股清泉浸入每个学生的心田，达到润物细无声的境界；更有着古代哲学家教育家柏拉图的智慧机智。整节课勤于捕捉每个学生的亮点，善于追问是什么为什么，巧于总结怎么样，工于数学思想怎样用。这是一节集形神于一体的，点线面结合立体的、生动的、形象的视、听、情、感盛宴，体现了大师和专家自如驾驭课堂的能力、境界与生本教育的情怀。

荆老师对前置作业的设置和处理，更折射出他对工作的严谨认真、一丝不苟的情怀。他的前置作业就是教育智慧的大折射，如一面镜子，折射出荆老师的教育智慧。合理高效的错题统计，使得课堂前奏更高效；层次分明、有梯度的题目激发学生探索的欲望。荆老师的前置作业绝不是为讲题而设置，而是有目的、有启发、有思维的精心敲打的经典题型，既有全面性更有个性，这样的前置作业能让学生人人都参与进来，人人都成为课堂的小主人。还有前置作业置顶中的温馨小提示和激励的话语，这些精心的"小心机"也是生本教育中面向全体学生、关爱学生心灵成长的教育情怀的体现。

这节课最让我感动的是荆老师对学生适时的点评、表扬、鼓励；对学生的和蔼可亲、平易近人、幽默风趣，使得整节课高潮不断，让人流连忘返，这正是一种大师的境界，一种君子与绅士的风度，一种师者的情怀，是生本的以生为本思想的折射。荆老师总是能抓住学生的亮点，给他们犹如殿堂般的评价。孩子们个个脸上洋溢着幸福的笑容，荆老师用他幸福做老师的情怀，让学生幸福地学习，体现了生本让师生双向幸福的境界，这是生本教育真正的幸福，是老师和学生最幸福的享受与互动。

荆老师这一节课结束了，学生带着不舍，老师带着留恋。这是一堂享受的课，是一堂心与心的零距离交流，荆老师用激情点燃了我继续认真做生本的激情，让我有一种不管年龄、不怕困难地想去努力做好老师的冲动，即使不能成为荆老师那样的人，也要有沿着荆老师的路追随下去的决心和动力。无论未来的路有多困难，只想把生本向青草更青处漫溯，满载一船星辉,在生本的星辉斑斓里放歌,真正地幸福地做老师;做一个幸福、有境界、有情怀的老师。

五、落在罗湖教育花蕊上的蓝蜻蜓
——我眼中的荆志强老师
深圳市罗湖区　孙彦俊

几次落笔,又几次搁笔,题目换了三四个,开头改了四五回,总是很有写写荆志强老师的冲动,又总是因笔拙而陷入一种深深的无力感。岁末得闲,终于又鼓起勇气,重拾起笔来,不揣浅陋,就写写我眼中的荆志强老师吧。

起这个题目还是煞费了一番苦心的,灵感来源于王小波在《我的精神家园》中的一个唯美的比喻。他说,人文事业在两条竹篱笆之中,篱笆上开满了紫色的牵牛花,在每个花蕊上,都落了一只蓝蜻蜓。我想,荆志强正是罗湖教育百花园里的一只蓝蜻蜓。

(一)

早就听说罗湖教科院荆志强副院长教改做得好,全国有名。巧合的是,我们居然是邻居。一次偶遇,由妻引荐才正式识"荆",才有机缘一睹荆老师的"芳容"。虽说荆老师是江苏人,但身材魁梧,既像山东大汉,又有点东北爷们儿的"五大三粗"。如果给荆老师画一幅漫画的话,一定要把他那仿宋体"国"字脸上招牌似的笑眯眯的小眼睛和那一对笑起来藏也藏不住的小酒窝儿夸张地特写出来,以彰显他的"妩媚"。

我们礼节性地握了握手,我简单地做了一下自我介绍。应该说,第一次见面,他的亲切随和,特别是那可掬的笑容给我留下了较深的印象——当然也仅限于此。

(二)

大概半个月之后,听说第五十一期罗湖教育发展论坛的主角是荆志强老师,他要上一节高中数学的公开课,还要做一个微报告。这正是一次难得的学习机会,我果断报名参加。

主持人开始介绍荆院长辉煌的成就——那么多高规格的荣誉、奖项、公开课、课题、讲座,不胜枚举。我印象最深的是,他连续多年教高三,总能把三流的生源培养成一流的学生,创造了一个个高考奇迹。这是我最感兴趣也是我最以为了不起的地方。

终于,开始上课了。舞台上,众目睽睽之下,他还是和上课前一样一脸的放松,还是笑呵呵的,和学生亲切自然地交流着课前前置学习的情况。这节课的内容是"二倍角公式",我早就把这些当年就没太学明白的知识还给了老师,具体的公式转换忘得一干二净,但是我负责任地说,这节课我听懂了。

我懂了,课堂不要太像课堂,不要太"正经",要像领着学生玩儿一样。教师的课堂语言要尽量自然,自然的语言比雕琢的语言更容易拉近与学生的距离。这可是全区顶级公开课现场,他就是这样把课上得轻松快乐,学生就是这样在不知不觉间打开了一扇扇通往知识殿堂的大门。

我懂了,真正以生为本的课堂就应该根据学生的真实学情开展教学,多数学生已经懂的坚决不讲,多数学生不懂的提出来让已经懂了的学生讲,老师的作用就是在关键节点进行点拨、总结、提升。

我懂了,课堂是每一个学生的课堂,要让每一个学生都参与进去,让每一个小组都活动起来,让每一个学生都认为"我能行"!

我懂了,课堂上要有发自内心的真诚的掌声、笑声、鼓励声、赞许声。比如,荆老师声赛洪钟地说:"你真是太棒了……你就是数学家高斯……""你真是太了不起了,老师都没想出来……"其背后当然要有老师对学生的高度信任和高度尊重。

我懂了,荆老师探索出来的基于生本理论的一整套教学模式是具有可复制性的,符合卡尔纳普提出的可验证性原则。也就是说,理论上讲,无论哪个老师在哪个班级运用这套教学模式教学,都会找寻到自己的"教育的春天"。

……

我懂了!我懂了吗?我真的懂了吗?我记得哈佛图书馆墙上有一句话,知道了不叫懂得,做到了才是真正的懂得。只听了一节课,哪里就懂得了!

(三)

荆老师微报告的题目是《授之以"欲",激之以趣——激发学生学习的原动力》,一样的精彩。他讲了开展生本激励教育的过程,怎样设计前置学习,怎样进行小组合作探究,怎样让学生上台展示,怎样评价激励超越……

可惜只给了他15分钟的时间,他要把三个多小时的内容压缩在这么短的时间里,无法系统地阐释他的教育理念和实际操作中的细节。不能不说这是个巨大的遗憾。

（四）

圣诞节那天，我吃过晚饭到操场散步。尽管我积极响应党的号召不过洋节，但内心还是渴望遇见童话里戴红帽子的白胡子老头儿——哪怕给我一块糖也好。正在胡思乱想之际，一个高大魁梧的身影正迎面走来。"荆院长！"我不禁脱口而出，并快步迎上前去与他握手交谈。荆院长依然亲切热情，那招牌似的笑容依然那么"妩媚"。

交谈中得知，荆院长原来学的并不是数学专业，而是改教的数学，这让我异常惊叹。我激动地讲述了我听他的课和讲座的感受，荆院长主动加我微信，给我推文，给我介绍他的专著《幸福地做老师》。这本书我已经在网上买了，可惜还没有送到。我想读过书之后，可能还会有更多的收获和更深的体会。荆院长认为学科之间是相通的，还不失时机地勉励我，邀请我加入他的研究团队……我想说，圣诞夜偶遇荆院长赛过遇见圣诞老人——哪怕他真的给我一块糖。

罗湖教改的春风正徐徐吹来，春色满园的罗湖教育指日可待。我想，真的到了那时，在罗湖教育百花园里的每个花蕊上都会落下一只像荆老师一样的蓝蜻蜓。

第七章
全国生本教育教学案例分享

【小学数学】静待花开

四川广元昭化区　张晓菊

在学习"小数除法"后,教材中(人教版五年级数学上册 P.31)有这样一组练习题:计算下面各题,你能发现什么?

第一组：$6 \div 1.5 =$　　　$6 \div 1 =$　　　$6 \div 0.5 =$

第二组：$1.2 \div 1.2 =$　　$1.2 \div 1 =$　　$1.2 \div 0.8 =$

第三组：$49.5 \div 1.1 =$　　$49.5 \div 1 =$　　$49.5 \div 0.45 =$

题目意图:一是让学生在计算的基础上,通过比较商与被除数的大小变化,归纳出"一个非 0 数除以大于 1 的数时,商小于被除数;除以等于 1 的数时,商等于被除数;除以小于 1 的数时(0 除外),商大于被除数";二是培养学生观察、比较、分析和归纳的能力。

在导学时,我提示孩子们先独立完成,再小组内交流。在小组交流时,我走进各小组听他们的发言、讨论,结果没有一组有鲜明的观点。我在心里"着急"! 但又告诉自己:千万别急! 不能急于表达自己的观点;要引导、等待,要相信孩子们的能力。

小组交流没有发现其规律,我们又展开集体讨论。

师:从直观上观察,你能发现什么?

生 1:每一组算式的被除数都相同。

生 2:每一组的第二道算式都是除以 1。

生 3:我想否定生 2 的想法,把第三组第一、二道算式交换位置就不成立了。

生 4:我觉得生 3 的质疑不对,三组算式的出现是已知条件,不需要交换位置。

师:如果交换位置会影响各自商的大小吗?

生齐：不会。

生5：听了大家的发言,我发现每组的第三道算式都是"除以小于1的数,它们各自的商都大于被除数"。

师：你能上台具体跟大家讲一下吗？

生6：上台指着每一组第三道算式讲出道理：除数分别是0.5、0.8、0.45,它们都比1小,它们各自的商都比被除数大,即12＞6,1.5＞1.2,110＞49.5,所以我发现"一个数除以小于1的数,商大于被除数"。

生7：这个能成为一个普遍的规律吗？

师：有什么好的办法吗？

全班：再举几个例验证。（每个孩子举例验证）

全班：这个观点能成为一般规律！（教室里响起雷鸣般的掌声）

生8：我发现这个规律总结得不够严谨,应该指出"0除外",因为被除数如果是0,这个规律就不成立了,而且,除数不能为0。（教室里再次响起热烈的掌声）

生9：我还发现这个规律与第一章"积与因数的关系"的规律正好相反……

课在孩子们的热烈谈论中顺利地进行着……

课后,我为孩子们的精彩表现高兴,也庆幸自己没在孩子们遇到困惑时"耍小聪明"一讲到底,不然将扼杀了一批"未来的数学家"！

这节课让我更加深刻地认识到,在学生学习成长的过程中遇到疑难的时候,我们老师不能"自作聪明"和盘托出,这样不利于学生的成长,而要充分相信学生和利用学生这一重要的教学资源,要给学生留足时间、空间,搭建合适的"舞台",让学生通过独立思考、合作学习、交流讨论等过程完成学习任务,这样既能让学生达成对知识的认知,又能实现能力的增长,即学生的自我成长。

在学生的思维受阻时,老师也不能为了"效率"而进行过度指导,要有"静待花开"的心态,在巧妙点拨的基础上,让学生自己思考,自己分析、归纳、总结。这样做,虽然对于教师完成教学任务来说是费时费事、效率低下,但对于学生的终身发展却意义重大,让学生从小养成了独立思考、分析、归纳和总结的能力。

这节课如果说是成功的或者说有什么价值的话,其成功或价值在于：一是充分相信学生和利用学生这一重要的教学资源；二是老师有"静待花开"的心态,给学生足够的时间、空间,让学生慢慢地成长。

【小学语文】我在生本教育改革之路上的且行且思

深圳市吉祥小学　蒋联碧

从2002年走出校门，走上讲台之时，到现在已经十年有余，这些年，我们听到最多的就是"课改"两个字。2014年最初接触生本教育，听到最多的是我们的谢昆林校长讲生本教育。当时的我如三岁小孩般懵懂：不懂何为生本？记得第一次让孩子们上台展示时，我这个急性子看不得他们的扭扭捏捏，半天扯不出一个字，我飞快地冲上讲台对他们说："闪开，让我来！"事后，这句话一度成为我们办公室的笑话。我困惑了，该怎么办呢？在谢校长的亲自带领和指导下，听了生本名师荆志强老师的讲座，在自己用心努力地实践之中，跌跌撞撞地走过了五年之多，也有了一些自己的小小惊喜。

一、小组建设

生本教育从班级小组建设开始。从班级分组开始，从培养组长开始，从每节课的每个环节训练开始，从小组交流时你的坐姿应该是怎么样的开始，从每个展示内容组长该怎么开场开始，从组员展示完毕又该怎么补充开始，从别人展示完你又该怎么评价开始……从这一点一滴开始训练。经历那么两三个月的训练，我带的三年级两个班的孩子逐渐成长起来，他们自己组织课堂，自己评价，他们能像老师那样表达——"我想继续补充刚才xxx同学提出的问题""谢谢你的指正，我一定会改正的！""我想给你一个建议"……这些话语大部分孩子铭记于心。他们还能像老师那样调控课堂纪律，这就是生本给他们带来的自信。历经五年的成长，在这条改革的路上，我也与我的孩子们继续共生共长着！

二、前置先学

生本教育，从前置先学开始。在生本的课堂中，我们总会担心这篇课文中的这点没有分析到，那点也没有讲透，所以总在设计前置性小研究时力求面面俱到，然而正是这种包办，让孩子们在预习时一头雾水，耗时又费力。也许作为老师的我们，更细致地解读文本，把最为中心的问题引入到前置性小研究的设计中，才是真正为学生的好学而设计！

为了更好地展示自己的学习成果，孩子们头一天晚上会很认真地去预习课文，最后养成了在没有前置小研究的情况下，都能知道如何批注式预习课文。我想，这不就是生本培养他们的自学能力吗？这样的自学能力也会让他们终身受益。他们再也不会因为上台而脸红，他们能淡定从容地表达。这就是生本带给他们的自信！

三、考核评价

生本教育，从系统的考核评价开始。在班级的小组建设里，我将前置先学、课堂表现、课后作业等一系列语文学习列入一个系统的表扬评价。在表扬评价中充分相信组长，相信科代表带来的力量。制定了评价标准后，我将所有的评价和记录交给组长和科代表去做，定期评出"小组学习周冠军""每周课堂发言之星""作文批改点评之星""书法之星"等等，颁发表扬信，合影留念，以此激发学生的学习内在驱动力，让兴趣永远焕发勃勃生机。

任何时候的变革，大到国家，小到我们的生活，都是有利有弊的，教育也不例外。课改就像婚姻一样，外人看来很美好，而只有实践之人才深刻明白：它需要经营，需要磨合，更需要不断地改进相处的方法，才能在这场变革中擦出美丽的火花！生本亦如此，在且行且思中，我与她相伴相生！

【小学英语】做快乐教师，造生本课堂

广东英德市 潘海花

2018年4月，我到深圳参加了广东省优秀青年教师培训。听了荆志强老师的课后，感觉元气满满、电量十足，很接地气。对于自己感觉最受用就是生本课堂，让生生结师徒，大大地减轻教师的工作量，且达到意想不到的效果。

培训结束回来后，我让我的学生自主搭配，一个师傅带一个徒弟。我提议学生找一个比自己成绩好的同学当师傅，同时鼓励成绩好的学生勇当"师傅"，向学生宣传当师傅给自己带来的好处：一来可以鞭策自己要快速学会新的知识才能教自己的徒弟；二来帮助别人的同时也能快乐自己；三来还能巩固所学的知识，一举多得。同时我让徒弟们明确，因为接受师傅一对一的帮助，我们才能学会老师新授的新知识，是师傅教会了自己，我们要懂得感恩。结对师徒之后，学生之间的友情更深了，班级的学风、班风越来越浓，班级凝聚力及集体荣誉感越来越强。以下是我在本学期教学过程当中采用的教学方法。

教学单词，优生为师。在新授单词方面，我是这样安排的：教授新单词时，让学生试着自拼一次，因为刚接手新的班级时我已经教过音标，优秀的学生会拼，难度大的单词教师可引领学生去拼，一个学生拼完可示范，可教

全班拼读,班上的"学霸""学神"们会快速跟着拼读,其他学生也慢慢跟上。每学一个新单词我都会带领学生反复巩固前面所学的单词,学完五个单词后可让小师傅去教徒弟,在师傅教徒弟之前让全班读一遍,师徒教完后再齐读一遍,对比之下效果相当明显,通过对比,学生能感受到师徒结对后的学习效果。

听写单词,先易后难。如何给学生听写单词?我是这样操作的,在听写前帮助学生记单词。有的单词引领学生从最简单的单词先记,然后再记比较复杂的,逐渐减轻学习量;有的单词借助于以前学过的单词记;有的单词让学生选择自己喜欢的方式去记,让成绩好的学生把最好最容易的记忆方法告诉全班同学。引导学生一个或三个逐步到五个单词去默写,学生记起来不困难不抗拒,准确率高。在听写时不再是单纯地老师读学生写,而是学生读一个全班写,学生写完又有很多同学举手争着读下一个听写的单词,这样可以激发学生一心三用,一可写,二可读,三还能统计哪些已听写,哪些还没听写?这样学生听写不但不会感到疲惫乏味,反而更积极更喜欢听写单词这项学习活动了。

对话教学,视频引领。在讲授对话时,我不再一句一句地讲解带读,而是让学生跟视频抢读一到两遍,读完后让学生找出问句和相应的答句,并画出。简单的句子不再反复重复,一两遍就过,让学生找出最难读的句型,教师带一两遍,之后让师傅教徒弟。接着让学生跟视频再抢读一遍,有时读得比视频更快且流畅。

习题训练,加大容量。在学生习题训练方面,我是这样操作的:在晨读和午读时的习题布置上可以让课代表提前把当前最新学习的四会单词的中文和三会单词板书到黑板上,让全班学生写相应的英文和中文。或者老师直接在电子版的导学案或基础检测中找相应的习题电子版打印出来,让班干部用展台展示给学生做,学生不用抄题直接写答案,起到既能训练又省时的效果。

试卷讲评,师生互动。在试卷讲评时,我总会让学生找出本题的突破口,只要学生能找出选该答案的原因,就一定会做此题。有时会让学生上去讲解试题,尽可能地安排与学生互动的环节,提高学生参与解决问题的兴趣。

综合以上几点教学策略,一学年以来,我多次应用在我的课堂教学上,收到了非常明显的效果。在第一学期期末考试和第二学期的中段考试中,我所教的这个班,每次考试成绩统计都获得了全镇第一名。

一学年即将过去,在取得的优异成绩面前,我和我的学生尝到了"累并快乐着"的滋味!

记得有一天,因为搭档班主任家里有急事,所以帮他顶课,一天上了六节课,一天考了三份试卷,自己还值日,还要上晚自习,简直累垮了。本来以为学生会烦透了,可是学生不但不厌其烦,还表现非常棒,真的挺为学生以及自己感到高兴。同时让自己找到自信和成就感,有点佩服自己。利用下午放学后改了一份试卷,平均分达到 95 分,全班及格,基础最薄弱的也能考 70 分。当天晚上,我去上晚自修,忍不住把这个好消息告诉学生,学生一片欢呼发出"耶""哇""那么厉害"的感叹声。有的学生还说"要是期末也考那么高,就好了"。可见孩子们非常高兴,也非常爱学习,同时也非常有集体荣誉感。一天六节课,其中有三节课在讲练习题,有三节课在考试,穿插中进行,我非常喜欢讲练习题课,感觉很轻松自在。当我把练习题用投影展出来时,所有的学生都非常自觉地在写答案,不用老师布置和监督。孩子们不用抄题,做得很轻松。基础不好的学生,我让他可以参照课本,可以大声地问:"第几题应该怎么做?"班上有的"学霸"会很快地给出答案。对于基础非常薄弱的后进生,我甚至给他特权,让他只选他会的题来做。当学生都做完了,我开始讲,我只会说这道题突破口在哪里?关键词是哪个?学霸们纷纷举手一一解答,并且绘声绘色、手足舞蹈,讲得非常仔细非常周到。当"学霸"们解答完原因,我会叫个别上课分心、不留神听课的学生给出答案,甚至到黑板指出或写出答案,这样一来,没有人不认真听课。在做习题的过程中,"学霸"们遇到不会的没见过的难题,我让他们边做边提问,班上谁会就马上解答,当遇到没人会解答就问老师。当讲完有针对性的习题后第二节课马上考试,学生非常乐意去做,考得非常自信。结束了六节课,孩子们说:"老师,下学期我们上六年级不要分班了,你跟我们上,还是教内宿班。""你是最好的老师,我们很喜欢你教我们。""老师,好喜欢你上课,轻松自在,一下子就学会了。""老师,如果我接下来每份试卷都考 100 分,你下学期一定要教我们"!我听着,感到很欣慰,觉得认真用心的上课真的很快乐,纯粹的上课真的很轻松,上一节全班学生都很投入的课真的很幸福!

"生本课堂",就是让学生成为课堂真正的主人,体现以学生为本,尊重学生的自主,发挥了学生的用心性和主动性。学生能够心甘情愿地学习,能够带着兴趣去学习,在自主学习中享受学习的快乐,从而获得最佳的学习效果。

【青年老师】草原初绽生本花:我很幸运遇到了荆志强老师!

内蒙古呼和浩特市　张倩男

人的一生中会遇到很多人,他们有的会指引你人生的方向,有的会启迪你的智慧……而我很幸运,在职业生涯的初期就遇到了荆志强老师,我想这就是缘分,也是我的福分。

如果不是他在我校精彩的讲座期间我上了一节拙劣的数学课,我可能不会有胆量进一步和荆老师交流我们的生本课堂,也不会对生本课堂有更深刻的理解和探索。在和荆老师的接触中,我发现他不是那种高高在上的"专家",他只是一个实实在在、勤勤恳恳的教育工作者,一位亲切的前辈。而我对于生本的理解,用章蓉老师的话说:"不去做,就永远不会有收获;不尝试,就永远不会有成功;不改变,就永远停留于现在。未来,是靠把握和努力争取来的,相信永远比怀疑多一次成功的机会。"

实践生本课堂是一个漫长的过程,我的探索和实践仅仅是一个开始,希望在接下来的探索中我们团结合作,一路同行!

不可否认传统课堂上也能有出类拔萃的学生,但是无论老师教得多么好,讲得多么精彩,一两年下去,每个班里一定会有不学习,甚至睡觉的学生,每每看到这种孩子,除了恨铁不成钢,作为老师,我感觉自己心都要碎了。怎么调动孩子学习的积极性,让不爱学习的孩子爱上学习?怎么把课堂还给学生,让学生成为课堂真正的主人?怎么让班里的孩子保持学习的兴趣,拥有持续学习的能力?诸如此类的问题是我们大家都面临的困惑,所以教育改革,势在必行。而生本课堂,恰似这茫茫夜色中的一丝光亮。所谓以学生为本,就要以学生学为主,以老师教为辅,因此,首先要让孩子先预习,完成预习卷,然后老师根据预习卷中的错误有针对性地备课,最后才是我们的课堂。所以一个新课需要三天的时间。

可能大家会有很多问题,下面就我个人在实践过程中生本课堂的几个关键步骤进行简单的阐述。

1. 一个新课用时三天,那课时会不会太慢?

不会,课程安排我们用一张表格表示会更加清晰:

同一个课确实历时三天,但每一天都有新任务,每一天都可以讲新课,时间安排合理,课时进度就会有序跟上。

2. 一节课,学生周一预习,周三才能讲,会不会时间拖得太长,可不可以今天预习明天讲?

不可以,但是根据老师自身的实际情况和能力而定。在实践的初期我也是这样想的,但分析他们的错题需要大量的时间,即使把我的数学课调整到上午的最后两节,我需要判卷、统计、分析、备课,时间仍然是不够用的,所以必须空出一天来完成这项工作。

3. 学生一天中听的是第一课,预习的却是第三课,知识点上会不会有断层?

不会。因为当他预习第三课时,虽然第二课在课堂上还没讲,但他昨天已经自己学过了,根据实践经验数据表明,学生自己预习可以学会知识的70%,所以我的学生们没有出现知识断层,而且因为数学知识的编排是层层递进的,所以有时候,后一节的预习反而会帮助学生解决前一两节中的困惑。不过,时间若确实太长,可适当变通,比如周末的预习作业可安排成习题课。

4. 说要学生减负,可每天学生既要预习新课又要做今天学习内容的巩固练习,岂不是更累?

除了预习作业,没有给他们额外的巩固作业了,因为他在本节课中出现的错误和困惑已经在课上都解决了,所以没有必要再为此做更多的巩固,这就要求预习卷的设置既要有简单的基础夯实,又要有学生的提高训练,题目要精炼(后面详谈)。不过为了保证预习卷的合理性,我们确实需要经验丰富的老教师给予意见和建议,所以这个团队里,必须要有教学经验丰富的"过来人"为我们领航。

5. 学生刚刚学完,没有巩固练习的作业,我们怎么知道他是不是真的会了?

为了抓住这个反馈,我们要和同一班级的主科老师做好配合(因为早、午、晚自习都是这三科),我针对每节课都出了一张5A大小的小卷,试卷不宜过难,考查知识点即可,也可额外增加一两道挑战题,让有余力的同学"吃得饱",总共不过六七道题,用时10到15分钟。之后公布答案,组间互判,全对加分,做对挑战题加分(加分有效的前提是小组合作管理)。我带的两个班同时进行时,搭档的老师会帮我安排另一个班的学生做题,当然,我也会帮她安排她的语文或英语。我们探讨研究学生间的合作,教师之间不是更应该合作吗？一个人的力量是有限的，合作才能发挥巨大的潜能！

6. 预习卷如何设置？

我的预习卷大致分为四个板块：自学感知、探究新知、达标检测、拔高检测。

自学感知主要是对课本上的定义、定理进行整理，并且会有一道对应的例题。探究新知主要是对课本中的探究思考进行深入挖掘，给出引导性问题，让学生在答题过程中自己感知，归纳推导出我们要的规律或定理。达标检测难度不宜过大，基础为主，中档为辅，目的是检测学生是否对本节知识基本掌握。拔高检测通常为一道或两道，选取带有挑战性的题目，为选做题，答对加分，目的是提高优等生的兴趣，开发他们的潜力。

7. 学校自习时间不够，孩子自我管理能力差，如何才能有效预习？

学生也是要经过培训的，首先要让他们了解生本，接受生本，明白预习的重要性。有些孩子不是不预习，而是不会预习。我开始的时候指导他们预习，他们很认真。但是，有的同学书还没有看完就着急做题，碰到一点不懂的，马上就问同学或问老师，感觉他们完成了预习卷就完成了作业似的，心浮气躁，达不到自主学习的目的。后来我就要求他们，预习过程不可以做题不可以问，先把课本通读一遍，勾出里面的知识点和不懂的地方，看完之后再做预习卷，做的过程可以再看书，全做完之后还有时间再问。熟练之后，数学的预习时间根本用不了一节课，较之前的数学家庭作业，大大减轻了学生负担。另外各科的预习可以轮流指导，今天是数学，明天是语文，慢慢地，学生每一科都知道怎么预习，学校完成一两科，其他的可以自己回家完成。

对以上这些问题初步了解之后，我们再来讨论课堂上我是如何进行生本教学的。

首先，让梳理小组对本节知识进行梳理，教师提前指导，内容准确精炼；小组合作进行，梳理组同学要仪态大方、声音洪亮、表述准确，采用随机提问的方式，教师随时指正、提问、补充，使得梳理有效。梳理小组轮流选定，让每个学生都有上台的机会。之后教师对本次梳理进行点评，获得教师表扬，梳理小组可获得加分。也可随机再抽查其他学生掌握情况，保证学生有效学习。

其次，将学生本节课的错题统计展示在一体机上，公布拔高检测做对的学生，选定错得多的题为详讲题，错得少的为抽查题。拔高检测在课堂上不讲,有兴趣的学生课下可以单独问同学或老师。明确任务后小组合作讨论错题,用时在10到13分钟,此间教师游走在学生中监督和指导,保证通过学生的交流突破重难点。

最后,是展示的环节。第一,对刚刚的讨论进行抽查。推荐此环节用抽签软件进行,不仅可以增加课堂的趣味性,而且有助于学生时刻保持注意力集中。当他们担心因为不会讲而被"挂"在黑板上时,小组合作讨论就会空前认真,所有的学生都积极参加讨论,有不会的题目一问再问,直到明白。其实抽查题难度不大,通常经过合作可以解决,所以如果被抽中的学生答不出来,就要扣分。第二,详讲题由学生自愿上台,因为确有难度,有些学生懂是懂了,但还不会讲,所以要给他们一些时间,而且要给想表现的学生一些机会。讲解过程中,有任何瑕疵和问题都可以举手,经过同意可进行补充或改正。在这里要特别说明一点,我的课改能顺利实施,依托于小组合作班级管理。

所以,我的课堂里学生通常是跑上跑下,讨论时积极主动,举手时没有人会将胳膊放在桌子上,而是高高地举起,在不断地实践—改进—实践中,我的生本课堂已经进行了近一个月的时间,我相信只要学生都主动学习,参与讨论和探究,成绩提高只是时间问题。一个月下来,我们的学生已经有了质的改变,他们变得积极、乐观,跟老师的关系很近,有些以前不太爱表现的孩子现在天天在你眼前转悠,上课像做游戏一样,学生每天都很期待上课。

恺是个体育特长生,很愿意亲近老师,就是不爱学习,从我开始实践生本课堂,我发现他就爱上了学数学。有一回,我在辅导预习,他对我说:"张老师,我这节课看懂了,怎么突然发现数学挺好学的。"我差点哭了,有种"浪子回头金不换"的感觉。恺还偷偷跟我预约他要讲哪道题,因为讲题可以给组里加分,我便"偷偷"给他走了个后门。现在他上台讲题很流利,在以前这是不可能的。而且我发现学习是可以迁移的,杜恺不仅爱学数学了,连单词也开始背了。

怡是一个有些内向的女孩子,胆子很小,说话声音更小,有时候回答问题,我根本听不见她说什么,但是我和班里的同学们从来没有为此而不耐烦,总是慢慢地引导她、鼓励她。有一次我讲了一节生本的公开课,恰好轮到她们组知识梳理,轮到她讲的时候,因为紧张,她脸色发白,说话的时候磕磕巴巴,甚至中间忘了自己要说什么了,但是她的声音特别洪亮,完全没有平时的样子,因为我曾经告诉她,我觉得最可爱的人是:即使很紧张,甚至红了脸,仍然能勇敢地大声讲话的人。看着她在台上大声梳理知识点,我被她深深地震撼了。震撼之余有些感动,因为我知道,她在为小组争取加分,为班级争取荣誉,她的心中有集体……

每个学生都有属于自己的独特的闪光点,作为他们的老师,我要做的就是尽可能地放大这些闪光点,不管学生的能力如何,都做最好的自己。

生本给我的课堂带来了生机,带来了希望,也给我带来了幸福。当然目前还存在很多问题,但我坚信,方法总比问题多,没有我们解决不了的。做,才会有收获,才会有成功,才会有未来。

我们班级的月考成绩出来了,我用生本的办法学生成绩进步了,我现在非常有信心,我们的孩子们其他课上也开始上台讲题,而且越来越大方,我觉得他们后劲会很好!谢谢您一直以来的悉心指导,我现在真是切身感受到教无定法,适合就好,我们现在的学习方式很多,小练习拣个时间就能进行,班里组内互相PK,竞争很激烈,积极性很高。谢谢荆老师一直这样手把手地教我,不光是在教学上的技术帮助,还有更重要的,我感觉自己有一个很厉害的后援,心理上就满是安全感,谢谢您!

【初中数学】我做生本教改后成了"五有"老师!

福建三明市宁化县　邓必样

荆老师,您好!听了您的讲座,我好激动,没想到老师可以这样当。我曾到您课堂听课学习一周,回来后下决心做"生本"。我现在是"五有"老师:第一,有票子,做生本4年拿了前面做老师20年的奖金;第二,有荣誉,优秀教师等各种荣誉接踵而来;第三,有成绩,所教班级学生成绩从全县最后一名升到第三名;第四,有地位:学校、老师、家长、家人都很尊重我;第五,有快乐:真正享受到了教师职业幸福!

荆老师,我把做生本教育这四年的成绩跟您做个简单汇报。

2013年5月我被教育局派去学习生本教育,对我的教育生涯是一个新的起点。这次学习收获非常大,我终于明白书还可以这么教。从回来的第一天开始,我就决心要努力去做好生本教育。

特别是学习了您带班的生本具体做法,从那时开始,我迷上了您的生本教育,您成为我教育生涯中的指路明灯,我反复阅读您的著作,在班级管理那块我特别喜欢,反复阅读,在我自己任教的班级中尝试,并结合我自己学生的情况,适当调整。最终赢得了学生的厚爱,家长的认可,学校领导、老师的肯定,也多次被县教育局课改办作为典型。

我所在的学校是比较偏远的一所农村中学,地处闽西北,是三县八乡的交界处,面临学生学习基础很差、学校流生特别多、教师队伍极不稳定等多种因素,我校的中考成绩几乎都在全县倒三之列(全县初中校近17所),校长给毕业班订目标从来都是只要能摆脱倒三就可以。

面对如此差的生源,组长人选都找不到的情况下,我顶着经常被学校老师冷嘲热讽,被学校老师家长不看好等压力下,坚持做好生本教育,关注每一个细节,不断调整策略。功夫不负有心人,终于取得较为理想的成绩,改写了我校毕业班近十年的数学成绩县排名历史。

2013—2016年我所带的学生成绩如下:刚开始2013—2014年期末成绩与县17所学校初中相比是县排名倒数第一,和本年级同学科相比,我教的班数学平均分比没有做生本的班级少17分左右(满分100分)。2014—2015年期末成绩与县17所学校初中相比是县排名倒数第二(在学校是第一名,已经超过了没做课改的老师成绩)。2015—2016年期末成绩与县17所学校初中相比是县排名全县第五名(和本年段没做课改的老师相比成绩多出13—15分)。2016—2017年,根据学校工作安排,让我继续留任初三,当时我有些压力,我想只用一年能不能把生本教育做好?我开始静心思考,总结前三年做生本教育的得失,我想如何在一年时间把生本教育做好?我的力气应该往哪里使?最后我告诉自己:学生对数学的学习兴趣+学生学习习惯的培养+教师学习方法指导三驾马车齐头并进。经过这一年的努力,我去年接班时数学平均分是全县第14名,及格率是县第14名,优秀率是县第17名,在今年的中考中我教的班数学成绩平均分是全县第3名,及格率县第3名,优秀率县第8名,再次得到教师们和县课改办的认可。这次教育局"学导用"会议中我还为全县老师们作了课改的经验介绍,讲座内容很多都是从您那学来的,请你海涵。

生本教育四年来,如果说我取得了那么一点点成绩的话,最大的功劳还是要归功于您。2013年11月9—19日在您学校跟班学习中,我从您身上学到非常多。当然,我也知道,我离您的差距还非常远,今后我会继续努力做好生本教育,也希望今后能再次得到您的指点。

邓必样老师是宁化教改的典型代表之一,据悉宁化县课改经验受到教育部综合改革司等领导的肯定。在宁化各级党委政府高度重视、各部门各方面大力支持的条件下,宁化教育局大力推进基础教育改革,紧紧抓住教育质量这条"生命线",大力实施小学"强基"、初中"壮腰"、高中"筑梦"工程。近三年,全市共有800多名教师获得国家、省、市级表彰,形成了一支2600多人的以特级教师、省市级骨干教师、学科带头人、名师、骨干校长为主体的骨干教师队伍,教育主要发展指标高位发展,基础教育质量位居全省前列。不久前教育部综合改革司副司长彭斌柏率队到宁化调研,肯定宁化县"课改"的经验。教育局"课改办"赖主任说:荆老师和他的教改实践团队多次到宁化县作讲座、上展示课,和老师们交流,点燃了宁化教改"火种",指明了课改方向,给出了课改具体路径,我们向他们表示衷心的感谢!

践行"赋能教育"改革,没想到"两个月超10分"

深圳市罗湖区 杨 霞

一、痛苦的尝试阶段

2019年10月17日下午,我参加了省教育科研重点课题《赋能教育"三步四环节"激励型课堂实践研究》研讨会。颇有教学经验的我受到了很大的震撼,虽然我已经形成自己的教学风格,也得到了家长和同行们的认可,但苦于徘徊不前,感觉被禁锢在一定的认知范围内,久久无法突破。而课题主持人荆志强副院长的介绍,就像是一束光,给我指明了一条新的阳光大道。

会议第二天,我就尝试布置前置作业,开始教学实验。因为我是我们学校唯一一个参与此课题的老师,没有合作同伴,想要自己每天出"前置作业"太不现实,所以选用了学生正在用的练习册《导与练》作为前置作业。我原本信心满满,感觉只要认真做,就一定能顺利成功!毕竟我是有17年教学经验的优质教师,我的课深受孩子们的喜欢,一呼百应有点夸张,但课堂参与度还是很不错的。可尝试了一个月,一路走来一路泥泞。题目选择问题、课堂掌控问题、小组分配问题、孩子们的参与问题、题目落实问题等诸多问题一个一个接踵而来,每天上完课后不断反思,不断改进,但还是找不到感觉,心情跌宕起伏……成功的喜悦没感受到,失败的痛苦倒是常常折磨着我,真是苦不堪言!

实验进行第一个星期,教学内容是从初一第三章开始的。前置作业设置的是《导与练》当前课时的全部作业,包括"预习案""自主探究""自我检测"和"探究案"5个部分,共约20道题,其中提高题所占比例至少50%。

心想着B班的孩子基础好,自觉性高,领悟力强,这点内容孩子能课前搞定70%,课堂上同学们之间搞定20%,我点拨10%,完美! 可结果却让人大跌眼镜! 课堂还算热闹,但作业收上来发现不会的空着还是空着,错的还是错的,能好好落实的孩子不到一半,"经典回顾"的作业正确率从来没出现过100%,能有80%就不错了。C班的正确率就更惨不忍睹,在20%—50%徘徊。第一次反思:前置作业量太多,孩子应付了事,课堂上也处理不完。对于我来说,教学模式有了改变,自己也经常记不住规范书写,叮嘱改错,更别谈总结知识点、方法和数学思想了。

实验进行第二个星期,改! 前置作业减量,去掉一些内容,课堂上开始总结知识点了,可问题继续……

实验进行第三星期,期中考试,关于实验成效、考试成绩实在没底,这一个星期是在忐忐忑忑中度过。但也要感谢这个星期,让我在杂乱忙碌中停下来,及时整理思绪,反思教学,再次整改!

实验进行第四个星期,做了两个重大改动,一是去掉"探究案"后面的提高题目,确定前置作业为"预习案""自主检测"和"探究案"前5道基础题目。也就是再次降低了学生的自学难度,题目数量减少,问题更容易解决透彻。二是考虑到学生刚从小学升入初中,自学意识和自学能力都欠缺,所以决定把"前置作业"暂时改为"课堂自学",课堂上手把手指导学生看课本找重点、看例题悟方法,做练习互讲解。半期考后的第一节课,教学内容是第四章《基本平面图形》的第一节,内容简单,知识点不多,在课堂上带着孩子学习如何有效率地自学,紧接着讨论,提问,学生讲解,我来点拨,小结知识点,规范书写。学生之间、师生之间互动热烈,教学步骤环环相扣,我第一次感觉找到了天堂,漂亮的一节课!"经典回顾"里的题目B班正确率约为80%,C班正确率也快到70%。太棒了! 终于找到成就感啦! 身心愉悦,感觉整个世界都美好! 每个人儿都那么可爱!

可随后的一节课,立马把我从天堂狠狠地摔到了地狱。因为有了第一节课的成功,第四章第二节就想直接回归"前置作业"。可一上课发现学生没有按要求自学,没有认真做"前置作业",课堂上讨论不起来,会做的学生讲解不到位,听的同学更加云里雾里,课堂时间一分一秒地飞逝,最后我只能自己抓回来一个一个讲。可想而知,重重的挫败感迎面而来。再反思:一是因为自学指导只进行了一次,学生还没有形成自己的学习方法和能力。二是因为初中第一次正式学习几何,审题方法、标记条件、证明思路等各方面都需要老师一步步引导，而我被暂时的成功冲昏了头脑，没有正确合适地考虑学生的认知。期望超现实，失望也超浓烈！三是因为我一节课想要达到的高度太高，完全超过了学生的能力，一口是吃不成大胖子的，只有慢慢来。

于是，我在随后的教学中认真地研读赋能教育"三步四环节"激励型课堂的几个步骤，认真领悟其中的理念和精髓，积极参与课题组的公开课和研讨，听取成功的经验，荆院长也热心地帮我解答疑惑。前置作业再一次换成《春如金卷》的"基础练习"部分，题目难度和数量更适合我的学生，课堂越来越活跃，讨论越来越有实效性，发言的学生越来越多，学生讲的越来越精准。不知不觉中，教学慢慢进入正轨，一切都顺多了。

二、初尝成功的喜悦

"杨老师，你们C班怎么那么厉害，超过我们班级平均分10分了?!"同备课组的数学老师突然拉住我。原来是12月的月考成绩已经统计出来，这时我进行实验教学大约有两个月。我的同事被吓到了，而我也呆住了，完全没有想到会有这样惊人的结果！小心翼翼地翻看"智学网"的统计结果，还真是那样！

我们初一年级一共9个班，上面提到差距10分的两个班是C班和D班，两个班起始成绩比较接近。我所教的班是C班，如果说实验班是C班，那么对照班就是D班。

进行"三步四环节"教学以来，学生参加了两次考试，都是年级老师网上阅卷，"智学网"上公布成绩。通过对比分析发现，进行实验教学半个月后的期中考试，C班和D班成绩差距虽略有拉开，但并没有明显的超越。实验教学两个月后的12月份的月考成绩显示，平均分确实超过了对照班10分。

三、我的教学实践反思

仅仅两个月，两个班的差距可以达到10分，是巧合吗？我们都知道即便有个别特殊原因，平均分拉开3—4分还可以理解，但达到了10分，显然不是巧合，但这究竟是什么原因呢？同事问我，我也问自己。细细想来，虽然一路走来磕磕碰碰，但总的来说，路还是越走越顺。总结下来，主要有以下几点：

1. 研磨教材。

虽说课堂上都是小组在讨论，学生在讲解，看上去老师很愉悦很轻松，但我的感觉是：老师时刻都不能放松！学生讲不透的点，你要及时通过追问或者补充讲透；学生达不到的深度，你要及时归纳总结方法和思想；学生表述不规范的时候,你要用专业知识来引导……然后这一切都是需要老师扎实的教学功底以及对该节课教学内容的充分把握。重点、难点、方法、思想,承上启下都要做到心中有数,才能游刃有余地指导学生。

2. 控制前置作业的难度和数量。

前置作业的设置是非常重要的一个环节。从原来的量多题难到后面的精简典型,经过多次调整,最后不得不承认:贪多嚼不烂!必须要根据学生的实际情况控制难度,严格按照课题报告里的要求,做到"简单、根本、开放,做到知识问题化、探究层次化"。

3. 培养数学小组长。

我不是班主任,分组就利用班级现有的6人小组。但小组长重新选拔,从6个人中选取责任心较强、数学思维相对较好、成绩稍好的同学定为"数学小组长"。小组长的任务是:收发作业、辅助批改作业、带动小组讨论。任务不多,压力不大,又有成就感。而且这给了很多也许各科总分不高,但对"数学"有兴趣有能力的孩子一个崭露头角的机会。最后结果是,这些小组长的数学成绩都有很大的提高和突破,慢慢成为班级数学学习的顶梁柱。

4. 培养学生规范专业的讲解。

很多老师都会感叹:我的学生不敢讲;我的学生不会讲……是的,大部分学生会做但不想讲,想讲又讲不清楚,所以需要我们老师有方法有目标地培养。夸张地表扬、及时地补充、幽默地点拨、学科专业地指导,充分地信任,积极地鼓励,就能营造一个相对轻松愉悦而又充满探讨的"学术氛围"。我告诉学生简单的题讲知识点、难题讲思路。慢慢地,学生已经忘了"不好意思"这回事,于是学会找关键讲重点,讲题思路越来越清晰,用语越来越规范,自信也就建立起来,1个带动2个,2个带动4个,慢慢带动整个班,课堂氛围想不好都难!

5. 培养学生自学能力。

要完成"前置作业"里的题目,需要学生自己在家看书自学,对于初一的孩子们来说这还是有很高难度的。我的学生就告诉我:"老师,我在家看书看不懂就不想看了""看书很简单,一做题就不会""老师,别的科作业太多,轮到数学就不想动脑筋了"。我马上意识到,要先培养学生的自学方法、自学能力,只有尝到了甜头,学生才乐意自己先做。

因此我先把"前置学习"改为"课堂自习",引导学生从课本概念中抓重点、画关键，引导学生从例题中寻求运算法则、解题方法。一个星期的时间，学生课堂自学已经可以完全独立进行，于是，下个星期就回归了"前置作业"，学生在家做得非常到位。

6. 引导孩子学会针对性讨论。

讨论时，要么在"我对""我对"中争执，要么"绕着问题核心周围转圈圈"，这是讨论中常常出现的问题。看着很热闹，但时间过去了，问题没解决。所以，布置讨论问题时，必须问题明确，指令清晰。学生讨论时，深入学生中小范围精确指导，及时点拨，及时肯定。

需要讨论的几个点：一个是"前置作业"，一个是"难题"。当老师意识到问题比较基础，难度不大，或者全班掌握比较好时，可以灵活地把问题抛回给学生，让学生利用课后时间相互讨论，相互讲解，既节约了课堂时间，也培养了班级的互教互学的氛围，老师真的可以慢慢站在教室的一角了。

7. 利用好经典回顾。

"经典回顾"也是很重要的一个环节，其实只是做到后来我才意识到它的奥妙之处。它绝对不同于课后作业。它的理论基础是"艾宾浩斯遗忘曲线"，学生今天听懂了，明天就忘了，这是很正常的事情。但如果都等到考前来复习，堆积的问题就太多，处理不完。所以隔天回顾、隔周回顾，其实就是不断地复习，刺激大脑，巩固记忆，学生想忘都很难。而且由于"经典回顾"里设置的题目不多，且都是可课堂上讲过的，学生做得又快又对，非常喜欢！

8. 落实知识点。

落实！落实！这恐怕是每一种教学方法都要重视的一个环节，学生毕竟还是未成年人，自控力和自觉性都不高，所以，老师的督促和检查必不可少。落实知识点需要定期、不定期结合，可以多种方法灵活使用。比如：定期批改作业、定期考试，不定期课堂10分钟小测、计算题过关、随机抽查等等都是落实的方法。还可以结合适当的奖励机制，评价机制。

通过不断修正，现在我的课堂非常活跃，孩子们专注度很高，学习状态也相当好。12月份，我为汕头市同行上了一节展示课，后来又在"粤港澳大湾区教育现代化论坛"活动中上了一节展示课，两节公开课均受到了一致好评！期末考试成绩揭晓了，我带的班级都考得很好。我的那位同事通过与我交流，采用"三步四环节"教学，差距也明显缩小了，总体上我们所教班级学生的成绩都有了较大的进步。

教龄已有 17 年的我,还有激情尝试改变教学风格,这得益于罗湖区浓厚的教改氛围,区教科院专家的大力支持和帮助。我们学校校长也非常重视教改,支持教改,一直带领我们全面落实"课堂革命",重构课堂教学。感谢荆院长的引领指导,让我真正享受到了老师职业的幸福!没有最好,只有更好,我将一直前行,探索永不停步!

【初中语文】从认识荆志强老师到生本课堂的深入
深圳市罗湖区　　徐平

早在 2009 年就了解过"生本课堂"有概念,也在自己的教育教学中尝试着进行。

也早先在网络中见过平面的荆志强老师,也从网络上了解过荆老师的幸福做教师的观点。荆老师的观点、做法让我眼前一亮,心头一喜:天呢,荆老师观点与做法与我的很相似呀!仔细阅读荆老师的文章,发现荆老师的做法更细腻,把学生们的积极性调动得更高更充分,他对学生的主体尊重,对学生的信任达到前所未有的高度,所以教育教学的效果非常显著。心向往之!

见得真正立体的荆老师是在一次非常偶然的机会。2017 年 11 月 25 日我有幸参加了我区教育局组织的赴贵州百色支教活动,在那次惊险与收获皆满满的活动中,我第一次接触到和蔼幽默的荆老师,完全没以往专家给我的距离感,我们一行人都亲切地称他"强哥"。在抵深后的回家路上,因方向相同,我又与荆老师同打一辆车,一路上聊下来,发现从机场到家的路好短呀!我惊讶地发现这不仅是一位和蔼幽默专家,他还是一位平民专家、接地气的专家,是不仅能指导我,还能和我一起并肩作战的专家……这样的专家竟然就在我们身边,他是领导,更是我的同行者,好幸运!

12 月份有幸现场近距离聆听了荆老师的《幸福地做教师》讲座,再次被荆老师的朴实、真实与幽默打动。他一次次激起我的共鸣,我一次次在大笑过后深思,一次次笑过后眼含热泪……心中某些沉睡的东西被唤醒,某些心灵上的灰尘被拭去……

他说:"在教育教学中,我们要高度尊重学生,全面依靠学生;把主要依靠老师教,转变(在老师的帮助下)成主要依靠学生学!"这话也有其他专家说过,可是荆老师的这个括号里的内容"在老师的帮助下"则体现他与别的专家不同。很多专家的话说得都很有道理,但常常给人一种"站着说话不腰痛"之感,而荆老师的这句话中括号内的补充,就是从充分的实践中提炼而来的。作为一线教师的我听得好亲切。

他说:我们更要"以生生为本",激发每个学生的内在学习动力!一个教师,没有三头六臂,也不是千手观音,只要想办法把班上那么多学生组织起来,积极性都调动起来,那么这个班级就会潜力无限,学生也就能不断创造教育奇迹!"一个教师,没有三头六臂,也不是千手观音"这是多么贴心的话,这是对教师这个职业个体的认同。听多了那种站在高处俯视老师的所谓"没有教不好的学生,只有教不好的老师"名言的无端否定,荆老师却平视我们,他就是我们中间的一员,他遇到过我们所遇到的,他解决了我们所遇到的,他说出的话在我们这些一线教师听来那么亲切,那么充满理解的温暖。

他说:"老师把学生当成朋友,他就会跟着你干!老师把学生当成敌人,他就会对着你干!老师把学生当天使,教室就变成天堂!老师把学生当魔鬼,教室就变成地狱!"我们教育教学中何尝不是这样的现状!哪一位教学效果好、取得好成绩的教师不是学生喜欢的呢?你爱学生有多深,学生就会爱你有多深,他就会学得有多认真。

他说:"教育而不是教训学生:不发火并不是放纵孩子,学生有不足,我们老师必须指出,但一定要尊重学生,要注意说话的语气、表达的方式,尤其要注意场合是否恰当,千万不能简单、粗暴、操之过急、伤害其自尊等(关爱≠放纵)。"是呀!在我们教育教学中最常用的教育办法就是"教训",学生做错了,学生一错再错,教师火起,教训的语言冲口而出,因为教训来得最简单、最直接呀!听了荆老师的话,原来我错了,"教育而不是教训学生",原来作为一名教师我个人的修炼还远远不够。荆老师的话再一次警醒了我:我们常常责怪孩子们不听话、不好教,我们何尝不是经常不好好地对孩子说话呢?何尝不是简单粗暴呢?何尝不是经常想一顿教训就让孩子们改正错误呢?我爱我的学生,但是我会爱我的学生吗?荆老师的话带给我深深的思考……

回到我的教育教学中,我开始重新审视我自己,开始修炼自己,从言到行到表情,让自己对学生的爱从心中散发出来:表现在我的声音中、我的言语中、我的眼神中……

我看到,我们每一位同学都是一个个独一无二的鲜活的生命个体,我要让这些鲜活的个体在我们课堂中快乐起来。在每一个有限的课堂 45 分钟里,我要让我的学生和我都能享受到教育与被教育的快乐,我要用"生本教育"为桨带着我的学生和我自己到达快乐的彼岸。"以生为本""以生生为本""我的课堂,我作主,我参与,我快乐"。

以生为本,我开始更深入地了解学情,更有耐心地引导学生自主学习,将有效引导当成自己教学的使命。而学生要在我的引导下开始更有参与意识,更积极主动参与到课堂学习中,越来越多的同学不是当一个课堂学习的旁观者了。孩子们真正参与到课堂学习中来,感受到"四十五分钟"的短暂,体会到思想碰撞的快乐。

我不禁感叹,课堂教学如果离开了以生为本的民主平等这一大前提、大基础,就不可能有真正的有效的课堂幸福产生。只有以生为本的课堂才能建立起平等和谐的师生关系,充分尊重学生的人格、情感,真正将学生当作会思考的独立的个体的人,在教学中多给学生一点时间、空间、赏识、信任,才能主动与学生一起把课堂构建成一个美好的精神家园,学生才能主动地、兴趣盎然地去学,才能在师生互动中形成体验、探究的氛围。从某种意义上来说,课堂上,教师不是在"教"学生,而是和同学们一起学习探讨,一起兴奋激动。

这是我认识"强哥"之后的一段心路,我个人的感受很多,但笔力不太好,也许表达得还不是太完备,但心绝对是诚的!跟着"强哥"做生本,也许这就是开始的吧!

再回头来反思自己之前在教育教学中的一些无意的浅生本教育行为。我已从小组合作的教学中收获了许多喜悦。当时(2005年)我的做法很简单:(一)分组。分组坚持好弱搭配原则。当时我利用自己班主任的身份,将全班学生按各人学科的好与差均衡分组,语文好的同学与语文弱的同学分到一组,数学好的与数学弱的分到一组,以此类推。每个组都有各学科的强者,也有各学科的暂时落后者,全班52人,共分为9个组,其中有两个组为5人小组,其余为6人一组。(二)以小组均分论成绩。当时我与全班同学协商好,不论个人成绩,每一次都按小组成员的平均成绩论高低。班级中没有"个人英雄",只有"群雄"。(三)小组同奖罚。荣誉属于小组,惩罚也一组承担。至今犹记,2005年我带初一(8)班,班上有一个叫李姓同学,他是从内地才来深圳的,所以英语基础特别差,英语考试只有40来分。鉴于他的情况,我将他分到了一个英语比较强的组,那个组中有英语课代表等英语高手。他们小组的同学一起帮助他,鼓励他,监督他……他的英语从40几分,到50几分,到及格,到中考时考了90多分。就在2017年教师节这一天,他加我微信,告诉我他现在已经在纽约的"国际货币基金组织"上班,言语中充满对初中同学的感激……当我听到这一消息,我眼前浮现出他们小组中几个孩子的笑脸,他被罚,小组同学一起无怨地笑着陪罚;他们小组进步了,我这个班主任一次次请他们小组一起"嗨皮"……如果说我当年在听到李同学中考英语考了90多分时感到欣喜,那么我此时听到孩子这样有出息时,我应该是幸福的!那一届,个人所带的8班在中考中取得了很好的成绩,在同类班中遥遥领先。个人的教学实践体验证明了荆老师所言不虚!

在带了一轮小组合作尝到甜头后,我个人也总结反思,我总觉得在激发学生的学习主动性与积极性方面还做得不够。2009年我对自己所接的初三(9)班也进行了小组合作学习的方式。这一次我不是班主任,我只能在我的语文学科中进行分组,不过这一次不是由我来分组,我只是确定了小组长,并给出了分组的原则:一、小组成员要强、中、弱搭配;二、要男女生比例基本合理;三、组长和组员之间双向自主选择。原本担心一两个语文成绩太弱的同学没有组长选,没想到是老师的担心是多余的。组长将组阁好的名单交到我手上,我惊喜地发现:同学们自愿组合的小组完全符合老师的要求,而且组与组之间的平均分不相上下。他们还为自己的小组取了一个自我满意的组名:"咸蛋超人组""中二组""嘉乐福组""六侠组"……这一次为增强小组内部的凝聚力,我将所有的小组都喷绘成KT板张贴在教室的墙上,还让同学们一起草拟了小组合作的宣言——"我们自愿组合成语文学习小组,我们将在这个小组里团结合作,克服所有困难,共同进退,落实每一处细节,解决每一处困惑,尽自己所能帮助他人,成就自己,向中考发出最有力的冲击!让我们在讨论中碰撞出智慧的火花,尽情享受语文的思辨之美、语言之美,留下我们初中生涯最美的回忆!"

是呀!这不就是荆老师强调的"要充分相信学生""全面依靠学生"吗?其实很多时候,"有一种不放心叫老师不放心"这种现象和"有一冷叫妈妈觉得冷"一样。

…………

再一次阅读"强哥"写的《幸福地做老师》一书,再一次认识到教育教学中生本的必要性。从前我是无意识粗放地生本,现在"强哥"就在我身边,有"强哥"的具体指导,我一定可以由无意识到有意识、由粗放到精细、由教学到教育全面实施我的生本教育。

我相信,我和强哥一样爱教育、爱学生,有了这个前提,在强哥的指导下,我一定可以做得更好,我一定可以通过生本实现我作为教师的最大价值!永远幸福地做教师!为实施罗湖区《综改方案》作出自己新的更大的贡献!

【初中校长】生本中的幸福　幸福中的生本
四川广元　康仕平

我做生本的真正原动力来自荆老师的课堂,从听课、看视频、读书开始,因为荆老师的课堂感染了我,幽默、睿智、轻松、到位、灵动,我十分佩服!以前我们学校学生基础差,老师教得累,学生学得苦。听了荆老师的报告,读了荆老师的书,我看到了我人生的希望和方向!荆老师的书我天天摆在办公桌上,看了很多遍,我还读给学生听,天天看着他的课堂视频,坚持着、幸福着、成就着、享受着……这样上课,让我坚信人人都可以幸福地做老师……

2013年的那个夏天,我有幸赴到了深圳华侨城中学荆志强老师的课堂。他的课让我们大开眼界,我激动万分,恨不得马上回去大干一番……

也许有人会觉得我这是三分钟的热度,也许有人会认为我故意夸大其词,我可以毫不夸张地说,到现在我对生本教育每天都有新的认识,每天都享受着它带给我的新奇与快乐。

为什么荆老师的课有这么大的魔力呢?一是他本人真正地爱学生。口头上的爱和发自内心的爱是有区别的。从他的表情上、从他的语言中、从他的眼神里、从他的笑容中都可以看出他为他的学生而自豪,一举一动都产生着巨大的助推力。而他的学生和他之间既有师生之间的尊重,也有朋友之间的默契,课堂上既有意见的争论,也有在山穷水尽之际经过荆老师妙语点拨瞬间顿悟的欢呼声,这一切,都是爱的力量。二是他真正在做生本。生本的实践不是停留在口头上的,他课堂上前置小研究的设计、个体独学的专注、小组讨论的有序、全班质疑的精准、评价超越的激励,不经过一番真爱、真做、真反思、真学习,是不可能如此之精妙的。可以说生本已融入荆老师生活的主流了。三是他专业功底深厚。做生本,不对教材精到地解读,不对学生精深地了解,不对考题精细地剖析,信马由缰,只是学生讲讲,热闹热闹,是不可能实践素质教育的能力和应试教育的分数的。

从荆老师的课上，我们完全感受到他专业功底深厚，他虽不是数学专业出身，但他的研究远远胜过很多科班出身老师的"死知识"，他在不断地学习，不断地总结，不断地反思，不断地提高，他的知识是一种生长的状态，是一种鲜活的状态，是一种再造的状态，无论在方法上还是在知识上都在与学生一起成长。正因为如此，学生们才会形成自己的观点和思想……

上次有家长听说荆老师受邀到成都来作报告，专程赶来告诉我们荆老师是如何改变了自己的孩子，如何改变了自己的家庭。从家长的言语中我们感受到了荆老师在自己的幸福地做老师的同时也幸福着无数的家庭，这些正是社会所需要的！

我实践生本已有五六年，天天都有新的发现，天天都有新的心得，我现在每天很兴奋，每天都看到学生的闪光点和进步！虽没有达到荆老师的高度，但是我按照荆老师的做法受益匪浅！

2015年所带的毕业班（上西中学）重高人数翻番，优生人数显著增多，2/3的人数考入国家级重点中学（上西中学地处城乡结合部，生源属于二三类生源），多次迎来了兄弟学校到校观摩课堂，两次带领学生到全国生本教育现场会主会场上生本课。更重要的是这些学生越学越想学，越学越会学，现在他们已经读高二，从反馈的信息看：他们的后劲足、兴趣浓、潜力大、自我管理自主学习的能力很强。同时我也很荣幸被邀请到全国各地上生本课，并做生本实践报告。我认为：只有坚定了走生本教育的信心和决心，我们才会走得更稳更快。

去年6月，我应聘到了广元天立国际学校担任总校长助理、初中部副校长。在这里，我想用数据说明生本班孩子短期内的变化：在4月5日的选拔性考试中，生本班的孩子总分（满分270分，语文120分，数学150分）均在150以下，未被学校录取，他们的自信心严重不足、学习习惯很糟糕。为了进一步推进生本实验，我们在未录取的学生中招收了90名，组成了两个班，取名为"生本实验班"。就当时的数学成绩来看，最高为76分，多数在30—50分之间，平均45分。我们利用周末（星期六半天）时间给孩子们上课。现在回忆起来，我主要做到了两点：一是尽可能找孩子们的闪光点，提高孩子们的积极性、主动性、创造性。二是为孩子们的好学而设计了教学，对小学的教材进行再造。我发现他们很快喜欢上了数学，他们也觉得数学如此有趣、如此简单。就这样，他们顺利过渡到了初中的学习和生活。入学考试中，他们的数学平均分达到86.68分，这让我很意外。更让我惊喜的是在刚刚进行的月考中,他们的平均成绩竟然达到 100 分,优生人数过半,不及格的人数寥寥无几。满分有 2 人,112 分以上有 9 人,97 分以上 30 人,占到 73.17%。在第二学期的市直属学校统考中,他们的平均分竟达到了 104 分,短短一学年,平均分净增 60 分。在学校的示范班级评比中,他们多次荣获了"文明示范班级"的称号。在演讲比赛、作文创新大赛、文艺汇演等活动中都有生本班的孩子崭露头角,他们的自信、阳光、精气神赢得了家长、同行的一致好评!

【初中教改】学习生本教育 优化 DJP 教学 幸福地做教师

四川成都市 李富林

生本教育是为学生好学而设计的教育,也是以生命为本的教育,它既是一种方式,更是一种理念。生本教育的特点:一是突出学生;二是突出学习;教得少、学得多;三是突出合作;四是突出探究。生本教育强调让学生自己主动地进行学习,让学生的潜能得到发挥与拓展。

今年初,有幸第一次听到生本教育,这个陌生的名字给我的第一反应是:又一种新型教学方式的炒作。但是,在杨校长的大力引荐下,全国生本教育实践名师荆志强老师被邀请到我校进行专题讲座,让我第一次接触了生本教育。随后,荆老师深入我的课堂,听了一节我上的导学讲评式课堂,在与荆老师的对话中,我算是亲密接触了生本教育。而在阅读荆老师的《幸福地做老师》,我也算是深入地学习了生本教育。

结合 DJP,阅读《幸福地做老师》,对话生本教育,我个人认为:生本教育与 DJP 教学虽然有很多做法不一,但是它们的理念是一脉相承的,都是以学为本,以关注学生的学为中心,全面提高学生的学习积极性和综合素质,为学生的终身发展考虑,两者的理念可以说是殊途同归。下面,我将结合我对生本教育的理解与我多年来对 DJP 教学的探究,谈谈自己对生本教育的理解,并结合生本教育,浅谈我是如何优化 DJP 教学的。

一、阅读《幸福地做老师》,感受生本精髓

荆老师的《幸福地做老师》一书,不仅仅教给了我们如何成为一名好教师,还教给了我们如何与学生处理好关系,如何平等地与学生、家长对话,并用许多课堂实例、教育案例、前置性研究等,生动地诠释了什么是生本教育,什么是生本教育理念。

1. 生本课堂营造了浸润民主、平等、激励、和谐的人文课堂环境。

荆老师的书中写到了很多生动的课堂教学案例,在这些课的背后可以看出他所做的很多事情是我们看不到的,他的诸多付出,比如跟学生讲清道理、与学生做真心朋友、跟学生交心、写信、筹备感动学生的奖品,落实并引导诸多小组合作学习的措施和形式等等。通过长期的心灵交汇,才能够真正获得学生对他的热爱与信任,才能够为他的课堂教学提供浸润着民主、平等、激励、和谐的人文课堂环境。

新课程倡导的自主学习、合作学习、探究性学习,都是以学生的积极参与为前提,没有学生的积极参与,就不可能有自主、探究、合作学习。实践证明,学生参与课堂教学的积极性,参与的深度与广度直接影响着课堂教学的效果。"没有学生的主动参与,就没有成功的课堂教学",因此教师要转换角色,从"知识的神坛"上走下来,成为学生学习的伙伴,组建起"学习共同体",与学生平等地交流和探讨,允许学生提出自己独特的见解、奇特的想法,暂缓批评,激励善待学生,创设一种"心理自由和安全"课堂教学环境,让学生的心智和心灵能自由自在地放飞。

2. 生本课堂必须要对教材进行"二次开发"。

荆老师在书中说,他的习题作业没有使用规定教材,内容来源于集体备课中老师们设计的前置性作业,课上精讲的几道习题来源于学生完成作业之后错误率统计表。生本课堂需要根据学情对教材适度进行"二次开发"。在尊重教材的基础上,教师需要超越教材,积极地审视、科学地处理加工教材,善于挖掘教材之外的教学资源,在激活学生思维方面大做文章、巧做文章。比如,荆老师的有一节课中,学生讲解基本习题的时候,他总是要求学生努力抓住知识点的根本,回归到椭圆、双曲线、抛物线的定义上。正因为荆老师善于开发、引用情景和案例,巧妙地设置问题,才不断引发了学生心理上的认知冲突,智慧上的挑战,始终使学生处于一种"心求通而未得,口欲言而弗能"的愤悱状态。他适时地对汇报交流学生不断地追问"为什么?""假如在圆内怎么办?""假如在圆外怎么办?",这样一题多变,把知识点进行举一反三,激发了学生的学习兴趣和探究欲望,调动了学生的参与度。

3. 生本课堂必须体现"以学定教"的教学理念。

只有建立在学生认知水平、知识能力"最近发展区"上的"以学定教",课堂教学才能具有较强的针对性,教师的教与学生的学也才能最大程度发生共振共鸣;只有把学生当作学习任务的"首要责任人",教师由教的"控制者"变为学生学习的"共同体"时,"充满生机与活力"的课堂才能实现;也只有当教师能不拘泥于预设的教案,"眼中有学生",能及时捕捉到学习进程中的信息并快速调整自己的教学思路时,课堂教学才能是有效的。

纵观荆老师的课堂,他善于捕捉一切时机,以学定教、因势利导。当一位学生带着练习纸上台交流展示的时候,眼尖的荆老师发现:该生即使是完成一道选择题,也在练习纸的一边完整地写出了解题思路。他就此引导大家先看该生的草稿,不仅仅抓住这道选择题的解题思路,还借此机会鼓励引导学生:刻苦的精神+正确的方法=成功!当荆老师发现一位上台交流汇报的学生作图能力较强,又借此指出:高考有三功———算功、图功、审题功,以示作图之重要。这节数学课上,学生不仅在学习时吃透了知识点,而且自主总结提炼了方法,老师还不忘关注学生良好学习习惯的培养和学习自信心的提高。

如此这般,把思考的权利、时间和空间还给学生,让学生有充分表达自己思想和展示思维过程的舞台,让他们在质疑问难和讨论交流中获取知识,提升能力,感受成功的愉悦。这样的生本课堂就真的到了极致,让我们叹为观止!

4. 做幸福的教师,幸福地做教师!

教师往往关注以生为本,关注学生如何健康地成长,而往往很少关注教师与生,关注教师的身心健康和职业幸福感,从荆老师的这本书中,体现了做幸福的教师,正是关注师生的最好表现。从他的书中我们还可以得到很多"师"与"生"幸福教与学的案例。

自尊、自信、自强是教师职业幸福感的源泉,只有幸福地做教师才能让学生幸福。我想,很多人往往是在人生路上,在行走的途中,错误地把行走当作目的而忽略了观赏沿途的风景,造成人生的错乱。而我,作为一名教师,努力调整着自己的思维,每当早晨早早来到学校,有人会问:"你不觉累吗?"也许有时会有身体的疲惫,但是,我觉得幸福,因为我可以早早享受校园的宁静,可以早点看到孩子们可爱的笑脸;体育课的时候,陪着孩子们一起练习广播操,累并快乐着,因为我看到的是孩子们的进步,感受的是他人所体验不到的做教师的幸福……

幸福地做教师,就是教师在从事教育教学工作的时候感受到这个职业可以满足自己的需要,能够实现自身的价值,并且能够产生愉悦的感觉。

教育是用心去经营的事业,更应该是幸福的事业,可是我周围一些同事精神的沮丧令人担忧。教育是唤醒灵魂的事业,是塑造人格的事业,如果教师本身就是"心残者",又怎么能够培养出心理健康的学生呢?

对学生和教师而言,我们不能牺牲今天的幸福去换取明天的幸福,幸福与生命是水乳交融的,没有了幸福,生命也就失去了依托。

学习本身应是快乐的,知识的获得,想象的拓展,思维的升华,其中蕴涵着无穷的乐趣。教书育人的根本目的,不仅仅是"传道,授业,解惑",也不仅仅是为社会培养"人才",其根本目的应是提升一个人的生命质量,让学生成长为自由的、全面发展的人。其中教师的幸福感是最重要的要素,它会感染到学生年幼的心灵。

"书写改变人生,草根促动教改。"我在想,读了《幸福地做老师》,我应该将其有价值的思想和探索付诸行动,从而更大程度推进自己的教育教学水平的发展,改变自己的教学观念和行动,达到提高自己、推动自己的课堂教学进一步改革和发展的目的。

二、对话生本教育,剖析 DJP 教学

今年 6 月,在高考后,荆老师忙里偷闲,在杨校长的再三邀请下,来到了我们学校深入我校课堂教学,观察 DJP 课堂,深度对话 DJP 课堂与生本课堂。在学校的安排下,我有幸上了一堂常规的 DJP 教学方式。由于要最好地体现原生态的 DJP 教学,我没有做特别的准备,还是按常态的 DJP 课堂教学方式进行了教学,在课堂上充分体现导、讲、评价的教学环节和流程。课前体现学生的预习,课堂上学生进行展示性讲解,然后师生对知识、讲解、课堂等进行评价分析,充分体现 DJP 教学的知识在对话中生成,知识在对话中产生。

荆老师在评课中指出我们课堂的优势:

1. 课堂充分相信了学生,把课堂的自主权还给了学生,这与生的理念是一致的。

2. 学生课堂语言表达很强,思维很活跃,讲解的思路清晰,学生的能力大大优于许多生本实验学校。

3. 课堂氛围民主、充分,学生的参与面很广,大大激发了学生学习的热情。

4. 教师的个人素质很高,课堂上师生的互动恰到好处。

5. 课堂上,学生的思维容量很大,学生的课堂掌握情况很好。

6. 学案的研究很彻底,对教材内容、知识的整合很到位,能够满足DJP课堂教学与生本课堂的要求。

而结合生本教育以及荆老师多年来的教学经验,荆老师对我的课堂也提出了一些改进的意见:

1. 教师对学生前置性学习(DJP课堂教学的预习)的了解情况不够深入,导致课堂上学生不会的在讲,学生会的也在处理,大大缩小了学生的课堂容量。

2. 课堂上教师对本节课的"根"研究不够,导致课堂看似热闹,其实并没有抓住知识的根本,实则效率并不是很高。

3. 学案的内容虽然很好,但是内容比较固化,不够开放,不利于学生知识和能力的提升与提高。

4. 师生对学习资源的整合和利用还不高,导致学生学习知识的深度和广度还不够高。

与荆老师的深度对话,使我充分地肯定了多年来我们对DJP教学研究成果的肯定。同时,荆老师的建议又拨得云开见彩虹,一语惊醒梦中人,这正是我们近年来DJP研究和突破的瓶颈,正是我们推行DJP教学和优化DJP教学的出路。

三、结合生本,优化 DJP 教学

荆老师的评价深深地触动了我,也让我第一次从DJP的光环中解脱出来,重新认识DJP教学,找出DJP教学的出路所在。但是百思不得其解,我想,我只有在做中学、学中感、感中悟,才能弄清楚荆老师的"四问"。因此,在暑期我制定了详细的研究计划,并在本学期开学进行了尝试实验。

1. 加强前置学习监控。

本学期,我在学生学前培训的时候,对学生的预习作了新的要求,用好三色笔。

(1) 用黑笔进行独立预习,这和以前的预习要求一致。

(2) 用蓝笔记录自己存在的问题,并在学案的留白处,用蓝笔记录本节内容的知识点的疑难点。

(3) 对于蓝笔记录的问题,可以在课前询问老师或同学,通过询问,已经掌握的内容将用红笔划去。

(4) 课堂上,先利用小组合作统计本组的蓝色痕迹,小组内能处理的先在小组内处理,小组内不能处理的内容,将由小组长统计在小黑板上。课

堂上，老师可以通过各组的预习反馈情况，有针对性地处理遗留问题，这样，就会大大提高课堂的时间和效率。

2. 多份学习"菜单"供学生选择性地学习。

以前的课堂，过分地依赖学案，甚至教材都几乎不用，使学生的知识面大大受限。现在，我们前置研究做得很实，课堂上留足了学生无限拓展的时间和空间，因此，我们就将为学生更多选择学习的材料。课前，教师将会为学生提供教材、学案、练习册、课件、微视频、APP资源（洋葱数学）等学习材料，供学生课前选择学习。而课堂上的展示性讲解也发生了改变。以前我们把学案一课时的内容分给了多个小组，然后，一个组展示一部分内容进行讲解，现在变为一个组承担一课时的内容，并要求这个组在讲解前整合各种资源，择优选择课堂讲解内容。这样，既可以通过小组合作学习的力量，共同研究更多的学习内容，也让同学们有更多拓展的知识空间。

3. 寻找每堂课的"根"。

我们觉得找根不难，但找准根却很难，不过我们可以一一突破。首先我们学习一章内容，就应该找到每一章的根，然后再找每一课时的根就容易多了。在教研组的讨论下，我们一起找了三个年级将要学习第一章的根。七年级——《有理数》章根是负数。八年级——《实数》的根是开方。九年级——《一元二次方程》的根是配方法解一元二次方程。

然后再利用备课组备课时找各个课时的根。如：我们找出《实数加减》一课的根是同类二次根式，《加减消元法解二元一次方程组》的根是化未知数的系数的绝对值相等。

通过每节课的寻"根"，大大提高了教师对知识重难点的把握，并在课前预习时告知学生，让学生带着"根"去前置性学习，大大提高了学生预习的效果，也使学生的课堂表现更加有底气。我们还想通过一段时间的训练，师生一起寻"根"，并比较谁的"根"寻得好。

4. 建立学习共同体。

我们利用班级QQ群或微信群，建立班级学习的共同体，而利用网络平台，为班级学生建立班级网络学习交流平台。我们经常在群里讨论学习中的疑难问题，分享优秀作业本，订正作业答案，录制微视频进行分享。还利用群共享功能，分享很多教学资源。随着交流容量的增大，我们的群的存储功能已经不能满足大家的要求，我们正在探究云存储和云分享功能，帮助同学们学习与分享。学习共同体的建立，打破了同学们学习的时间和空间的界线,使交流更加自由与开放,这与生本和DJP教学追求的教学理想——培养学生自由开放、终身学习的理念非常一致。

通过生本研究和荆老师的《幸福地做老师》一书,使我的眼界有了很大的提高,并将他们先进的经验和多年的科研成果相结合,应用到了我的DJP教学中。这有利于DJP教学方式的提高,对学生能力的提高也是很有帮助的,通过一个月的研究与实践,我们班的成绩有了大大的提高。

在本次9月份的月考中,我们班的总体班评取得了年级第一名的好成绩,并且领先第二名14分之多。并且,师生关系大大改善,与我亲近的学生多了,来问前置性学习问题的学生多了,部分同学成绩有了大幅度的提高,吴小琪同学的数学成绩由上学期的57分,上升到了104分,这样的提高实属不易。

相信通过深入研究和我们师生的共同努力,我们的学生还会有更大的成绩,教师也可以在轻松的环境中实施自己的教育理想,成为一名幸福的教师。

【生本课堂】荆志强老师生本教育实践经验总结
吴晓鹏

学习荆志强老师生本实践经验后,我探索总结了各科生本课堂的做法,供大家参考。

一、靠小组的捆绑激励机制来促进

要告诉学生,帮助同学学习的过程实际上是自己再学习、再内化、再提升的过程,同时自己的提高不一定比受帮助者小,且互相帮助、互相合作是一个人生存于社会最应具备的素质。在合作学习中要尽可能督促鼓励潜能生发表意见,要有效制止"语霸"行为,力争让人人都有参与的机会。课堂上小组合作时间一般控制在10分钟左右。为便于及时了解学生合作学习的完成情况,可采取荆志强老师采取的完成后小组长举手的方式。为确保在预设时间内合作学习的有效性,教师提出的合作学习内容不宜过多,提出的问题要有普遍性、启发性、挑战性。要把握一个基本原则,90%以上学生都会的问题不讨论。在小组合作学习时,老师的角色又是什么呢?他应是个观察者、参与者、帮助者,同时还是个记录者。把对学习中暴露的问题及时记录下来,适时调整好后续群学环节的教学内容,这种有的放矢的教学更为有效。

二、建设好合作小组是保证小组合作学习有效开展的关键之关键

一是要组建好小组。在遵循"组内异质、组间同质"原则的基础上,在人员搭配上不仅要考虑成绩,还要考虑组员间性格互补以及组员间不同的家庭文化背景,以便形成团结、和谐、有凝聚力的学习集体。二是要精心挑选培训好小组长。小组长是小组的灵魂,不少老师在实践中深深感到有什么样的组长,就带出什么样的小组。组长不一定选学习最好的,关键看其组织力、号召力、影响力。教师要持之以恒地做好小组长的培训、培养,多教给他们有效组织的方式方法。要培训好学生,一个问题如何合作,按什么顺序发表意见,成员间如何合理分工,逐步使小组合作从无规则到有规则,无序到有序。要培训好学生如何倾听、如何质疑、如何参与。对"有口难开"的学生要积极想办法为他们提供"开口"的舞台,或可采取轮流上台讲故事的方法"倒逼"着他们开口。第一次也许是胆怯的声音,第二次、第三次就大声了、流利了、自信了。一旦有了这份自信,何愁有口难开?我们自己不就是这样一路走过来的吗?三是要高度重视小组文化建设。为增强小组的凝聚合力,原则上各小组要有学生自命的组名,有组徽、组训(口号)、组歌、组约、目标。教室墙壁上要有体现小组文化的布置,以及评价过程、成果的展示。要有效建立小组合作的互帮互助和互相监督机制,培养学生的集体荣誉感,形成小组强大的向心力、凝聚力,一旦小组共同体磁场形成,其迸发的学习正能量将是无限的。对建设好小组文化,不少老师对其重要性、必要性以及其中蕴藏的精神凝聚力认识是不足的,以至于在众多的实验班教室内很难看到其中文化的踪迹,希望大家能看到其中蕴藏的无限能量,更希望大家能好好地补上这一课。四是要把评价激励作为小组建设的根本。有评价就有激励,有评价就有竞争,有评价就有参与。激励性、赏识性、竞争性、多元化是评价的基本特点。评价要形成合力,同一班级各个学科不要各唱各的调,让学生无所适从。班主任要做好协调工作,邀请各相关学科老师坐下来,讨论制定出一个班级大体一致的评价框架和评价细则。评价的项目不但要有成绩、参与、倾听等学习内容,还应包括纪律、合作等内容,评价内容不宜过多,细则不宜过细、过繁,抓住根本,以好操作为原则。评价要始终贯穿教学过程的始终,要及时、适时。实践证明,在黑板上现场直接板书各小组得分,其显现效果明显。评价最好以老师适时评价为主,学生为辅。不要为了一个评分,挑逗学生过多争议,造成教学时间不必要的浪费,这样的教学设计也是低效的表现。小组成员间宜采取

抽绑考核的方法,以便尽快形成小组共同体。为鼓励潜能生多参与,实行小组成员间的发言分值不同的计分方法实践证明是有效的,它极大调动了潜能生参与的热情。要营造好小组间的竞争氛围,形成比、学、赶、帮、超的进取态势。要建立组员间互相督促机制,让小组成员在互帮、互学、互督中形成强大的合作磁场。对小组评价得分一般采取每一个月一汇总方法,对评价的运用以采取奖励小组学生最关切的事物最为有效。如月优胜小组可给予早晚自习自由选择权一次,或免值日扫地一次,或免单元考试一次等,也可采取给家长发喜报,建议家长给予奖励的方式。不少实验老师在实践中已深深认识到小组合作学习的重要性,深切感受到没有有效的小组合作,没有建设好有凝聚力的小组,没有有效激励评价手段激发学生的参与热情,在很大程度说,就没有真正有效的教学。这是个不能不迈过去的坎,不能偷工减料的活,对现在还做得不是很好的老师来说,该是要还"人情债"的时候了。做好小组建设是个磨人的活,他打磨着你的教育立场,打磨着你的精力,打磨着你的耐力,打磨着你的时间,真是想说爱你口难开。但只要我们多一分耐心,多一分恒心,多一分信心,多一种方法,牵着蜗牛去散步,一定能通过这道坎、爬过这座山、趟过这条河,无限风光在险峰!

三、交流展示——一个因参与而精彩、生成而出彩、精讲而提效的核心环节

　　课堂因学生的参与、互动而精彩,但恰恰是这个环节,我们的不少实验老师推动最费时、最费力,以至课堂教学时间一拖再拖,造成运用活学环节的无法落实,而不少学生在这本应出彩环节反映出的麻木、躁动、分神,教学重难点问题不能有效得到突破解决等问题恰恰暴露出这一环节总体教学效率低下的问题。如何提高交流展示环节的教学实效,是我们必须直面并致力解决的重点、难点课题。

　　首先应明确展示的内容。从设计结构看,前置独学是力争通过学生的自主学习,通过前置学习单的练习解决知识的70%左右问题,让学生带着解决剩余30%的求知欲望进入小组对学,再通过小组合作的互帮互学解决问题的20%左右。交流展示主要是通过全班群学解决对学中没有解决10%左右的问题。很显然,交流展示的主要内容就是小组对学中提出的疑惑问题,毫无疑问它是这一环节的中心。要杜绝"无主题、无目的"的展示,要努力减少学生对已知知识的低效展示,影响学生求知的欲望和热情。但在实验的起始阶段,安排一些成果展示,通过上台展示等形式培养学生的自信心和表达能力也是必要的。但此类展示不必拖沓，点到为止。即说对了就予肯定计分，不必安排学生进行质疑，说一些与知识主题关系不大的话，造成课堂学习时间的浪费。对基础知识、基本原理的检查梳理，最好采取小组pk式展示法，即让小组互动提出有一定质量和难度的问题pk对方，胜队整体加分，答不上的队整体扣分。为了难着对方，小组就必须把双基知识弄懂弄透，这样学生学习兴趣更浓。也可采用教师课件展现若干双基题，让若干小组的3、4号轮流pk展示的方法，pk完后教师或学生对知识再做个简明扼要的梳理概括即可。这一环节应控制在5分钟之内。设计错误分享展示环节是个很好的设计，让做错题的学生上台讲自己错在哪里？通过小组讨论后自己知道了该怎么解决，希望其他同学引以为戒。把学生的错误变成宝贵的教学资源，这样就能尽可能减少学生再犯的概率。听了张惠珠老师采取这一方式的尝试课，从学生的反应看，效果很好。释疑解惑环节是交流展示的重点环节。它主要是解决学生在自学对学中还不能解决的疑难困惑。小组可提出自己的疑惑，其他小组可上台答疑，不只是告知题目的答案，更重要的是要讲解问题的分析过程，把自己的思维表达出来。有不同的解决方法或仍有疑问者可接着上台展示。当学生在不断的质疑、争执解惑中找到解决问题的方式方法时，就达到解决最后10%问题的目标。这一过程不会的学生有求知欲，会的学生有表现欲。当学生成为课堂主人时，教学便充满活力，课堂因互动而精彩。对学习单中的诸如"我的发现"、文科中的"思考题"等开放性题目也适应于这种展示方式。

其二是要注重展示方式的灵活运用，激发学生学习的热情。小组四人同台展示是一种形式，特别在实验的起步阶段尤显重要，但对不同内容的展示环节，我们也可采用不同小组同号成员pk展示，小组代表个体展示、2人同台展示等多种方法，一堂课应尽可能给更多的小组有展示的机会，尽可能提高展示的参与率。让一个小组独霸展示权，会逐渐使学生丧失展示的激情，也会造成学生在一槌定音后产生以逸待劳、不思进取的感觉。学生是课堂的主人，展示的课堂应是学生积极参与的课堂，是异彩纷呈、一派生机的课堂。

三是要牢固树立教学的问题意识。概括讲就是学生在不停地独学、对学、群学中不断地暴露问题、解决问题的过程，对学生在学习过程中暴露的问题，特别是典型的问题要有如获至宝的感觉，充分利用好这一宝贵教学资源，在对问题的停留、放大、分析解决中起到举一反三、事倍功半的效果，积极地鼓励学生大胆地暴露问题。在教学中对暴露典型问题的学生有时采取特殊加分的方法，效果很好。看到学生加分后的笑脸，我想，此时"展示无错"的理念也许正悄悄地在学生的心田中发芽。在随堂听课中也看到两个相反的案例。一个是对主动举手展示却暴露出问题的，而且是个典型的易混问题的学生，教师不是赏识而是加以斥责。教师无意中的一句"怎么这个都会错"的抱怨，也许这个学生会从此"钉"在座位上不动了，课堂又怎来的参与率？一个可能是为了展示的顺利精彩而有意地安排总体表现较好的小组进行展示，展示的确很是顺利，但问题却在顺利中悄悄地潜伏累积，以至在运用活学中全面暴露。这两种截然不同的做法，实际上折射出的是不同的教育观。在教学中如何引导启发学生提出问题，特别是能提出高质量的具有探索性问题，这应该是我们需进一步探究和努力的方向。

四是要辩证看待"少教与多学"的关系。生本的核心是"让学"，让学生在知识的主动构建中"学会学"，这一方向是坚定不移的。"让学"绝不意味着否认和降低教师"导"的作用，也不意味着教师就只能少教，不能多讲。一切要从学情出发，从教材的内容出发，以学定教。小学低年级学生教的时间可能要多一些，实验的起步阶段可能教的时间也要多一些，对教材较难、较深、较抽象的内容，如初中的初学阶段也可能教的时间要多一些。但教要讲到"关键处"，即当学生学习遇到困难时；当遇到学生答错时和不会的问题时；在学生质疑问题其他同学也无法解决时；在老师提问学生回答不出来，指点也不开窍时；经过讨论，学生仍不懂要领时；为了让学生对某一问题有深入的认识时；为了帮助学生突出某一思维障碍时，对学生能开启心智时以及体现教学要求的重点难点、易错易混点。再扼要地说，就是对知识的基本原理、规律、重点、难点，特别是易混、易错点、易漏点，在学生思考讨论的基础上不妨停留点时间画龙点睛地讲，也许能收到妙笔生花的效果。课堂教学需要"讲"，也不需要"不讲"，教师应坚持"三不讲"原则，即学生已会的不讲，学生自己可以学会的不讲，讲了学生也不会的不讲。"不讲""少讲"需要等待，需要耐心，有时一个提示、一句点拨、一点启发就能让学生豁然开朗，要"不讲""少讲"，就应尽量管住自己的嘴，它考验的是老师的智慧。"不讲""少讲"不能成为一种机械的、僵化的定势。老师在上课时，对一道较难的综合题不断地启，不断的拨，先后叫了五个学生上台讲解（也许是优秀生吧），却始终说不出一个解题的思路，他又叫上了第六个学生，期盼带来惊喜，可仍然不得要领，却枉费了6分钟的宝贵时间。当启发到第三个学生还不会时，学生思维表现出现了障碍，学习遇到了困难，老师该出手时就该出手。可以"讲""应该讲"绝不意味着可像传统教学那样"满堂灌""满堂问"，口若悬河，只是希望你在"关键处"精点拨、重梳理、扼概括，画龙点睛。多讲时，也应贯彻体现以学生学习为核心的根本理念，而不能违背甚至背叛。

五是要注重环节的修枝剪节，整合优化。不少老师反映交流展示阶段常常会打乱教学的预设，拖时延时。如果是生成性的有质量展示，这种打乱延时是值得的。正常情况下，如果我们讲究下实效，将那些学生已会的不必要的展示环节省去，不必纠缠于讲了学生也不会的问题，把那些不涉及核心问题、不痛不痒的质疑及时地打住，管控好"语霸"学生的话语，及时纠正偏离学生目标的展示，不断修枝剪节优化过程，就会磨出有实效的课堂。交流展示环节效率的低下同样还有教师对教材的钻研不透，重难点处理不妥，主次问题不分，详细不当的问题。一位教师执教《口技》，为帮助学生更好理解课文，引导学生通过查资料方式了解口技这门民间艺术的特点是必要的，但在这本只需停留1—2分钟就可走过的环节，却为了展示而足足停留了12分钟，甚至让学生争辩起口技的起源、发展等不涉及教学主题的问题，以致教学设计的重点问题因时间被蚕食而轻描带过。这种为展示而主次颠倒的预设也是一种低效的表现。设计小学三年级《他是我的朋友》的以读带读拓展题，有的老师不是去精选主题、文体、题材等相关的群文、类文、经典名句让学生去阅读，而是设计了一道查询人有几种血型、各有什么特点的题目让学生去拓展。不要说这道题是否符合小学三年级学生的认知规律，就课文的文本主题性而言更是一种无意义的无效活动。

六是要辩证看待"快"与"慢"的关系。相对而言，快体现了效益，但有时慢也并不意味低效，慢是悟道的探索过程。让学生去构建知识就好比让学生亲手去尝试西红柿炒蛋。学生没炒过，他们通过查询、讨论、发现需要什么原料，试着自己炒，过程又发现要炒好还须掌握火候等要领。也许炒得不是那么好，在忙乱中出现了差错，也许比老师直接告诉他说准备什么原料，它们各有什么特征作用，然后教给学生怎么炒要慢许多，但是自己感悟的过程却更有趣，印象更深刻，这种方法不是更能激发学生的创造力和活力吗？慢更扎实，更有效。让学生主动去构建知识，这是生本教学模式与传统教学方法的本质区别。慢是因为学生拄着拐杖走路，如何磨合好小组共同体,让学生学会倾听、启齿表达、热情参与、大方展示,需要老师去培训、去培养、去激励。如何让学生学会自主学习,需要教师一招一式地去示范,手把手去帮扶,让学生学习自己走路,就像步履蹒跚的孩子行动迟缓,往往一篇2—3课时的内容要上个5节、6节,让人心急。面对着挂着拐杖走路的孩子,我们只有慢,一旦快了,它就会跌倒,可能会摔得鼻青脸肿。现在不少老师吃"夹心饭",做得"四不像",症结可能就是心急吃了热豆腐吧。但是一旦在这渐进式行走中终于彻底扔掉了拐杖,他们将行走自如,乃至奔跑如风。荆志强老师初到深圳时也遇到了高一成绩暂时落后的尴尬,也收获了最后高考学生100%考上本一重点大学的快乐。慢,考验着你的信心、意志、能力。

四、运用活学—— 一步不能被蚕食的有效提高教学质量的重要步骤

运用活学阶段是对知识的巩固、拓展、提升,是提高教学质量的重要教学步骤。在整个"学·导·用"教学模式环节中它具有鲜明的检测问题的属性。检测的形式和内容应是多元化的,如自测、他测、对测,或采取抽签方式让个体学生代表小组上台回答问题,实行捆绑记分方式等。运用活学具有反馈问题的功能,应以信息技术为依据,以"即时"取代"滞后",以"多样"取代"单一"。诊断补丁是这一步骤的又一重要功能。对反馈的问题教师要及时对其程度、原因及时诊断。及时"补丁",以达到堂堂过关的目的。对有些重点的拓展提升题也可安排在课外,以让优生吃饱。运用活学不一定都是安排在最后环节,有时它贯穿于教学的始终,不要机械地理解,僵化地运用。运用活学步骤10—15分钟的时间不容被蚕食侵犯,没有时间的保证,就没有教学的保质提效。为此,对课堂教学的每个步骤环节进行打磨完善、整合优化尤显迫切。如何有效防止教学过程中学生出现两极分化问题,是大家在实验中最为关切的问题。为此,前几天特意请教了荆志强老师。荆老师认为,抓好中下学生的落实是关键,建立小组互帮、互助、互学、互督机制,用小组凝聚力激发中下学生参与率是保障。课堂教学改革只是学生学习方式和教师教学方式的改革,它让我们的教学更加符合学生的身心发展和认识规律,更加符合教学的基本规律,如果只是寄希望于这种改革能一蹴而就,寄希望于这种改革能立竿见影,而不去做艰苦细致的落实工作,那只能是一厢情愿的臆想。抓好检查落实,持之以恒,一定是提高教学质量的法宝。

有效课堂要回答好四个问题。第一个问题:你打算这节课让学生获得

什么(目标问题)？第二个问题：你打算用多长时间让学生获得(效率问题)？第三个问题：你打算让学生怎样获得(方法问题)？第四个问题：你怎么看学生已经达到了你的要求,有多少学生达到了你的要求(达标问题)？让学生在预设的最短时间内,通过学生自主构建的方法,达到了教学预设的目标,使每个学生实实在在有收获、有变化、有进步、有提高就是有效的课。希望大家在教学实践中回答好这四个问题,交出的就应该是一份满意的答卷。"路漫漫其修远兮,吾将上下与求索",愿以屈公的这句话与大家共勉。

【生本管理】"百万名校长"的生本歌诀

谢昆林

作者按：谢昆林校长先后任村完小、乡镇中心小学、县城重点小学和特区城市学校校长22年,现任深圳市龙岗区吉祥小学校长,省级优秀校长,龙岗区名校长工作室主持人,是深圳市龙岗区引进的"百万名校长"。谢校长为什么能够从一个穷山沟里走出来,把教改做得风生水起,颇有建树。因为他有教育情怀、有教育理想,爱学习善思考,一直在践行生本教育。当初在老家时他从网上了解到生本教育,他读了生本教育创始人郭思乐教授和生本实践名师荆志强老师的专著,觉得生本教育正是他苦苦追寻的理想教育,一见钟情,矢志不渝,戏称"遇到生本教育,犹如找到了追寻多年的梦中情人"。他追求全人教育、追求绿色质量、追求教育本真,倡导"生本教育造就最好自己,适合教育成就幸福人生"的办学理念。为了寻求在日常教育教学中实施素质教育和提高课程教学育人实效,谢昆林校长自2009年开始在任职学校开展生本教育实践与研究,经历了从少数班级实验到全校所有班级开展、从少数学科教学实验到各个学科开展、从学科教学实验到学校各项教育教学活动全面开展生本教育的办学探索,通过开展"生本教育"为新学校的发展注入了"优秀的成长基因",取得了非常好的办学成效。当前,吉祥小学的生本教育办学特色逐步显现出来,形成了"管理人性化、文化陶德行、师爱能彰显、安康又和谐、家校配合好、硬件便育人、环境宜学习、书香飘校园、课程供给优、教书更育人"的生本办学体系。通过"国家课程校本化、校本课程多样化、活动课程常态化、社团课程普惠化、探究课程项目化、德育工作课程化、课程实施生本化、校本研训主题化、发展评价多元化、思想方法现代化"构建了完善的"十化"生本课程体系。学校每年的教学质量抽测均列全区优秀行列;一批年轻教师通过开展生本教育快速成长,中老年教师获得了非常明显的再成长;学生除了学业成绩好,更是呈现出敢于尝试、展示、评价、提问、追问、补充、质疑、反思、纠错、批判、争辩、总结等创新能力中所应具备的品质,彰显出能说会道、自信主动、健康阳光、文明自律、赏识谦让、好学善思、腹有诗书、理性沉稳、富有主见、领袖气质等"吉祥气质"。

谢昆林校长最喜欢也是最经常做的事就是深入课堂和校本研训工作一线,带领各科教师探讨开展生本教育教学过程中遇到的各种困难与困惑,经过10年的努力,他积累了在一所学校开展好生本教育的具体经验:

一、让一部分人先富起来,先富带后富。即先引领一部分有改革意愿的学科骨干教师开实验班先学先试,取得一定经验和成效后,再逐步推广。

二、心急吃不了热豆腐,要静待花开。不急于求成,坚持、坚持、再坚持很重要。边学边尝试,边试边研究,边研边总结,逐步把行之有效的做法通过校本训研活动向其他班级、其他学科介绍、推广,通过身边的真实事例引领广大老师自觉参与做好生本。

三、别让师生戴着脚镣跳舞,要给师生创造宽松的教学环境。不以学生考试分数作为评价教师绩效的唯一标准,让老师敢试、敢改;引导实验老师创造宽松的课堂氛围,让学生在民主、自由的课堂中绽放生命,主动、愉快学习。

四、先搭框架,后搞装修。生本教学是生本教育的核心,开展生本教学,向建筑工人师傅学习,即先搭框架(教学时先建立基本流程:先学后教——小组学习——全班交流——自主总结),再搞装修(灵活调整教学流程,通过具体的方法做细做实每个环节,激扬生命,真正激发出学生生命中与生俱来的学习本能,让学生自主学习),让生本教学活动"先有形,再有神"。

五、教改老大难,老大出马就不难。谢昆林常说,抓教学,推改革,一定不要说"同志们,给我上",要常说"同志们,跟我上"。教学工作是学校的中心工作,校长要带头抓好教学工作,经常带头学习生本教育思想和生本教育经验,深入课堂与校本训研工作之中,与老师们一起学习、研讨,有校长的引领、推动,营造浓厚的业务学习、实践、研究氛围,生本教学中的各种问题都能得到很好的解决。

谢昆林校长根据多年来开展生本教学的经验,编写了易于理解记忆的

《生本教学操作歌诀》，现推荐给大家学习参考。

以生为本，提高学生"自主、合作、探究性学习效率"歌诀

课程改革"积极倡导自主、合作、探究的学习方式"，于是很多一线老师在实践中进行了转变学习方式的尝试，放手让学生"自主、合作、探究性学习"，但是理想很丰满，现实很骨感，课改十多年，人们依然觉得对学生放手很难，一收就死，一放就乱，效率低下，无所适从。如何让教学收放自如，既体现教师的主导作用，又体现学生的主体地位？为此，我们在生本教学实践中，在借鉴同行们经验的基础上，总结了一套"有引导地放手学生学习"的方法。为便于在有限的篇幅内把更多的方法呈现给大家，我采用编歌诀的方式表述，限于表达内容的需要，不少地方并不押韵，希望大家多提出修订意见。

装修之一：前置性小研究完成得不好怎么办？

1. 对前置性小研究设计与布置的基本认识。

小研究，真重要，先学后教离不了；
备课时，要注意，为生好学而设计；
抓根本，减负担，低入开放要简单；
抄书本，搬试卷，巩固习题不可取；
写笔记，画图表，实践活动非常好；
音视频，可拍照，U盘呈现更明了；
如何做，啥材料，恰当提示不可少；
方便写，留空间，也可批注文本间；
不封顶，不保底，认真对待要牢记；
抓落实，多示范，万事都是开头难；
多鼓励，喂鸡汤，学困慢生要多帮；
自己做，家长促，评价督查同学助。

2. 语文设计要求。

抓根本，大阅读，导实践，重积累；
拓展读，查作者，搜背景，研文体；
一带多，读整本，读主题，读同（文）体；
个性读，提要求，呈结果，不苟一；
重实践，不做题，亲子读，讲故事，可朗读；
听录音，跟着读，识生字，记字形，想妙法；

导读题,最记忆,最兴趣,最困惑,最激动;(兴奋、难过、愤怒、同情等)

学课文,圈字词,画段句,上下文,联系起;

读文本,三维度:解内容,会情感,悟表达;(阅读的四大任务)

理解时,会联想,联生活,联经历,联阅读;

写批语,作诗词,唱歌曲,用表演,画图表;(呈现理解的表现形式)

作批注:写关键,引名言,引成语,引俗语;

引故事,引诗文,引歌曲,修辞法,用上去;

人人有点,点点有思,思思成文,文文可乐。

(依研究,做交流,按话题,三维度,四"最"起。)

3. 数学设计要求。

先看基础,再出题;

针对根本,少出题;

引导探究,非难题;

自学教材,再迁移;

先易后难,讲顺序;

联系生活,找实例;

重视体验,多实践;

结果呈现,不统一;(写笔记,画图表,PPT,音视频,可拍照,实践演示更明了。)

内容开放,自举例;(我的例子)

思考过程,写清晰;(我的方法)

探究方法,找规律;(我的发现)

重难易错,多提醒;(我的提醒)

方法思想,谈收获;(我的收获)

自主总结,扣目标;

方便好学,巧提示。(指引方法、选材、呈现方式等)

3. 英语设计要求。

听录音,跟说跟读学词句;

看视频,练听练说讲故事;——实践式

学新知,拓展学习课外词;

填图表,积累词句和短语;——积累式

编剧本,用上新词新句式;(创编、改编)

多运用,会用旧知课外词;

用道具,互相评改演小剧。——综合实践式

装修之二:小组学习虚假热闹怎么办?

小组学,人围着,一人讲,三人听;

小研究,放中央,横着放,便看清;

小脑袋,凑一块,齐看着,指着说;

讲完后,速交流,提醒着,来交流;

想交流,先举手,文明说,比划着;

发言者,可站着,说话声,能听清;

不明处,快追问,问优先,多争辩;

先评价,多评优,评不足,示范略;

有补充,最后说,见有误,齐帮助;

人人讲,轮流着,人讲过,不多说;

有启发,新收获,用红笔,来记录;

讨论时,标记简,抓紧略,改记多;

待讲完,齐进行,误交流,可避免;

组学完,齐鼓掌,分好工,准备讲;

师巡视,抓要求,找典型,鼓励讲;

小组讨论,人人语;

他人研究,弄明理;

发现出错,帮他提;

不懂多问,敢怀疑;

完善结果,集体议;

上台展示,要随机。(选谁的小研究来讲,要随机抽,促进相互学习)

装修之三:全班展讲交流时不积极参与跑题低效怎么办?

先提示,再展讲,投影全,展示清,多鼓掌;

讲完后,快交流,问台下,有问题,优先说;

谁发言,台上定,台下讲,台上应,成互动;

发过言,少重复,慢生先,各小组,机会均;

举手说,先评价,次质疑,再争辩,后补充;

评价时,多肯定,说理由,能示范,就更牛;

把错误,把生活,把学生,把生成,当资源;

偏目标,违要求,理不清,道不明,悟不透;

抓精彩,出错误,现另类,有差异,呈疏漏;

显不足,争不休,展不清,反复说,重点处;

依生成,巧现身,会装傻,不告诉,启发着;

为示范,彩排咯,坚持做,参与多,不畏缩。

交流互动(列入小组):

一课内,各小组,有人言,一周(天、月)内,人人言。

一人小研究,人人都明白,若有不明白,请他详讲解,若是出错误,帮他改过来,说完上讲台,随机来抽取(小研究),同讲一作品,分工去讲解,讲对多鼓励,讲错揪出来。

装修之四:学生课堂组织与交流话语系统口令

师:小组交流(学习)。生:现在开始。

交流

1. 请听我说或请大家把目光注视到……(把组员注意力集中到小研究、实物、学具、大屏幕或草稿纸上。)

2. 我是这样想的(做的):(第一步\第二步\第三步;首先、其次、接着……借助小研究、实物、学具、课件、草稿纸说,比画着说。)

3. 我汇报(介绍)完毕,请问我这样做(想)对吗?谁与我交流?

4. 我汇报(介绍)完毕,请问我这样说,大家听懂了吗?谁与我交流?

5. 我有问题[意见、建议、补充、不同意你的做(说)法……]——然后提问题等,同学之间进行讨论、争辩互动。

6. 谢谢你的提问[意见、建议、补充、不同做(想)法……]——讨论后礼貌回应。

7. 请大家把目光看到大屏幕(看我演示……)

8. 上台展示提示语:

组长(或展示人):请听我说或请看大屏幕。(上台先组织台下同学集中注意力。)

接着介绍:我们是XX小组(熟悉后就不用机械地介绍组名了),下面请听我们小组的汇报,有请X同学汇报。

评价

1. 你的发言声音很响亮,我们听得很清楚。

2. 你说话时能用上"第一、第二、第三或首先、然后、接着"等表示顺序的词语,介绍方法、思考很有条理,我们很容易理解你说的话,我为你点赞。

3. 你能结合自己的前置性小研究,用例子比画着介绍你的方法,我很容易听懂了你的方法(意思),你介绍的方法值得我学习。注意:

统一口令与交流话语,在初始阶段(尤其是小学低年级)对于培养课堂学习习惯、培养学生自主组织课堂学习的能力是很有帮助的,但不要教条化,可以借鉴他人经验的基础上老师自己结合学习规则、要求和学科特点来创编,全校相对统一就更好,反复强化。

装修之五:小组建设有哪些要领?

小组学,好处多,用好它,有讲究:
分小组,要注意,取组名,讲创意;
四人组,便管理,既省时,有效率;
组内异,快带慢,不放弃,很有益;
组间同,公平比,捆绑评,互激励;
选组长,会组织,会学习,会讲理;
分组员,让参与,多培训,教管理;
习惯后,可选举,育领袖,很可取。
组员间,有分工,取趣名,更激励;
组学前,投要求,先明理,更有序;
组学时,视全体,违规矩,得讲理;
组学后,要评比,道不足,说可取。
各科比,成合力,班主任,要求一;
习惯好,齐努力,树典型,常评比。
组间比,比自学,比组学,比班学;
比进步,比卫生,比纪律,……
评比完,要报喜,家和校,齐鼓励。

【生本管理】在实践中感受生本自主管理的幸福
四川广元　蒋万甫

从教二十多年,我见证、亲历过我们地区基础教育改革的多次历程,在教育改革的路上,有激动、有彷徨、有感受、有困惑。我一直想找到一种老师可以少讲、学生可以多学的教学方法,让我幸福地做老师快乐地做班主任!2013年在当地教育主管部门的推动下,我接触了生本教育,喜欢上了生本教育。

在生本教育的实践中,通过专家的引领,尤其是荆志强老师精彩的讲座,让我加深了对生本教育的真正理解:生本教育是一种教育思想、教育理念,是教育的本质和最终归属,而生本教育下的学校管理、班级管理和生本课堂组织形式是体现生本教育思想的载体,广东的方法好,深圳的课堂活,但我们不可能照搬照套,只能借鉴、学习、研究、探索。通过理论学习,借鉴优秀方法,学习先进经验,最终形成能激发学生非零学习基因的方法和智慧。在生本理念的指导下,我在班级管理和生本课堂进行了一些尝试,体味到了些许生本教育带给我的快乐感受。

一、推行学生自治,加强学生能力培养

生本教育的内涵就是要高度尊重学生,全面依靠学生,最大限度地调动学生内在的积极性。

我一直认为:学生是班主人,老师是班主任。班主任可换,班级学生一般是不会换的。班主任和学生因不同的年龄、文化、思想观念的差距,就要求班主任应是班级管理的引领者而不是管理者,真正的管理者是班干部,他们是和同学生活在一起的人,管理因了解而务实,因而我对班级事务进行了梳理,设置了多个班干部职位,力争做到事事有人做,人人有事做,事同人不同,比比就知道。在班级新闻联播上,我经常点评班干部的工作:我把班干部分为三个类型:一是能发现问题并上报老师的班干部是普通班干部;二是能发现问题又能及时按班规处理的班干部是合格班干部,三是能发现问题,又能及时按班规处理,而且能找到好方法帮助问题同学改进的班干部才是优秀班干部,因为发现只是基础,处理仅是手段,改正才是根本。这样的培养模式既培养了班干部的能力,也让我能够"忙里偷闲"。我也经常告诉班干部:你们是同学,是几年、几十年后最想见到的人,管理的目的不是让他害怕,而是帮他改变。

二、推行班级新闻联播,培养学生组织、管理、表达能力

以前我班的班会课和大多数班级一样,就是班主任老师对学生进行思想教育的时间,是班主任老师一个人的舞台,很多时候还自我感觉良好,讲累了时,就让科任教师上课。学生对班会课没有期待,可有可无,不感兴趣。如何将班会课变得吸引学生,让学生感到快乐,又受到教育,在生本教育理念的引导下,经过分析、思考,我想到了新闻联播这种大家耳熟能详的方法。班级就是一个小社会,孩子们从每天早上起床,到晚上关灯睡觉,这一天中发生了许许多多优秀的、美好的、感人的事,如果我们给学生搭建一

个除了学习之外的舞台,让学生每天定时走上讲台,将今天发生在班级、在身边的大事、好事、糟糕的事播报出来,既培养了孩子们观察、思考、表达等能力,又让班级的管理透明公开,让班级决策在阳关下执行,班主任就是一仲裁、一帮手、一顾问。多年来我班每天傍晚6:20新闻联播准时播报,同学们在班级誓词后,主持人走上讲台,邀请班干部、同学代表对当天负责的工作进行总结,秘书长对各学习小组的常规和学习积分进行公布,同时每周邀请2位以上家长参加班级新闻联播,最后主持人请班主任老师对当天的班干部工作进行点评。最后出场的感觉真好,因为我每一句点评、每一句发言都来源于真实,是有感而言,是思想的碰撞,因而也收获了许多教学感悟。我让一个学生专门收集我的讲话灵感,形成了蒋老师语录,在学生中分享:比如,有学生想家了,想请假回家,我告诉他们,真正的想家是把家放在心里,而不是把身体放在家里。因为怕出错,学生不敢举手,我告诉他们:课堂上的错误是美丽的错误,经常举手就成了高手……家长的参与并讲话是班级与社会的延生,很多家长在班级新闻联播中,感知了孩子的成长、老师的辛苦、教育的重要,更加理解和支持班级的各项工作。班级新闻联播让学生和我都大有收获,这也许就是生本教育中提倡的激扬学生生命的魅力体现吧。

三、心灵之窗让我听到了孩子们轻轻地述说

有人说,没有爱就没有教育。在生本教育实践中,我一直践行这句话,在实践中,我觉得这句话说得不够全面,因为真正的爱必须建立在对学生真正的了解和理解的基础上,没有了解和理解的爱,就像无根之水,是没有生命力的,是不会长久的。但当我们放下架子、蹲下身子,拉着小手与孩子交心的时候,你会发现孩子的天空比我们成人的更广阔,更干净。作为班主任老师,我们不可能每天随时随地和学生生活在一起,我们对学生的了解很多时候其实是空白的,而对学生成绩的过分关注往往更加忽视了学生的思想变化、心理感受,然而,学生思想、心理变化对学生的成绩影响最大,但我们很多时候只注重了结果。生本教育告诉我们:学生是学习的主人,是学校的主体,教师是生命的牧者!学分是学生快乐成长历程中的一个但一定不是唯一的果实。急功近利的教育以学分为目的,学分成了衡量学生的唯一标准,学生也就成了学校获利、教师出名的工具。我非常注重了解学生:班级新闻联播、个别学生谈心、家访等都是了解学生的渠道,此外,我在班级还开辟了一个窗口,命名为"心灵之窗",让每个学生把自己当天要说的话,对老师,对同学,对家长,对学校,都轻轻地告诉我,读着孩子们的心里话,比如:爸爸妈妈吵架了,老师我该怎么办?老师,我喜欢上了一个女孩……被信任的那种感觉真好,尤其是当孩子们把最心底的秘密、痛苦、快乐告诉我的时候,我更加感到责任和担当。

四、心中有学生,你的课堂就会有生命

有人说:教师既要有埋头拉车的实干,也要有抬头看天的情怀。我把老师总结为三种类型:一是埋头苦干型,这类老师非常敬业,每天从学生起床到学生睡觉,都不停地督促着学生学习学习再学习,学生学习上的问题,老师很少反省自己,总是在学生身上找原因。二是生本反思型,这类老师善于学习,勤于反思,学生学习不明白,他们多会向自己找原因,向同行求方法,一直在追寻教育的本质和真谛,这类教师就是生本教育的种子。第三类是怨天尤人型,他们很少反思自己的教学,也不愿意钻研业业,总寄希望在分班时多几个优生,考试时出现奇迹。我觉得只有把改革的矛头对准自己,让师本从我们脑中让位,生本才会在脑海里生根。在师本教育中,教师多是围绕教材想方设法,让学生吃透教材、理解教材,最大化掌握知识,是花的教育;所以我们常常说某某老师课上得好,讲得生动,老师是主体,教室是老师的地盘,而生本教育要求教师要引导学生,以课标为目标,以教材为工具,开展自主、合作、探究学习,强调学习的过程、情感和体验,是根的教育,在教学中老师要从聚光灯下走出来,这不仅需要勇气,而且需要一种放弃自我的情怀。

有人说:当你喜欢分数超过喜欢孩子时,孩子的和你的噩梦就开始了。因为为了提高成绩,老师一般会采取多布置作业、惩罚乃至体罚学生、挤压学生时间等方法。在孩子还小的时候,对大多数孩子提高分数还是比较有效的。但如果同班的科任老师都这样,孩子们的学习生活就可想是多么的痛苦。同班的科任老师也会逐渐因抢时间而互相埋怨。就算是提高了分数,这样的分数就像带血的 GDP,是牺牲了老师身体和伤害了孩子兴趣换来的,不值!但如果我们老师以学生为本,围绕如何改变自己现有的传统的教学思维方式和习惯性的常规教学做法,认真地从自己身上找原因,多学习、多总结、多分析、多想办法……该册教材编排适合我的孩子们吗?前置作业如何做到简单、根本、开发?怎样让课堂活起来?作业批改可否不打"√"?英语背诵真的和语文背诵一样吗?平常考试一定要人人都固定时间和固定内容吗?

我们老师都知道生本教育是生命教育,我们很多老师都相信生本教育是教育发展的目标和归宿,我们都希望能找到一种老师乐教、学生乐学的教学方法,生本教育正走在路上,需要我们用学习去坚定我们的信念,用实践去探究生本课堂的方法,用爱心去包容生本过程的遗憾,用智慧去解决生本过程中的困难。让我们潜心研究,静待花开,像荆老师一样幸福地做老师做班主任!

【小学生本】幸福地做老师:我的小组学习探索之路

深圳市翠北实验小学　辛尚鸿

我无数次地问学生,你喜欢什么样的数学课堂?他们会说:我希望老师能够多给我发言的机会;我希望能够得到老师的关注;我希望课堂上我是快乐和轻松的;我希望不要重复性的练习作业;我希望回答错了,老师不要批评我,其他孩子不要嘲笑我;我希望多点比赛的机会;我希望我不懂的时候有人能帮助我……孩子的话,让我感动,也促使我思考。

正如余光中所写,"当你的女友已经改名叫'Mary'时,你又岂能送她一首菩萨蛮?"当我们的学生在数学课堂上,已经不满足于只是学习知识的时候,我们也要改变我们的教学观,从儿童出发,把自己放在服务者的位置,满足服务对象的要求。罗湖综改方案提出要向课堂要质量,以生为本,听了荆志强老师讲座,读了他的书《幸福地做老师》,参照他的生本管理做法,我的班级生本管理是这样做的:

一、班歌树立自信

当我刚接这个班时,班里孩子的积极性不高,很多孩子没有目标。学习成绩远远落后于别的班。54个孩子中有9个来自单亲家庭,孩子幼小的心灵严重缺乏自信和安全感。我想音乐有一种催人奋进的力量,于是我和孩子们一起写了这首歌,并最终取名《做最好的自己》。把我们班的行为习惯,以及对孩子们的期望寄托都写在这首歌里。在这首歌里,我写道:"每一声呼唤,感谢有你。一次次努力,只和自己比,一滴滴汗水,竭尽全力。"让孩子们有自信,尽力去做每一件事,懂得感恩。

二、小组让孩子有归属感

1. 常态化小组的建立。把全班54个人,按照"同组异质,异组同质"的原则平均分成9个小组,每组之间确保男女比例、学习成绩、行为表现均衡。小组内6个人确保"人人有事做,事事有人做",组长负责组内的常务及纪律,副组长及另外3名组员每人负责一科作业的收发,1名组员负责小组成员的表现统计打分,并定期在小组微信群公布。

2. 动态化小组的建立。

(1) ABC＋F＋D小组。按照平时单元考试成绩及平时课堂回答问题、课堂测验,小组评分每月进行一次综合排名,排在班级前20名的是A组,20—40名的是B组,41—54名是C组。其中A组前3名属于F(Free)组,可以额外获得三张心愿卡。Free体现在老师评讲练习题或试卷时,可以自由,看书,做其他作业都可以。D组指C组在一个评分周期(一个月内)不认真完成作业,课堂不认真听讲,没有回答过问题,反提问环节答不上来,不参与讨论累计超过三次,就进入D组。D组由C组表现优秀的学生专人负责"精准扶贫",给C组同学提供了锻炼的机会,又帮助了D组的学生(让C帮D,而不是A帮D,因为A组和D组的学生思维频度不同,D组的学生可能更容易理解比他略好的C组学生的思维)。

(2) 突击队小组。由A、B、C小组内完成任务的前三名同学组成,负责课堂上作业订正后的抽查,及不定期的知识与能力训练的订正检查。检查到没有订正的错题可以加分。

三、详尽地量化评价激发孩子的参与热情

1. 课堂回答问题的评分机制。每回答对一道问题加1分,有创新的质疑与解答双倍加分。面向全班的问题,C组同学回答对,双倍加分。为了激发中后进学生的参与热情,有的问题仅限B、C组回答。A组回答的问题主要集中在创新的想法、质疑及补充方面。每两周小评一次。得分5分以上可以获得一颗星星印章。(星星印章可以作为每月一次评价的积分。)

2. 课堂测验的评分机制。每节新课结束,我都会抽出5—10分钟时间,检查本节课学生掌握的情况。每两周一总结。课堂测验A组累计5次全对,可以奖励2颗星星印章。全部做对,可以奖励3颗星星印章。B组累计4次全对,就可以奖励1颗星星印章,C组累计3次全对,就可以奖励1颗星星印章。

3. 小组交流分享汇报的评分机制。我提出了"一人对,全组对,一人会,全组会"的分享交流口号,学生必须先独立思考再小组交流。在这个过程中,我是评判员,凡是没有经过独立思考就开始讨论的小组,不能获得分享的机会。表现最好的小组(每个人都有自己的思考,并且用笔写出了自己的答案,不用的用？标出,交流时全组成员都积极参与)加2分。

4. 数学能力训练的评分机制。A组连续5次全对且认真写,可以获得1个星星印章。B组连续4次全对且认真写,可以获得1个星星印章。C组连续3次全对且认真写,可以获得1个星星印章。

四、独特的汇报机制,使学生专注学习

1. 汇报随机性。由最先完成交流的小组进行汇报,由学生指定汇报组成员汇报哪道题(学生往往会把最难回答的题交给后进生汇报),这种随机性汇报,促使了小组交流的成效性。谁提问,谁就有优先补充和质疑权,这也大大促进了下面同学的参与热情。

2. "反提问,找不会"。如果汇报组全部答对问题,可以拥有两次反提问的机会,针对刚才交流的问题,在全班找到还没学会的同学,如果能找出谁没学会,就可以再次加分。如果找到的学生回答出问题,那就给反提问到的学生加分(反提问环节基本都会提问差生,所以,为了不被反提问到,后进生在交流汇报的时候,要格外认真听讲才可以)。

五、曝光台,让孩子坦然面对错误,懂得感恩

1. "我是最佳勇士"。每节课最多两个学生抢答。谁先举手谁就有机会说。坦承说出自己的错误,如果还没学会,就可以请大家帮忙解决。如果原来不会,现在会了,可以说出自己是通过什么方式学会的。

2. "我要感谢他(她)"。每节课仅限最多两个学生回答。在学习的过程中,常怀一颗感恩的心,真诚地当着大家的面向帮助过你的同学表达最真挚的感谢。感谢者和被感谢者都可以加分。

六、369组微信群,独特的后厨

3次课堂测验都不过关的学生进入369组,需要连续做6天,测试9道题(简称369)对于在课堂测验中出现错误频率较高的题目,在数学369群,每天有针对性的练习。6天后再测试,过关则退出,不过关就继续巩固。

经过近几年探索,我越来越享受小组学习给我带来的"实惠",我不用再为了上好一节公开课绞尽脑汁想点子、想思路。我的课就是踏踏实实地从儿童出发,给他们提供充分表现的平台,随时都可以推门听课。

在课堂上我更多地关注孩子是不是真的"我愿意",当下课的铃声响起,他们还不愿意下课的时候,我知道我是成功的,也是快乐的。与学生一起品味和享受成长的快乐:重视学生的成长,而不仅仅是成功;重视学生的人格,而不仅仅是成绩;重视学生的创新,而不仅仅是接受;重视学生的终身,而不仅仅是现在。

【生本管理】我们班小组建设这样做！轻松又有效！
广州　何转云

我认为生本为我们开辟了一条新的教育道路，它的方向很明确，就是以学生为主人的教育。学生既然是教育的主角，那么他就必须有展示的舞台，就像明星需要宽阔的舞台一样。但你有没有想过，其实每个明星闪耀璀璨的背后，往往都会有一群人员为他出谋划策？我们的学生需要展示，但个人的力量是有限的，他需要小组作为他的后盾，这样才会获得成功。不单单是展示，贯穿于整个学习，小组的力量也是必不可少的。因此，生本的前提必须生成小组的力量，这就要从小组的建设上下功夫。

一、观察了解，均衡分组

对于小组建设的最初的第一步就是分组，那么，究竟怎么个分法呢？当你面对一个班的时候，不要急着把学生按高矮肥瘦盲目进行分组。可以先对各个学生进行具体而综合的一个观察了解，也就是对学生的学习情况、性格等进行摸底，观察一段时间后，结合其他科任老师的意见、学生间的评价、家长的反馈等等对学生进行初步的定位。然后把学生分类，主要有两大分类方向：一是成绩，把学生归类为好、中、差三种；二是性格，把学生归类为活泼、一般、文静三类，于是就在这几类中进行均衡的搭配，一般每组4—6个同学。如我班有55位学生，我把学生总共分为14个小组，只有一组是3人，其他小组都是4人；14个小组又分为4个中组，1列为一个中组，每个中组3—4个小组；4个中组又分为2个大组，2列为大组，每个大组里有7个小组。（下边附教室小组座位表）当然这只是一个初案，不是一成不变的，要知道，人是会转变，同时认识也会有所变化，所以一段时间后我就会针对自己的观察、小组的意见反馈以及科任老师的反映在原有基础上进行调整，当然这已不是大动干戈的调整了，而是微调，以此来达到小组间组合的优化、完善。

二、合理分工，人人有事做，事事有人做

小组成立后，这只是形式上达到要求，接着下来就是分工。小组内各个成员无论学习还是能力都是有所差异的，那么这个分工就不能随意而为，不能强人所难，同时也不能偏其一方。刚开始的时候，我是这样构想，每个小组分别有一个主组长，是统筹整个小组学习和工作。七年级主科分别是语文、数学、英语和政治四大课，4个人分别负责一科，分为语文组长、

数学组长、英语组长和政治组长。但实验了一段时间后,我发现某些同学由于基础薄弱、学习能力低以及自控能力差,他们根本就不能胜任科目组长一职。我觉得生本就是要实事求是,具体情况具体分析,当某些学生真的暂时不具备这样的能力时,我们不要强他们所难,如果我们非得让这些学生去做他们难以完成的事情,这本身就打击了学生学习的兴趣和积极性。面对这样的情况,我和同学们商量进行了调整,让那些有能力的学生多兼任一科科目组长,而原来的同学要协助。同时,让那些不当科目组长的同学当小组的记录员、纪律员等。当然往后还可以一直做内部调整,这样一来,小组内每个成员就人人有事做,事事有人做,最充分地运用人力资源。

三、小组定位,形成文化建设

框架形成之后,小组要鲜活起来,就必须要有小组灵魂,这就是文化建设。各个小组在教师的指导下自行商议制定:组名、祖训、组规、小组公约、奋斗目标等等,先让学生大干特干,再由教师进行把关,把不合实际的成分剔除,并加上教师的建议,然后再返回给学生修改。为了提高学生小组的集体荣誉感,我要求每个组员必须清楚了解自己小组的相关文化建设内容,并把小组的文化建设在班内进行了展示,要求本小组成员对其他同学进行介绍,同时,也可以对其他小组的文化建设"指手画脚",给予建议。我给每个小组发了一本专门记录小组文化建设的本子,要求各个小组一段时间就进行一些调整、修改,每个月上交一次记录本,让教师能够了解各小组的发展动态,并及时给予指导和肯定。

四、合理规范,形成良好习惯,建立帮扶和竞争制度

小组组成后就必须投入运行,运行过程中不能随意任之,必须有个统一规范,在此基础上再各施己术,共性跟个性统一,达成小组的合理规范。首先,无规不成方圆,在鼓励学生积极参与、活跃发言、乐于展示的同时,也不能放松其纪律,相反,这一切的有序进行必须要建立在良好的纪律上。我给每个小组发了一本纪律记录本,专由小组记录员进行记录,记录好的,如:周三,语文课上,某同学积极投入讨论交流,乐于展示。也可以记录不好的,周三,数学课上,某同学讨论时开小差。组长针对记录情况,结合组员进行监督教育,教师进行把关,并把这些记录与德育评分进行挂钩,这样就能为课堂的纪律做好了保障。其次,生本课堂的核心环节是学生的交流、讨论以及展示,虽然做了不少思想工作,还做了鼓励工作,但效果甚

微,当需要某个同学展示时,他们一般都会扭扭捏捏,学生还没能真正地形成展示自己的习惯。究其原因,就是"巧妇难为无米之炊",有些小组流于形式,表面热闹,却没能真正交流讨论问题,即便有些小组真的讨论了,但要真正上去展示时,又发现没有素材可展示。针对这个问题,我给各小组发了语文、数学、英语、政治的交流记录本,科目组长负责调动小组成员发言交流,记录员负责记录,每周教师进行一次把关了解。当然这只是交流讨论的初级阶段,为的是形成学生积极讨论并做好记录的习惯,当习惯形成后一切就好办了。再次,建立小组的帮扶制度和竞争制度。小组内形成对口的帮扶,一对一,针对情况进行表扬奖励。同时引入竞争机制,小组间进行小组PK,个人也进行PK,可以把竞争进行公开处理,形成竞争氛围。

五、积极鼓励,培养人才,善用人才

分工明确之后,学习工作的真正开展落实才是重点,现今社会需要的人才是能够化知识为能力的人,不想当将军的士兵不是好士兵,不想当组长的学生不是好学生。让学生意识到,当组长既能增进知识,也能锻炼能力,使得学生心甘情愿地当好自己的职务,做好自己的工作。同时,要及时肯定他们,增强他们的自信心。这就需要长期对学生进行思想引导。可以先培养主组长,让他明确当组长的要求、职责,帮助他在小组内先形成威信,培养他组织小组活动的能力,如怎样在小组内进行分工,怎样完成前置作业,怎样组织讨论交流并做好记录,怎样展示成果,怎样评改作业等等,以及要协调小组内的关系,及时实事求是地向教师反馈情况。然后让主组长带领其他科目组长、记录组长、纪律组长做好工作,由点到面进行培养。刚开始时,每周开一次组长会议,后来两周开一次。同时,对那些工作到位的组长,要在班里公开表扬肯定,也可组织"最好的组长"评选活动,并作相关奖励,以此来提高组长工作的积极性。刚起步,不能要求面面俱到,也不必操之过急,要给学生成长的时间和空间,静待花开。

六、评价制度和激励方案

评价制度和激励方案是生本实施的润滑剂,能够充分发挥学生的能动性,促进良性竞争。评价对象分为个人和小组,评价内容分为前置作业、课堂表现和课后练习,评价方式分为组内评和教师评,前置和课后主要由组内评,每个月评一次,评出优秀个人和优秀小组。

附小组评比加分、扣分细节：

（一）加分：

1. 小组合作愉快（组员都乐于听从组长安排的）每人加 2 分；

2. 小组讨论积极热烈、纪律好（没人讲话、开小差、睡觉、吃东西）的每人加 2 分；

3. 积极主动发言的加 2 分，声音响亮再加 1 分，回答正确再加 1 分；

4. 主动评价、补充其他小组（同学）的加 2 分，评价好的再 2 分；

5. 主动展示交流成果的加 2 分，展示效果好的再加 2 分；

6. 抢答多、好的加 2 分；

7. 按要求做好笔记的加 2 分；

8. 主动帮助别人的加 3 分，帮助成功的加 2 分；

9. 每次默写、听写、背书，小组所有组员都过关的，每人加 2 分；

10. 每周所有作业，小组所有组员都按时完成的，每人加 5 分。

11. 每次测试，平均分第一名的小组每人加 6 分，第二名的小组每人加 4 分，第三名的小组每人加 2 分，第四名的小组每人加 1 分；

12. 主动承担讲课的加 5 分；上得好的每人加 3 分。

（二）扣分：

1. 整节课都不回答问题也不评价他人的小组，每人扣 2 分；

2. 小组不积极交流、纪律差（讲话、开小差、睡觉、吃东西）的，每人扣 3 分，攻击、讥讽他人的扣 3 分；

3. 没按要求做笔记扣 2 分，每次不交作业扣 3 分；

4. 每次默写、听写、背书，不过关的扣 2 分；

5. 月考、期中、期末考，平均分倒数第一名的小组每人扣 6 分，倒数第二名的小组每人扣 4 分，倒数第三名的小组每人扣 2 分。

（三）个人、小组评价每月总结一次（个人评前 5 人，小组评前 2 组），下个月从零开始；中组每 2 个月（每次大考后进行，一学期评四次）评比一次，下个月的评比从零开始；大组每个学期评两次，期中考试后一次，期末考试后一次，下一次从零开始。

（四）小结排后的小组，从下两个周里可以申请一组人帮自己提高，如果下次总结有提高的，本小组加分，进步一名的为小组加 5 分，进步两名的为小组加 10 分，如此类推。而另一帮助提高的小组，也会加分，同样是进步一名加 5 分，进两名加 10 分……如此类推。

（五）小组回答不能只是个别同学,如果一个组内的同学第一次是他回答,可以为小组和个人加分;当第二次还是他回答的话,就不能为小组及个人加分。只有组内轮完一圈回答后,那个同学回答的话,就可以重复加分。

【生本管理】在班级文化建设中融入德育教育理念

广东连州市　黄莉岑

【摘要】班级文化主要指班级内部形成的具有一定特色的思想观念和行为规范的总和,是一个班级内在素质和外在形象的集中体现。其主要内容有：班级形象、班级精神、班级凝聚力、班级目标、班级制度、团队意识、班级文化活动等。班级文化的核心是班级精神和价值取向。班级文化建设通过美化教室环境、健全班级管理制度、开展班级活动等方法建设积极、乐观、向上的班级文化。我着重从美化教室环境的创建中融入德育教育理念构建良好的班级文化,这一方面进行深入的分析和探究。

【关键词】班级文化建设融入德育教育

学校工作的中心是教育教学工作,教育教学工作的首要任务是学生的德育工作。班级是学校的基本单位,班主任作为班级的直接管理者,也是学生最为熟悉的教育者,更是学校德育的中坚力量,更是班级文化建设的核心工作者。班级文化建设是班主任组建良好班集体的核心之一,也是班级的灵魂。其主要通过美化教室环境、健全班级管理制度、开展班级活动等方法建设积极、乐观、向上的班级文化。良好的班级文化对班级成员产生导向、激励、规范和凝聚的作用,要真正发挥其作用,必须将德育教育融入班级文化建设过程中。我着重从美化教室环境的创建中融入德育教育理念构建良好的班级文化。下面结合我本年度的工作心得谈谈这一做法。

一、正确认识自己,了解青春

奋斗的青春最美好。古希腊的名言"认识你自己"是为了更好地完善自己,也为了更好地融入社会。初中阶段是人生的重要阶段,也是我们的身体迅速发育的时期,我们从童年走进青春的美好时光。青春是人生中最美好的阶段,生命开始全新的阶段,生命正年轻。在这个阶段,人充满理想与信心,是人生中最具潜在力量和创造性的时刻。他们的意识逐渐觉醒,梦想更多了,激情更加澎湃,开始思考着远大的抱负,对未来充满憧憬。此时不学,更待何时？我在课室的右墙壁上贴上图案"奋斗的青春最美好"提醒学生珍惜时间,珍爱青春,努力奋斗,实现梦想。

二、明确学习目的，设立远大的目标——梦想从这里起航

学会做梦，有梦才有动力。为了自己的梦想而努力，就必须从现在做起，从身边的小事做起，脚踏实地，兢兢业业，立足本职工作，才有所作为。为实现"中国梦"而奋斗、加油！我在我班课室的墙壁正中间位置贴上这样的图案："梦想从这里起航"七个大字。字的边缘有一对向上翱翔的翅膀。时刻提醒学生为实现自己的目标"梦想"而努力、而读书。正如周恩来从小志高，12岁就誓言"为中华之崛起而读书"，立志振兴中华的伟大志向。——我们敬爱的周总理！在它旁边贴上字画"今天你足够努力了吗？——说的就是你！"告诫大家时刻记住："天上不会掉下馅饼的"，只有靠自己的勤奋努力才能获得，实现自己的人生价值，从今天做起、从现在做起。

三、构建良好的班集体

良好的班集体是我们健康成长的重要环境，能够促进同学之间的相互合作，激励我们共同进步。一个具有团结友爱、积极向上精神的班集体，能够随时感染集体的每一位成员。

（一）众人拾柴火焰高。同一个团队、同一个梦想——扬帆起航。良好的班集体好比一棵大树，我们每个人都是这棵大树的一根树枝或一片树叶，由我们的一根根树枝或一片片树叶组成了一棵坚忍不拔的参天大树，开枝散叶，百花齐放，大放光彩。"三百六十行，行行出状元"，为祖国、为社会做出贡献，秀出风采，展现自我。发挥学生的潜能，发动学生在网上寻找我想要的大树。如愿以偿，同学们找到了，学生是行的。我专门用一块最宽敞的墙壁装贴出一幅活生生的参天大树支撑我们每一位同学，由我们每个同学的风采绘画出这棵大树。大树的主干中间挂着一幅"全家福"（全班同学的集体照），凝聚我们每个成员，在这个大集体里我们是一家，齐心协力、共创辉煌。边缘开枝散叶挂上我班同学的精彩画面，有：在学校发校服时，同学们一起扛着校服上楼梯的那股通力协作的劲儿；在元旦舞台上婀娜多姿的风采；校长为我班颁发奖品奖金的光荣时刻；奖状奖金的印证；全班同学获奖后一起分享快乐、幸福、甜在嘴里的时光；家长会上家长们聚精会神倾听老师的讲解；同学们朗朗的读书声的照片……如今这棵大树已向一边，上头蔓延。上学期我班荣获我校颁发奖金共750元及部分奖品，获七年级最多奖金的班级。

（二）以制治人，齐心共管，奖罚分明

有效的管理制度才能确保工作的贯彻落实，并得以不断强化实施，是

培养良好行为素质的关键。确保各项措施贯彻落实到位,我在我班美化课室建设中贯穿着各项规章制度:设立贡献栏、违纪栏、个人情况登记本、出勤情况登记本、劳动情况登记本、欠交完成作业登记本、公告栏、学习园地、卫生角、图书角。

1. **贡献栏**:培养学生树立正确的人生观、价值观,此栏由我负责。

助人为乐是中华民族的传统美德。人生真正价值不仅在于我们能否在社会中得到承认和满足,更重要的是在于我们能为他人、为社会做出什么样的贡献。社会化的最高境界是服务社会、奉献社会。要求学生从小事做起、从身边事实做起,为学校、为班级做出贡献。于是在我班的左墙上设立这一角"贡献栏"。记载我班学生方方面面的贡献:有学校的、有班级的、有集体的、有团体的、有个人的。

(1)学校颁发的奖状有:新生入学教育"激扬青春,磨炼意志"实践活动中表现突出,荣获最佳风尚奖;学校课室文化建设评比活动中荣获七年级一等奖;元旦文艺汇演荣获七年级组一等奖;本学年度第一学期评为"文明标兵班"的荣誉称号;男子三人乒乓球比赛中,荣获二等奖;杜遥摇在新生学前教育系列活动之《激扬青春,磨炼意志》征文比赛中,荣获优秀奖;邱涵荣获市教育局七年级品德与历史组三等奖,慧智助学金100元,其获奖次数多次。

(2)班级颁发的奖状有:黑板报贡献者;每次考试优胜者;经过一学期的努力,总结上学期的情况,学生民主投票评出5位最佳贡献者、5位优秀班干部,学习进步者给予奖励。(奖金在我班上学期荣获校颁发的750元中,除去上学期必要的支出外,拿出大部分资金鼓励学生"秀出自信、展现自我"——我班班训。)

①最佳贡献奖。

②优秀班干部获得者。方法:上两项学生投票胜出、奖金学生定:最佳贡献奖6元;优秀班干部奖5元。

③进步奖。方法:为了鼓励学生努力备考成功,早定好奖金180元,只要达到进步要求者平分。最后五位胜出,进步奖得36元。

④感谢奖。没获到上述三项奖的班干部(2元)与组长(4元)。意向是让学生学会感恩。

此栏意在鼓励学生勇创贡献,你追我赶,互帮互助,共同进步,以我为荣,勇创辉煌。勇挤贡献栏,实现自己的人生价值——服务社会,奉献社会。

2. 违纪栏：班长、组长、学习委员、人人有份登录。我班各项规章制度可以从此表明显表现出来。

（1）要求我班学生要比我校全体学生回校时间早10分钟。①如在我校上午初三同学早早读时间（即早读前20分钟）迟到自己亲自写上：早早读迟几分钟。②按学校初一、初二回校早读时间迟到的写上：迟到几分钟。"一日之计在于晨"，珍惜时光，事实证明初有成效，我班同学在早早读之前大部分已到，几乎没有迟到现象。

（2）上课不专心受到老师批评的，写上：英（批）、语（批）等由值日干部登录；作业情况由组长登录；班干部互相监督登录（主要由班长登录，其他学生也要负起责任，一旦发现有违纪现象不登或漏登的经其中一个班干部证明，可登上违纪者姓名和值日干部名字及班长姓名）。让学生明白形成良好的班集体人人有责，从小树立起主人翁责任感意识。记得3月10日（星期五）那天，我们外出学习，学习委员通过微信发来照片与视频（远程监视）。打开一看"失职"一词浮现在眼前，令我忍不住笑了出来，与此同时和同仁一起分享快乐。他们是天真的、聪明的。这就是"生本教育"。

3. 个人情况登记本、出勤情况登记本、劳动情况登记本、没按时完成作业登记本。登记本的做法：根据各种登记本登记内容多少，用一本或二本笔记簿，在它的左上角用钻机钻个动，用绳子拴起来挂在公告栏边的钉子上。根据违纪栏的记载情况，每天最后一节课下课后由以下负责的同学分别登录在不同登记本上。

（1）个人情况登记本：全能部长邱涵、张美琪二人轮周负责登记，根据违纪栏的记载情况对号入座到每个同学个人情况登记本的对应位置。纪律性较差的同学页数较多，放在本子的最前面便于记录。即反映该生的操行分情况，一学期下来操行平均分倒数第十名者下学期报名必带家长回校协助教育。这是与家长面对面交流的最佳资料，也是与学生谈判的最好法官。

（2）出勤情况登记本：出勤部长何华镕负责登记。

（3）劳动情况登记本：劳动部长赖海文负责登记。

（4）没按时完成作业登记本：由各组长负责登记。

4. 学习园地。主要用儿童地垫做成，图钉按上，灵活多变。随时按上学校的通知及我班的优秀作品、书画等等。

(三)健康你我他,清洁靠大家

整洁优美的班级卫生面貌,不仅能为师生提供赏心悦目的学习环境,也能对班级成员的品德修养起到潜移默化的教育作用。一个班级的课室环境如何,是这个班级整体风貌的一面镜子,它与班集体建设紧密相连。一个整洁优美的环境是保证学生学习生活的一个基础,必然让上课者和授课者心旷神怡,搞好卫生环境即是对学生进行科学卫生知识教育、培养良好卫生习惯的重要作用,也是培养学生良好思想品德的一个途径。人人有责,责任到位。

(四)家长、老师、学生通力协作,共同建立良好的班集体编辑学生家长通信表:如有学生在早早读迟到的,马上电话联系家长,及时督促孩子迅速回校;一旦出现问题马上与家长取得联系,及时解决问题,防微杜渐,尽量减小不必要的事情发生。因而,我们极少出现迟到现象。

1. 建立家长微信群,及时正确地向家长反映孩子在校的情况:可以文字书写反映,也可以视频反映。我多数采取小视频发送信息,这样能及时、准确、生动形象、不偏不倚地反映情况;也更好地让家长掌握孩子在校的真实情况,协助教育,帮助孩子快速改正缺点错误;这也能更好地让孩子知道父母对我们在校的情况了如指掌,从而鞭策自我,增强自控能力。做到广告语"你好,我好,大家好"!

2. 水滴石穿,功夫不负有心人,通过自己的努力与家长打成一片,在班级文化课室建设中,我班学生蒋佳欣家长送来了五盆美丽的花卉——无价之宝,轰动校园,为我班师生营造舒适美丽的环境,增添活力。由衷感谢亲爱的家长!老师们会更努力的,学生会更勤奋的。

3. 在老师的努力、家长的配合、学生的辛勤努力下,我班学生收获满满,深受学校的好评:被评为2016—2017学年度第一学期"文明标兵班",至今为止我班每月都被评为"文明班"的荣誉称号;在4月12日桂江一中刘老师送教下乡活动中我班学生与老师配合圆满取得成功;本校黄老师在基本功比赛训练,磨合与新生的默契活动中,与我班学生教学相长,圆满成功。每次月考,同学们的总平均分都取得很好的成绩。

这就是我在班级文化建设中渗透德育教育的体会与探讨,也蕴含着全体师生的共同努力,凝聚着班上每位同学今后的学习方向,在以后的学习与工作中干出自己的一番事业,勇创辉煌!

【高中英语】一个真实的故事：与荆老师和生本结缘

江西安远　陈秋玲

这是一个真实的故事，我与荆老师相识、相知的故事——这也是我们所有众多的生本爱好者、追随者，一切拥有一颗教改的心，拥有一颗真心想教好书的生本爱好者的故事。

2012年9月份我与荆老师第一次相见，他不认识我。因为来学习的老师好几百人。我静静地听着他的讲座，可以说是心潮澎湃。也是在那一天我已下定决心，我也要走向那条生本之路，让我幸福地教书幸福地生活的路。

2014年的11月我与荆老师第二次相见。那一次我很幸运，因为我不仅见到了荆老师，还到荆老师班上听了一节课，更重要的是，在课后的交流会中，我与荆老师有了单独的面对面的交流机会。我把我做生本中的困难告诉荆老师，荆老师耐心地给我指点迷津。印象很深刻地记得荆老师对我说：你一定能做成生本的，你魅力比我大。也是在那一天，我有了一颗我能做好生本的信心。

2016年的11月12日，也就是今天，我很幸福，因为我终于有了一个与荆老师不仅是面对面的交流机会，更重要的是荆老师来我校深入地指导和指点。就在今天我有了坚持做生本的持之以恒的决心。

还是那个荆老师，和蔼可亲、幽默博爱的荆老师，还是那个理念——生本教改的理念。一开始听似乎很熟悉很亲切，可慢慢地听到讲座的中后部分，再细细品味，却有一种醍醐灌顶的感受。一种质的飞跃，一种心灵的碰撞和震撼，一股大爱和博爱的暖流冲击着我的心灵。这种震撼让我看到了并且见证了亲身地体会到了生本的经久魅力和生本的成长和成熟。这种质的飞跃——从强调生本的硬件管理、硬文化到软件渗透、柔性和大爱的人文关怀的转变。这也正验证了荆老师的那句话"生本的最高境界就是爱"。让我深深地感悟到生本的灵魂也应是爱。

荆老师前后三次的讲座，我最大的体会就是荆老师做生本从一种强调"生本的管"，如分组考评评价，升华为"生本的化"，如更注重班级文化对学生的内化，以及一种长远的育人的理念，一种人文的文化情怀。

几年前，听了荆老师的讲座，印象中荆老师是一个非常优秀的老师，全国名副其实的名师，我的眼里是满满的羡慕和佩服。几年后的今天,我听了荆老师的讲座并且有了面对面地深入交流后,荆老师在我的眼里不仅是名师、专家,更像是学者,甚至是心灵的培育者,是一个博爱的教育家。这一次,我的心里是深深的钦佩和敬意,是一次心灵的升华和共鸣。

与荆老师的相知相遇,改变了我们的面貌,使我们从低谷中走了出来。今年高考的成绩最好地阐释了生本教改带给我们的福利。我所带的班是全县1500名甚至是2000多名的学生,高考下来有18人考取了本科。其中刘流同学以高出一本22分的好成绩排在全县应届生前10名,全县应往届生前25名。有6人500分以上,名列全县文科前125名。这个成绩改变了我校从来没有文科一本考取率的历史,文科本科上线人数是往年的9倍。我所任教的英语学科平均分高达110分,比重点高中整整高出7分,全班及格率高达98%;我上的另一个体育班由于采用生本管理和教学,也取得了历史性的突破,5人考取了被认为是体育专业中的北大清华的北京体育大学,还有36人录取了本科学校。

与荆老师的相知相遇,也改变了我一生作为教师的状态,他的"走心"及那个最美的"化"字最深刻最温情地阐述了生本的真谛和最高境界。让我由衷地感受到,想要做好生本、教好书,必须得——

要有一颗想做生本的真心!

要有一颗能做好生本的信心!

要有一颗坚持做生本的决心!

【高中政治】精心设计活动,打造生本课堂
——以"新时代的劳动者"教学为例

深圳罗湖　肖骥辉

课堂是师生沟通交流、互助成长的重要平台,是教师的主阵地;课堂是教师职业生命力绽放的舞台,是教师职业价值感、幸福感生长的土壤;课堂更是教改空间最大的领域,一定程度上,谁更好地把握了课堂,谁就更接近教学的成功。21世纪中国教育的唯一出路在改革,而改革的关键是课堂的变革。

德国教育学家第斯多惠说:"教学的艺术不在于传授本领,而在于激励、唤醒和鼓舞。"新课程改革重视教学过程中的激励、唤醒和鼓舞,提出了构建生本自主课堂的要求,使课堂由"教师一讲到底、学生被动接受、重知识传授"转变为"学生合作探究、自主学习,重力培养"。这种生本自主课堂

不仅有利于激发学生的主动性和创造性,使学生更好地掌握和理解知识,还能提升其核心素养,真正实现"立德树人"的根本教育目标。

构建生本自主课堂核心在于充分发挥学生的自主性,而学生自主性的发挥唯有通过教师精心设计的活动才能实现。现代教育理论认为,活动是学生发展的基础,能为学生提供发展的有效途径与手段,实现潜在可能性向现实确定性的转变。因此,构建生本自主课堂要精心设计适合学生发展的学习活动,让学生在活动中实现学习与自我的双向建构,最终掌握知识、提升素养。如何设计学生活动?

我试以"新时代的劳动者"教学为例,与大家分享些许体会。

一、课前:巧思妙想,设计学生自学活动

课前教师提供微课、学案等自学材料,实施学生四步自习法。

第一步:阅读教材教参,完成学案,把握基本知识;构建知识结构图,寻找知识内在联系,提升归纳和综合能力。

第二步:完成自测,呈现问题,寻疑设疑。学生对照自测题,找出自己的疑问,寻求合作解决或留待课堂解决。学习程度好的学生还可以找出重难点设疑,在课堂上进行学生互考互评。

第三步:深度思考,探疑解疑。学生的深度思考需教师设问引导,为此,我根据教材内容与社会热点以及学生实际,预设了四个思考题:(1)如何解决就业问题?(至少从两个方面思考)(2)就业创业要具备哪些基本能力和素质?(3)是先就业好,还是先创业好,未来你会如何选择?(4)对于未来的职业,你将如何规划?列举你涉猎过的有关职业规划的书籍、网站、媒体节目。四个问题不仅涵盖了教材的重难点,而且深化拓展了教材内容,直指学生终身发展。爱因斯坦说:"走出校门后,把学校里学的知识全部忘记,剩下的东西就是教育。"此思考题的设置就是力图践行这一理念。学生要解决这四个问题,不仅要认真阅读教材教参,而且要通过各种渠道搜索相关资料,对自身的职业素养、职业观划等问题做出深入的思考,从而提升了教学的深度、广度和效度。

第四步:收集时政,链接新课。引导学生收集与新课有关的时政新闻,各合作学习小组角逐课堂展示机会。

二、课中:慧心巧思,设计学生课堂活动

1. 导入新课:学生展示分享时政,顺利导入新课。

苏霍姆林斯基说过:"成功的欢乐是一种巨大的情绪力量,它可以促进

孩子们好好学习的愿望。"为了给学生创造课堂成功的体验,也为了唤起学生学习的自觉性、培养学习的合作性、增加政治课的趣味性,更为了引导学生关注生活,我改变教师视频资料导入新课的惯常做法,选择由学生展示分享时政来导入新课,效果很好。课前全班学生收集与新课"劳动者的就业创业"有关的新闻,整理打印。有意角逐课堂展示机会的合作学习小组,提供小组制作的时政PPT,教师择出其中最佳,请该组学生在课堂播放分享,并给予学期总评成绩加分的奖励。此次我选择了陈雨小组"2016全国双创周活动在深圳启动"的新闻,在学生分享双创周"大众创业,万众创新"的新闻中,自然过渡到新课——"劳动者的就业创业"。展示的学生踊跃积极、信心满满,聆听的学生兴致勃勃、聚精会神,效果很好。

2. 新课教学:小组合作答疑解惑,突破重点难点。

著名的"学习金字塔"实验表明:塔尖的学习方式"听讲",学习效最低,24小时后学习内容只留下5%;由上至下的第二、三、四种"阅读""视听""演示",各可保留10%、20%、30%;第五、六种"讨论""实践",各可保留50%、75%。处于金字塔底座的"讲授",可保留90%。传统的个人学习或被动学习效果在30%以下;而合作、主动、参与式学习效果在50%以上。从目前条件来看,政治课还很难走出校园走向实践,但通过情景模拟、合作学习,可以引导学生在课堂模拟合作、参与、应用,从而达到良好的学习效果。基于此,在新课教学中,我组织学生在模拟情景中开展合作学习,以此提升教学效果。

(1)课堂合作,质疑答疑。课堂上学生提出自己在自学过程中没有解决的问题,经由小组合作解决。小组之间也可以互助合作。

(2)情景对话,设疑解疑。小组仍不能解决的问题,交由全班,由师生共同解决。这些问题往往就是课堂教学的重难点。为了突破这些重难点,我通过丰富的情景设置与问题设计,引导学生思考讨论,在学生积极的活动中悄然达成教学目标,效果很好。我预设的情景主要有三个:

第一个情景:招聘现场。一边人头拥挤,大学生感叹求职难;另一边招聘高级技工的企业高薪求贤未果,感叹招工难!就此,记者采访了求职未果的大学生。王同学说:"我要应聘助理工程师,读了大学去做技工,太丢脸了。"刘同学说:"做技工不符合自己的专业和兴趣。"廖同学说:"我家境不错,不愁吃穿,能否找到工作无所谓。"孙同学说:"找工作太难了,看样子只能靠父母找关系。"一方面,企业缺人,"有活没人干";另一方面,求职者却难以找到满意的工作,"有人没活干"。

学生活动设计:(1)阅读材料,回顾教材。(2)小组讨论:运用所学,评述四位同学观点。分析"有活没人干,有人没活干"的原因及解决途径？这一活动的设计,呼应课前思考题,共同指向重难点的解决。

通过学生活动和教师引导,学生不难认识到：四位同学的择业观都有偏颇；题中现象出现的原因在于劳动者择业观不正确、素质偏低等。解决问题途径：个人要树立正确择业观,提高素质与能力；国家、政府、企业要共同努力,营造良好的就业环境。这样,教材的重难点就在轻松的学生活动中得到突破,学生的认识更到位,印象更深刻。

第二个情景:天津卫视《非你莫属》栏目大学毕业生应聘现场视频。

学生活动设计:(1)观看视频。(2)思考发言:你从视频中得到的最大的启示是什么？

通过观看视频、思考发言,学生不难得到：就业创业要具备相应的素质与能力。我们要从现在开始,提升素质,培养能力,为未来做好准备。此处情景设计内容贴近学生实际、形式多样直观、提问富有针对性与现实意义,整个教学过程欢快流畅、丰富严谨,效果良好。这样的情景与问题既改变了灌输教学中的学生被动学习,又很好地规避了自主探究课堂活动设计的肤浅化和形式化,很好地落实、拓展、升化了教学内容。

第三个情景:创业实例——新东方创始人俞敏洪成功前经历了很多挫折,但他没有停下,最后走上巅峰。俞敏洪是这样评价自己的:第一,性格中有坚忍不拔的成分,不会轻易放弃。第二,比较有上进心,善于学习。第三,比较有耐心和宽容度,容易让团队重归于好。新东方刚开张时仅有13名学生和10平方米漏风的违章建筑办公室。俞敏洪拎着糨糊桶在零下十几度去贴广告,把糨糊刷在柱子上,广告还没贴上去,糨糊就变成冰了。新东方校训是:从绝望中寻找希望。在校训的激励下,新东方不断发展并成功在美国上市,学员超两千万。

学生活动设计:(1)阅读材料,回顾教材。(2)小组讨论发言：新东方的发展经历告诉我们创业必备哪些能力和素质？

通过高效的学生活动和教师适时引导,学生水到渠成地得出结论:创业应具备十大素质:意志力、创业欲望、自信、诚信、领袖精神、合作能力、决策力、社交能力、敏锐眼光、创新精神。这种主动学习能比教师的说教在学生生命中留下更多痕迹,从而更好地实现教育目的。

3. 课堂小结：学生做主，归纳总结。

课堂小结的重要性不言而喻。我改变惯常教师小结、学生附和的做法，引导学生自己小结。具体做法：在课堂上预留3分钟，要求学生参照课前自学勾画的知识结构表梳理课堂知识，大声诵读，进行小结；然后对照教师随后给出的知识结构图表，修正充实自己的小结。小组成员间可互助检测。这样的效果超过了教师小结、学生被动跟随的形式。

4. 课堂辩论：踊跃参与，异彩纷呈。

为了进一步夯实基础知识，加深学生印象，升华学生认识，提升学生的知识运用能力，我在本堂课设计了学生辩论活动。辩题：毕业后先就业还是先创业？这一辩题融合了整堂课的重难点和德育落脚点，意义深远。课堂上学生踊跃参与、热烈讨论、积极发言，把课堂气氛推向了高潮。在激烈的辩论中，学生亮出各种观点，针锋相对、去伪存真，课堂教学的多维目标得以落实，学生的核心素养悄然提升。

三、课后：内引外联，设计学生拓展活动

1. 链接课堂内外，衔接现在未来。

布置课外拓展作业，让学生做职业规划。要求：根据自身实际情况，做出未来职业预设，并就如何提升自身素质以便将来就业创业提出可行性方案。该作业计入学期总评成绩。

2. 拓展课堂教学，突破常规局限。

教师推荐与教学相关的电视节目、网络课程、热销书籍等丰富的课外学习资源，开拓学生眼界，启迪学生思维，拓展、深化、延伸课堂教学。如推荐电视求职应聘节目《职来职往》《就等你来》《非你莫属》等；推荐网络课程，南京大学《自我探索与职业发展》、中国青年政治学院《一起学创业》等；推荐畅销书《中学生职业规划》《大学生职业规划20堂必修课》《去，过你想要的人生》；推荐心理学书籍《认识自己》等。

构建生本自主政治课堂，要巧思妙想创设学生活动，"以活动激自主，以活动促发展"。让学生享受政治课堂、理解政治课堂，让单调枯燥的政治课焕发出迷人的光彩，指引、陪伴学生的终身发展。

【生本强校】生本教育让师生开悟受益

曾叔云

一所名不见经传的普通高中，建校三年即成省重点，再隔三年变省三星,仅成立10年,便跃升为省四星级高中,这就是创造了江苏省教育史纪录的丹阳六中。

丹阳六中接受五年一次的江苏省四星级高中复评,专家组对其的评价是:"丹阳六中逐步形成了'独特的教育思想——觉悟理念''独特的教育策略——管理创新''独特的教育模式——生本教育''独特的教育风格——自主发展'。"

四个"独特",书写在丹阳六中年轻的校史上,书写在不胜枚举的荣誉榜单里,更镌刻在千千万万因"生本教育"而开悟受益的师生心中。

自觉自悟引领创新

昔日曾子日三省吾身,今昔丹阳六中师生每日三问己身。

"今天你觉悟了吗?今天你创新了吗?今天你发展了吗?"走进丹阳六中,校园主干道标牌上印制的"每日三问"格外醒目。

"无论是校长还是教师,都要做到每日三问,这就需要努力培养一种不需要特别提醒的'自觉',在'觉悟'理念引领下不断追求自身的发展,不断促进学生和学校的共同发展。"丹阳六中校长朱万喜告诉记者。

在丹阳六中看来,觉悟作为办学理念,意味着对学校有着深刻的理解,知道学校对于学生发展和教师成功的意义,不断寻求实现学校的价值和历史使命,表现为教育的自信和内生的发展活力;觉悟作为教育理念,意味着对教育本义的准确把握,知道教育的内涵在于唤醒人的智慧、释放人的潜能、促进人的成长,表现为对教育理想和理想教育的不懈追求;觉悟作为学习理念,意味着把学习作为终身发展的途径,知道作为一个人永远是一个学习者,而学习的内涵在于自我不断建构的同时理解外部世界、服务赖以生存的社会,并通过变革的生活推动人类进步。

随着全校师生对"觉悟"文化理解的加深和实践的深入,丹阳六中逐渐形成了"教育文化自觉、主体共同发展、办学特色鲜明"的目标定位,打造了"自主管理""教育科研""民族教育""女子足球""生本教学"等6张亮丽名片。

在贯彻"觉悟"这一核心办学理念的几年中,丹阳六中先后赢得了"镇江市模范学校""镇江市文明单位""镇江市中学生行为规范示范学校""江苏省绿色学校""江苏省和谐教育先进集体"等一系列集体荣誉,成功晋升为江苏省的品牌中学。

"正是因为'觉悟',丹阳六中克服了等、靠、要的思想;因为'觉悟',丹阳六中才有了执着的追求;因为"觉悟",丹阳六中才有了'团结协作、克难奋进、敢于争先'的团队精神……"朱万喜将丹阳六中的飞跃发展归结为"觉悟"理念,正是因以"价值引领、自主建构、共同发展"为主旋律的核心办学理念"觉悟"在师生之中、在教育教学管理之中得到全方位、立体化的渗透,才实现了丹阳六中的迅速崛起。

以生为本颠覆传统

"觉悟文化"追求的愿景是什么?

四个字,"共同发展"。所谓"共同发展",是指在促进学生发展的同时,实现教师的专业发展和学校的和谐发展,但它的显性标志是"生本课堂"的出现。

"生本课堂太感人了,学生真正成了课堂的主人,学生主持,学生分析,学生总结点评,正如荆志强老师讲的一模一样,甚至有过至无不及,真是服了!"观摩完丹阳六中的高中生课堂后,安徽省霍邱县第三中学校长杜宜宏大加赞赏。

这个令其他学校校长激动喜悦的课堂,为何如此振奋人心?如果你仍然不知道什么是"生本课堂",同样可以来丹阳六中现场观摩一番:你看,上课铃还未响,学生的学案已经摆在课桌上,上课了,学生可以直奔讲台,或用自己制作的PPT展示自己对知识点的掌握程度,或手执教鞭把自己的体悟讲给大家听;课堂上,师生互相学习,碰到难点,大家先自己讨论,中心组成员率先登台作答,现身说法,大伙的智慧共同进行碰撞,而非等待老师的填鸭式教育。一旦一个同学回答特别精彩,"评分员"马上唱分,"记录员"马上记分,现场评比嘉奖……

这就是丹阳六中的"生本课堂",是真正以学生为主人的,为学生好学而设计的教育实施策略。课堂是学生的课堂,在丹阳六中,它又真正回到了学生手里;课堂是生命的课堂,在丹阳六中,它充分彰显了学生生命的活力。在这里,"一切为了学生,高度尊重学生,全面依靠学生"真正变成了现实,"以学生为本,以学为本,以生命为本"的教学观得以充分贯彻。

在生本教育的管理中,丹阳六中已经建立起了一整套细致的学生考核方案,小组捆绑评价。比如,课堂主动展示加分,作业完成优异加分,考试优秀双倍加分,作业质量不高减分,被抽查出现不会的题目减分。这些都是有纪律监察员负责监督,并且每两周进行一次结算,最优小组和最低小组,分别有相应的奖惩。

"开展生本教育根本目的不是让学生成绩好,而是让学生素质高,考试成绩好是生本教育的附属品!"据悉,生本课堂实验班在一次市级高三教学质量调研测试中,高三(8)班不仅均分超出其他班级18分,而且前1—8名全在这个班,正如该班老师荆志强所言:"上课是享受,很轻松,学生开心,学校放心,家长称心!"

"素质教育的关键是课程改革,课程改革的关键是课堂教学,课堂教学的关键是'生本教育',而丹阳六中的'生本教育'就是我们最好的典范。"淄博市教育局副局长张景春十分中肯地说。

在生本教学改革进程中,丹阳六中连续三年获得丹阳市先进集体,生本教学被镇江市教育局确立为学校特色建设项目,且学校高考质量稳步提升,近三年本科达线率始终位居镇江市同类学校前两名。

据悉,自《人民教育》刊登丹阳六中生本教学改革的经验之后,山东、吉林、湖南、安徽、宁夏、浙江、广东、新疆以及上海、重庆等全国二十多个省市100多家单位和学校纷纷前来考察学习,《丹阳日报》《镇江日报》《江苏教育报》《人民教育》及省市电视台等诸多媒体先后报道了学校的"生本教学"典型。

自主建构完善发展

在丹阳六中,"生本课堂"是营造价值引领氛围的主阵地,也是演绎自主建构理念的重要载体。如果说生本课堂的主战场在课堂之内,自主建构的主战场就涵盖课堂内外,引导师生不断完善全面的人格。

那么,何谓自主建构呢?

"自主建构教育是高中教育阶段作为素质教育文化的一种模式探索。从教育思想上来说,自主建构教育主张每一个学生作为具体的人,都有其自身的价值,都是自主建构的主体。学生的学习活动总是基于他们自身的发展需要和个性化的学习方式,由于经验的不同和能力的差异,学生的发展是多元的,正是这种多元的发展彰显了教育平等的内涵和社会和谐的意蕴。从教育实践上来说,自主建构教育强调学生的自主学习和主动发展,寻求让学生获得学习的乐趣和满足,教师是学生学习的引领者和服务者,教育活动的品质表现为民主、科学、开放,教育活动的方式主要是对话、合作、探究,所有教育实践活动永远充盈着人的尊严与自信,充盈着道德的灵动和理性的光芒。"据朱万喜介绍。

除生本课堂这一载体外,自主建构更多的细节体现在管理载体、活动载体和实践案件中,这其中最值得称道的当属"学生自主管理委员会"这一综合性的组织。

为真正发挥学生的主观能动性,搭建一个为同学提供服务,替同学维护权益、关爱同学、关爱他人、展示学生才能的大舞台,丹阳六中团委建立了学生自主管理委员会,下设校长助理、纪律仲裁、权益保障、志愿者管理、社团管理、毕业生联合会等六大中心,涉及校园生活、学习的各个方面。

其中,一批具有自主意识、管理能力突出的青年学生担任了"学生校长助理"。每月一次的校长接待日上,"学生校长助理"提出的建议涉及教师课堂教学、学生自主学习、食堂就餐纪律、宿舍安全管理的方方面面,朱万喜校长总是主动倾听,对学生的合理化建议他当众答复、解释,只要备件具备,他当即承诺在最短的时间内以最快的速度改进,使学生深切地感受到学校的一切工作都是为了服务学生,增强学生行使权利、参与管理的意识。

"这种形式很好,'学生校长助理'担任学生群体代言人,构建起了一个学生、学校、家长三方互动教育的平台。"市教育局一位领导曾经这样评价。

除学生校长助理外,学生纪律仲裁委员会,负责处理学生违纪事件,解决同学内部纠纷,维护校园正常秩序,帮助违纪同学共同进步;学生权益保障委员会,负责保障学生合法权益,维护学校教育教学的良性循环;志愿者管理中心,集合青年志愿者,以"创造一流条件、服务全体同学"为宗旨;社团管理中心,引导、管理并协助学生开展社团活动,旨在通过同学们的课外生活帮助学生成长;毕业生联合会,则为踏出六中的学子搭建倾诉心声的舞台。

为促进学生的全面发展,丹阳六中从不同层面建立有效载体,通过建立文学艺术类、DIY 类、体育等多个学生社团,通过开展读书征文竞赛、学科知识竞赛、书画摄影比赛等各类竞赛,让更多的学生有发挥专长、展示才华的机会;通过"五星评比"和"十佳评比"等活动,激励学生奋发有为的进取精神;通过坚持不懈的青年志愿者活动,使广大青年学生养成协作关爱、热心公益事业的良好品质。

在丹阳六中,校内的卫生清扫、财产保管、景点管理、班务处理、文明值勤这些与学生直接相关的事情实现了志愿者管理全覆盖。不仅如此,青年志愿者还定期深入社区参与文明共建、环境整治活动,踊跃加入义务植树、爱心捐款等社会公益事业宣传的行列。

正如一位教育界专家所说评价的,丹阳六中开展的活动充分体现了

"自主教育"的特点，学生教育由管理型向服务型转变，由单一性向综合性转变，内容上由常规化向特色化转变，环境上由封闭式向开放式转变，提升了学生自我教育、自我激励、自我超越的责任感和使命感。

在自主建构方针的指引下，丹阳六中的素质教育取得了显著成果，学校先后获得"全国青少年五好小公民主题教育活动先进集体""江苏省体育教育工作先进学校""镇江市安全文明学校"等荣誉称号。

生本教学改革带来了教师的专业成长，也带来了教育质量的全面提升。到目前为止，学校承担的省市级以上科研课题已有6项结题，有3项获得国家级课题研究成果二、三等奖，教师每年发表和获奖的教科研论文达500余篇。学校被评为"镇江市教育科研先进单位""全国科研兴校先进单位"等。

丹阳六中又有了新的目标："要不断创新中学生自主管理的运行机制和管理模，在自主管理课程化、社团建设品牌化等方面做出积极的探索和积淀，为拓展学生的潜能、为学生的终身受益形成丰厚的文化积淀。"

全国教育系统劳动模范，北京十一学校原校长李金初："人人是创造之人，天天是创造之时，处处是创造之地。"用著名教育家陶行知先生的这句名言来形容丹阳六中再合适不过了。在丹阳六中，人人是创造之人。学校校长朱万喜创立了"价值引领、自主建构、共同发展"的"觉悟"核心办学理念，带领全体师生建立了一所四星级高中；以荆志强为代表的学校老师率先实践"生本教学"，在生本课堂上，教师由"拉船的纤夫"变成了"辽阔草原上的牧者"，学生由"被塞的填鸭"变回"主动探索世界的好奇孩子"，双方合作无间创造了一个完美的课堂；他们一直坚守的"学生自主学习"成为全国优质教育的典范；以"学生校长助理"为代表的全体学生，自我教育、自我激励、自我超越，成为教育真正的主人翁。

【生本强校】面临合并危险弱校的强校之路

广西柳州十四中原为鱼峰区的一所薄弱学校，生源大多是进城务工人员子女，中考成绩排名全市一百多位，长期以来受地域和生源等客观因素的影响，发展受限，面临马上被合并的危险，我们一直在谋求走出困境的突破口。2012年在上级部门的关心和支持下，我校对当时自身的现状和发展优劣势进行了重新思考、定位和分析，最终确定将生本教育定位为我校的办学特色。六年前，我们站在教改潮头，开始了生本教育教学改革的积极探索，走出了一条突出重围之路，一条寻求自我发展之路！如今，教改六年来，我们坚持生本六年，全校师生开拓进取，勇于探索。以生本德育为引领，以生本教学为核心，以生本校本课程为亮点，以生本管理为保障，切实将生本教育的理念落实到各种教育教学活动当中，学校发展实现了质的飞跃，育人环境不断优化。近年来学校教育教学质量大幅攀升，不仅中考成绩好，而且学生全面发展，老师教得轻松，我们学校各项建设欣欣向荣，盖起了现代化新的教学大楼……

生本——因为刚好遇见你，我们书写了一段传奇！六年践行生本路，一朝喜闻捷报传！第一，2015、2016年中考我校全面消灭低分，进入全市138所学校总体评价分进步最显著的前十所学校行列；中考成绩排名继2016、2017年连续突破之后，2018年我校中考再次取得的巨大突破，总平均分跃居鱼峰区第二名，令周边学校刮目相看。大家都认为是教改让十四中的中考再次打了一场漂亮的翻身仗。"中考传奇"源自我校近六年的生本课堂的积淀。这六年里，学生的收获是巨大的！自主学习锻造了十四中的师生，使学生到了初三有巨大的爆发力！我们正是以生本课堂为根本点、出发点，逐步站起来，继而取得了巨大的成就！第二，我们将生本的理念运用到学校管理等中。生本管理唤起了学生的主人翁意识，班级秩序井然，学生自主管理能力提升！在十四中这块教育乐土上，整个校园呈现出生机勃勃的景象，师生的精神面貌焕然一新！第三，学生潜力的激发更是带来了学校综合实力的提升。第四，我校带动鱼峰区其他中小学成立了生本教育联盟，积极发挥示范辐射作用，在提升自我的同时，也带动了大家共同提高。现在我们学校声誉不断攀升，从昔日一所面临关停并转的草根学校，蜕变成为鱼峰区乃至柳州市甚至广西的一所教改特色名校、新优质强校。2015年，我校生本教育课题荣获"柳州市教育科研成果评比一等奖"，2017年获"广西基础教育教学成果评比二等奖"。继连续五年获鱼峰区办学特色评比一等奖之后，我校又获2018年鱼峰区中小学生素质成长工程成果一等奖的唯一一所初中。全国中学生核心素养与学校课改专项研讨会在我校隆重召开……来参观的省内外嘉宾络绎不绝，利泠沄校长也受邀到全国各地分享教改经验。大家深深被十四中的生本教育文化所折服、所震撼！河南省内乡县马山口镇第一初中柴新玉："以生为本，多元发展的独特办学理念让我们耳目一新！"内蒙古化德三中高尚琴："学校内涵深，可观点、思考点多，祝柳州十四中飞得更高更好！"甘肃予县南义初中吉斌杰：

"十四中以生为本,变通之中谋求发展,特色凸显,执着之中自成经典。"陕西安康岚皋县花里中学段邦银:"十四中先进理念、创新课堂!不仅学生爱校,让老师们也爱上了这所学校。"上林县民族中学韦春玲:"十四中生本课改有特色,充分展示学生的本真一面!"山西省临县林家坪初中马有皖:"坚持以生为本,多元发展的办学理念,积极开展教育教学改革,勇于创新,不断超越的奇迹!"……

回顾生本历程,非常感谢生本教育创始人郭思乐教授、全国教改实践名师荆志强老师数次亲临我校指导。荆老师为我校提出了生本推进策略"专家引领、典型引路、科研支撑、氛围推动、全面提升"。他说教改要真正落地应从形成"前置教学案"为突破、建立"教改课堂常模"为抓手等,对我们进行全方位的、系统的、实操的、持续的指导。第一次荆老师为我校全体老师讲座点燃了我们学校的生本之火,为大家打开了一片美丽的新天地,激发了大家的教改热情!老师们无一不被荆老师的精彩讲座所打动、所吸引。可是做了一段时间老师们又遇到了很多问题,这时荆志强老师又第二次来到我校,以生动丰富的案例讲解教改实践的具体操作细节,怎样设计一大一小三二一"前置教学案",老师如何调动学生,让课堂充满生机与活力;如何用爱与信任唤醒学生,激发学生的内驱力……解决了老师们教改中遇到的各种问题,让老师对教改更积极、更向往、更有干劲;当我们走进教改的高原期、不知如何突破瓶颈时,荆志强老师又第三次带领团队来到我校先上课再进行问题研讨式交流,荆老师亲自上了令老师们激动、难忘的初中数学展示课,来自深圳罗湖区的名师徐平老师也为我们献上了一堂精彩的语文展示课,让老师亲身体会教改课原来要这么上!看充满激情幸福的荆老师、徐老师上课,与教改名师妙趣横生的对话,老师们都津津有味,每一位老师都深深感受到,周末的早起是值得的,甚至是超值的。荆老师激情四溢的公开课和讲座震撼着我们,深深吸引着我们!他是一位循循善诱的智者,为我们领航,为我们答疑解惑!他更是幽默风趣的朋友,热情亲切,毫无保留地对我们倾囊相授,带来了满满的干货!看老师们专注的眼神,认真的笔记,层出不穷的提问交流,就知道这是一场精神大餐,让我们每一个人都享用不尽,回味无穷!利泠沄校长动情地说:"我校生本6年,是艰辛的6年,坚持的6年,我们一路坚持走过来了!十四中是幸运的,每当我们在生本过程中遇到困难时,十四中的老朋友荆老师就会来到学校真心实意地帮助我们,为我们释疑解惑,增强我们的信心,当我们进入'高原期'又迎来了'及时雨'荆老师,给我们指点迷津、指明方向。让我们醍醐灌顶,老师们这么钻研,这么全心全意地接受生本课堂,全力以赴投入生本,语言难以表达我们对荆老师的感激之情……只能由衷地叫您一声:强哥,谢谢您!荆老师从教三十多年,在教学一线创造了诸多教育奇迹,书写了教育的传奇,那么,只要我们十四中人能把生本做到极致,把课堂还给学生,让课堂轻松愉快,让学生自主成长,我们也可以像荆老师一样成为一名幸福的老师!"常言道,"读万卷书不如行万里路,行万里路不如阅人无数,阅人无数不如名师指路",此次学习,又一次点燃了老师们的教改热情,也坚定了我们继续走生本之路的决心!在这条充满鲜花与荆棘的生本之路上,有名家大师与我们风雨同路,相信十四中的未来一定会更加美好!

链接:荆老师在广西柳州十四中借班上初中公开课,上课风趣幽默,一直面带暖心的微笑。他激情四射,瞬间点燃了孩子们的热情!"漂亮""真厉害""你比我强""太棒啦"……荆老师的赞赏超接地气,让孩子们自信满满,纷纷踊跃发言,抢着展示!学生们成了荆老师的小粉丝。观众席上的阵阵笑声,老师们专注的眼神,都彰显着这是一堂真正有魅力的课。老师们纷纷表示"从来不听数学课的我,深深被这节课吸引了,基本没走神!""如果当年我的数学老师是这样上课的,我的数学一定棒得很!"这就是课堂真正的魅力:学生乐学,老师乐教,教学质量怎能不提高?

上完课荆老师不仅拥有了一群小粉丝,更是多了一群"迷弟迷妹",孩子们纷纷说道:"这节课时间怎么这么短?怎么这么快就下课了!""老师,再上一节吧!"刘思涵同学激动地说:"荆老师充满活力和激情,让所有的同学都在愉悦之中轻松地掌握了知识点,连我这个对数学如此畏惧的人,也忍不住被吸引了。我数学特别差劲,但在这节课上我收获良多,我发现数学学习其实并没有想象中那么困难,课前独立认真地完成预习,上课专注高效听课,深入思考,小组合作解决疑难,课后及时做好梳理和归纳,将每一个环节落实。相信功夫不负有心人,不久之后我一定可以笑迎数学!"

【生本强校】"生本"教育之花在梧州市苍海高中绽放

"生本课堂的核心是什么?""如何组织开展生本课堂?"2018年5月26日,全国生本教育专家荆志强亲临梧州市苍海高中,为苍海高中全体教师以及梧州市各高中学校教师代表将近400人现场释疑。

本次生本课堂研讨会，首先由苍海高中陈周敏老师展示一节学校推生本教育的研究课例《参数方程化为普通方程》。随后，荆志强老师展示了一节同课异构的生本教育研究课例。课堂上，荆老师讲究生本课堂的开放性，充分发挥学生的自主性，把课堂交给学生，获取并灵活运用课堂生成资源能力，释放思维，尽可能为学生提供智力发展的有效途径与手段，通过学生自己讲，实现潜在可能性向现实确定性的转变，让学生的思维向更深层次迈进。而在知识的生成过程，则又收得拢，通过点拨把学生的思维引到正轨上来，让学生学会从问题的解决中归纳出解题的规律，从而提高学生分析问题、解决问题的能力，做到收放自如。荆老师的课例，通过精心设计适合学生发展的学习活动，把课堂还给学生，让学生自主学习、主动学习，让学生快乐起来，诠释了"一切为了学生、高度尊重学生、全面依靠学生"生本教育的核心理念，为学校生本课堂的推进提供了更为直观的范例。

在专题研讨交流会上，荆老师对同课异构的课例进行深入的对比点评，并进一步阐述生本课堂的理念，提出生本课堂三个环节的具体要求：一是课前，要根据学生逻辑思维的渐进过程，形成由浅入深的前置教学案，以此提升教学的深度、广度与效度；二是课中，从小组的构建到探究，从展示到提问，从解决问题到提高效率，详细阐述了如何通过提升师生的关系来点燃学生学习的激情，由传统的个人学习、被动学习走向合作学习、探究学习，唤起学生学习的自觉性，培养学习的合作性，以高效的学生活动和教师适时的引导，不愤不启、不悱不发地引导学生水到渠成地得出结论，从而提高教学效果；三是课后，通过订正到位、二次检查、面谈辅导、滚动纠错等方式达到结果反馈、有效落实的目的。深入浅出而又富有针对性的阐述，为尚处在探索阶段的生本教育提供有力的理论支撑。

在与苍海高中推进生本课堂的先锋骨干老师交流中，荆老师详细解答了老师们在推进生本课堂过程中出现的困惑，老师们表示受益匪浅。老师们纷纷留言："听了荆老师的课例，解决了压在心中已久的困惑。""亲临荆老师的现场课，才知道什么才叫真正的以生为本，才知道原来老师可以这么幸福！""原来专家是这么炼出来的，愿在今后的实践中不断反思，调整自己，努力做好自己。"校长胡雄超则认为："生本课堂需要有敢干、会干、巧干老师，每个老师需要走进学生的内心，做学生的朋友，让每个学生参与课堂，人人有事干、有人爱、有期待；同时，有生本理论的支撑，有专家亲临学校进行面对面的交流，逐步构建起符合每个学科特点的课堂体系，生本课堂之花将会绽放夺目的光彩。"

苍海高中胡超雄校长：听了荆老师的上课和现场解答解决了生本教育推进过程中的困惑，才真正知道什么叫以生为本，课前、课中、课后具体如何操作的细节。

关于前置教学案，荆老师说："前置教学案是自学的导航、互动的载体、落实的抓手，编写原则：简单、根本、开放。"我的理解是：

简单，就是把问题简单化，由单一到综合，由易到难，逐步提升。先使学生有事可做、能参与，通过简单的问题使学生掌握解决问题的思路。如《参数方程化为普通方程》解决思路是消去参数和保持两种方程的等价性。其中消去参数常用代入消去法；加减（乘除）消去法、公式消去法；保持等价性实质就是求参数方程中变量 x 和 y 的取值范围，即把 x 和 y 分别看作以参数为自变量的函数求值域（求值域本身就是一个难点）。如果给出的参数方程繁难，大多数学生无法自主学习，自然不可能互动，没有参与解决问题的过程，所得东西还是别人强加的。

根本，就是抓住基础，抓住关键，能解决问题。很多老师不放心，布置大量课后作业，根源就在对前置教学案不自信。如果你的前置教学案（本身就是作业，只是提前布置而已）是能解决问题的，通过学生自主研究、小组合作探究、学生上台展示、教师点拨提升，只要抓好前置教学案完成的质量，特别是学生自主不能完成部分，通过小组、通过课堂之后是否能完成，教师课后是否抓了落实（检查、辅导等），教学质量就保障了。

开放，就是选择的问题可以有种解决方案或者其结论具有探索性，不能总是在低水平循环，可提供学生不同的选择。

在生本教学实践中，很多教师没有充分利用好"前置教学案"，一是没有批改和统计学生自主研究和小组合作探究情况，课堂教学仍然缺乏针对性，不是以学定教，又怕教学质量不保障，大量布置课后作业，形成恶性循环，不仅不利于教学质量提高，而且加重学生负担，助长厌学情绪。二是没有发挥《前置教学案》的后续作用，上完课，"前置教学案"就成废纸一张。要提高教学质量，必须做好这两件事：一是真正做到以学定教，提高教学的针对性和有效性。其实取消课后作业，把批改课后作业时间用于批改和分析学生完成前置教学案情况，就能做得更好。二是发挥"前置教学案"的后续作用。实际上"前置教学案"可以作为学生的纠错本，教师要指导学生对错误进行纠正，并标注错误原因分析（用红色笔书写），教师要收缴检查落实,然后发回学生装订成册,隔一段时间后,学生再覆盖解答过程对错题重做,看是否真懂了、真会了,这样抓实抓细,何愁成绩不提高?

从2016年我参加梧州市第一期名校长、名师培训班的学员在广西师范大学听了荆志强老师的专题讲座后,反馈给学校,学校结合我校生源实际,经研究决定开展生本教育教学改革。我校开展这一活动分两个阶段进行:

第一阶段:进行生本教育理论学习,不断地改变教育教学观念。

首先,学校为每一位老师购买了一本荆老师的专著《幸福地做老师》,让老师们利用业务学习的时间进行自学,了解生本教育的理念及基本做法,然后各学科组进行读书交流活动,谈心得体会。其次,专家引领,我校在2017年5月20日邀请了荆志强老师到我校,为全校300多位老师进行了讲座和面对面交流,进一步了解了荆老师生本教育实践过程和成功经验。

第二阶段:生本教育实践阶段。从2017年秋学期开始,我校在2016级开展生本教育试点工作,先从各学科中自愿人员进行先行先试,再在年级全学科全面推进。2018年春学期,我们再次邀请到荆志强老师到我校讲学,并与我校陈周敏老师同上一节数学同课异构的生本教学课,让我校老师大开眼界、深受启发,加深了对生本教学理解。随后,我们在2016级设立生本教育示范岗,随着2016级生本教育的全面开展,我校2017级、2018级跟进开展,形成了全校开展生本教育的良好态势。

从开展生本教育以来,我校发生了很大的改变,学生的表达能力、综合素质有了很大提高,思维比较活跃,学习氛围浓厚。我校2016级的学生在2018年9月、2019年1月和2019年3月梧州市统一组织的高三摸底、一模和二模考试中,预测上本科人数一次比一次增多,其中二模比上届同期增加了260人,得到市教科所的表扬。

【生本强校】追寻生本教育特色品牌梦

长沙大学附中校长　　陆佳宾

沉闷的课堂、疯狂的考试、空虚的内心,让我们不少同志时常感到教师职业的倦怠。作为校长的我,经常思考如何让激情唤醒激情,让智慧启迪智慧,让人格塑造人格,让优秀成为一种习惯,让教书成为自己优雅的生活方式,这就注定必须寻求教学改革之路。共同的理想和追求也注定荆志强老师成为我的良师益友!

2015年6月以来,长大附中在生本理念指导下,生本教育先行者、志愿者在不同年级、不同学科进行实践研究,我校先后8次承办长沙市级大型主题活动任务,均取得了不错的效果,让市内外兄弟学校刮目相看。喜见"生本教育"所带来的学校教育教学生态的改变,使我们倍受鼓舞!

生本课堂使学生获得了学习动力,变"要我学"为"我要学",使学生掌握了学习的方法,变"听懂了"为"学懂了";生本管理使学生获得了自尊、自信,由"他律"变为"自律";生本备考使学生提高了学习成绩,变"怕考"为"敢考";生本教育实施的各项行动,实际上是对发展学生核心素养最好的诠释。或者说是早就默默地为即将来临的湖南新高考改革做好了准备。从开始时教师学生的存疑,到如今得到更多教师的真相信、真实践,且小有成就,这些都坚定了我们推进"生本教育"的信心和决心。

老师教学的理念与水平,学习与研讨的状态将直接带动学生的学习状态。一个不爱读书、不爱学习的教师,是不可能教出高素质的学生的。今天我们把知名生本实践专家荆老师"请进来",目的就是指导大家苦练生本"内功",像他一样幸福地做老师,做幸福的老师!

荆老师坚守信念,勤勉敬业,他的至真至善、至情至性堪称教师典范!他带来的不仅仅是一种课堂教学改革的实践成果,更是一种可贵的精神与信念,一种当代优秀教育工作者具有的良知和责任,一股清新空气和正能量!荆老师的到来,是学校的幸运,更是教育的幸运!

长大附中选择生本教育,走学校特色发展之路,是学校发展现状与办好人民满意教育的接轨,是周边社情民意与内在文化选择的呼应,是不断提升师生幸福感与获得感的动力。

教育的目的就是为了激发和引导学生的自我发展之路。教育需要等待,需要久久为功。生本教育不可能是一蹴而就的急功近利,更不是包装精美的虚美浮华,生本内涵发展需要时间支撑、规划建设和坚定前行。也许客观现实决定了我们的"内涵发展"之路注定艰辛,但我可以自豪地说:走生本之路,学生绽放生命的美好;走生本之路,教师成为生命的牧者;走生本之路,学校涵养生命的气象!

展望未来,让我们从冬练三九的今天开始,带着一颗火热的心,带着生本特色品牌学校梦,从这里再出发,不忘初心,砥砺前行!

这是我第三次聆听荆老师的讲座,荆老师说起生本教育,说起他和学生的故事，眉宇间透出发自内心的喜悦，那是做生本教师才有的幸福！他"制度管人，文化管心"的柔性管理，既培养了优秀人才，又收获到喜人的成绩。这正是全面落实新课程理念，发展学生"核心素养"的教育，这是真正"走向生本""激扬生命"的教育。

　　荆老师坚守信念，勤勉敬业，他说他现在修炼到一个本领，就是学生 n 次发火，自己就 n 次向学生微笑。这是一种何等的境界啊！他的至真至善、至情至性堪称教师典范！他带来的不仅仅是一种课堂教学改革的实践成果，更是一种可贵的精神与信念，一种当代优秀教育工作者具有的良知和责任，一股清新空气和正能量！荆老师的到来，是学校的幸运，更是教育的幸运！

　　教育的目的就是为了激发和引导学生的自我发展之路。老师教学的理念与水平，学习与研讨的状态将直接带动学生的学习状态。荆老师今天的报告对我校老师震撼很大，很多人跃跃欲试。他的到来，远胜春风万里。好风凭借力，送我上青云。走生本之路，学生绽放生命的美好；走生本之路，教师成为生命的牧者；走生本之路，学校涵养生命的气象！

　　幸福是奋斗出来的！路虽远，行则将至，事虽难，做则必成。

　　周晖副校长：感谢强哥为我们传经送宝，听了荆老师的报告，我真是感觉到醍醐灌顶，豁然开朗。相信大家和我有一样的感受，我总结如下：第一感受，荆老师有大爱，驾驭能力非凡，气场足够强大，正是大道之行。第二感受，在我们这里听的所有报告中，同志们今天是听得最入神的一次，都全神贯注，没人开小会，没人去上厕所，这就是最好的证明。第三感受，荆老师最能做思想工作，班级管理、课堂教学出神入化，我觉得就是因为他有爱，有爱就会自觉行动，就能产生智慧，有爱就会有方法，有爱也一定会开心。第四感受，荆老师的报告如高山流水、水到渠成，他充满激情，浑身都是智慧，句句都是经典，一举一动都是方法。真是与君一席话，胜读十年书，回味无穷，收获多多。第五感受，读万卷书不如行万里路，行万里路不如阅人无数，阅人无数不如名师指路，名师指路不如自己去悟。今天荆老师给我们指出了路，让我们更加明确了方向，坚定了我们做好生本教育的信心，剩下的就是我们在今后工作中要好好地悟，天天悟，时时悟，悟出适合我们自己的、适合自己学生的生本之法。我相信在荆老师的指导下，老师们一定会做得很好。

　　长大附中物理老师陈灵敏：荆老师的报告，平易亲切，生本教育理念，也非常契合实际,接地气,不只是纯理论,在操作方面也给予了我们很多指引,让我们重新认识了生本,感触颇深,并引起了强烈的共鸣:第一,爱生才是最大的生本,让学生主领课堂,参与课堂,让课堂更有效。第二,教育不是注满一桶水,而是点燃一把火,教师不做蜡烛,要做不锈钢的打火机。第三,开展生本教育,不用担心教学质量,既要仰望星空,又要脚踏实地地开展好生本。学生积极性上去了,成绩自然就上去了,学生的能力也就得到了发展。

长大附中英语老师刘新姣:在学校领导的努力下,我校请来了全国知名草根教育家荆志强老师做"幸福的做老师"的报告,我有幸能进一步深刻感受到当老师的幸福。生本教育是我校多年来一直在寻找和探索的一种教改理念。本人从2007年开始进行新的教学探索——分组管理教学法,分组方式与原则与荆志强老师的完全吻合,所不同的是,我只能采取积分制,根据积分作为选座位的奖励方式,而荆老师有条件地让学生选自己喜欢的东西作为奖励。在课堂实践中,我也是把课堂交给学生,课堂里也曾出现几个学生同时在讲台上为一个题目辩论的场景,这样学生的积极性大大地提高,学习效果也非常明显。在2010年的高考中,创造了我校英语最高分140分,另有138分、136分的好成绩。班级平均分达110分,班级总分平均分480多分。有辉煌的成绩就有幸福,在随后的几届中,我一直在分组教学中进一步完善,也的确很少有感觉到痛苦的时候。但由于本人阅读的理论书籍少,在实践中不停地摸索,缺乏理论指导,缺乏智慧,没有将自己的课改上升到理论的高度。在当今社会对教育有重大偏见的形势下,如能释放教师的压力,在教学中寻找到快乐,这就给了我们寻找教学中的幸福感的方法。

长大附中党委书记刘梦佳:荆志强是一个成功的教师,成功的教师一般都是幸福的教师。他在生本实践中体会到了教师职业的获得感与幸福感,很好地阐释了"生本教育"的本质内涵,"以生为本"就是以学生为中心,不忘教育的初心(教育就是教书育人,这是教育的初心与原点)围绕立德树人的根本任务,将"教"与"育"有机结合起来,在成就学生的过程中成就了教师。

在这些生本实践的成功案例中,我们看到了"生本教育"中教师的教育理念与师德师风的重要意义。一个树立以学生为中心的发展思想的教师,在面对新时代复杂人格、不同个性的学生时,总会站在教育的高度,根据每个学生的自身实际,反复耐心地引导、感化,促进全体学生(特别是后进生)在德智诸方面不断进步。从容面对教育过程中的诸多难题并着力解决。教育是一件难事,做难事方能成大业。

可见,生本教育,学生是主体,教师仍是主导,和谐的师生关系是班级教育的基础,高素质、高水平的教师队伍是学校教育成功的关键。

长大附中语文老师梁莹:"强哥"的此场报告,体现了以下几个特点,尤其感染人鼓舞人,故感言如斯:其一,至真。整场报告洋溢着浓浓的真诚、真挚之风,无矫揉造作之态,无言过其实之势。强哥的真诚可见一斑。其二,至简。大道至简,强哥一再强调,他的生本不复杂,不玄幻,亦不繁芜。略去不必要的过场和形式,走教育最简单、最简朴、最简洁之路。其三,至臻。多年接地气的实践,累累的教育教学成果,无不彰显了强哥了不得的教育体会,教育成果,强哥就是行的高标。毫无保留的交流与研讨,不仅让在摸索行进中的我廓清了思路,找准了方向,更坚定了信心与信念。接下来就是落实和不断学习的过程了,和强哥一样幸福地做教师!

长大附中教务主任朱章桃:尊敬的荆院长,我们一直在用您的思想指导自己,效果挺好!学生爱学,成绩进步,老师幸福!长大附中今年高考大丰收,创历史最高纪录,生本理念开花结果!在基础非常薄弱的情况下,真正实现了低进高出,普通班都有重本二本,践行生本的班级考得最好!其中7班数学平均分99分,超省平均分(76)近23分,最高分144分,学生、家长、学校感激不尽!谢谢您的精心指导和倾心关注!

【生本强校】生本教育改革让包铁一中"跨越式提升"

2015年荆志强老师到包头铁路一中指导"生本教育"实践。在荆志强老师的指导下,包铁一中以"生本教育"为参照的"引、导、行三线教学法"的课堂教学改革模式顺利推行,学校成为包头市中学课堂教学改革实验学校;在"生本教育"的引领下,学校教师的专业能力得到了很大的提高,高考成绩有了明显提升,连年被评为包头市普通高中教育教学管理先进学校,并获得"高中教学质量提升奖"。包铁一中的课堂教学改革引起了包头市基础教育界和内蒙古自治区教研室的关注,包头市田家炳中学、包铁二中等多家学校到校参观学习,包头市教育局和东河区教育局专门在包铁一中召开了教改现场会,《内蒙古教育》对包铁一中的课堂教学改革作了专版报道。

包头铁路一中曾经是驰名内蒙古自治区的优质中学之一,其后因搬迁等因素,这所传统名校开始走"下坡路"。2014年,经过一个学期的酝酿准备,年近不惑的校长孙华伟掷地有声地说:"想要求生存、谋发展,就必须改变,我们要走出一条不断创新的教改变革之路。"于是包铁一中开启了教学改革的新征程,这所老牌名校开始了爬坡之路,重振翱翔之翼。学校先后到多所课堂改革的名校进行实地"取经"。2015年8月邀请荆志强老师到包铁一中给全体老师作了一场生本教改讲座,系统介绍生本实践的具体做法,点燃老师们课改的热情,给了老师们教改实际可操作参考模式。学校结合学生实际,让教改的做法本土化、适应化,对考核细则、质量分析办法、教学案制作要求等制度作了细致的规定。总结出了"引导行"三线教学法。孙华伟这样说:"'引'是指目标引领;'导'是指学案导学;'行'是指学习行为。课堂上,基于目标开展教学,学生主动学习,教师使用学案,不仅可以在学生完成情况中看出问题所在,也能为课后学习'配餐',课堂学习由此有了侧重点,不再眉毛胡子一把抓。"

现在走进包铁一中的课堂,你会发现传统的以教师讲授的授课模式在这里已发生了改变。课前,每个科目的老师会给学生下发教学案,让学生针对教学案中提出的问题,有的放矢进行预习,这样学习后,学生基本能解决一半问题。上课前一天,老师收回教学案并加以批阅,从中发现哪些问题是学生普遍不懂,需要在课堂上重点讲的。上课时,老师先让学生进行10分钟左右的小组讨论,互相启发之下,又有些不懂的问题得以解决。之后,在老师点拨下,由学生尝试讲解,老师、同学随时提出质疑、纠正其错误。最后,由老师讲解,进行课堂小节。"课堂上,学生思维能力、语言表达能力、学习效率提高了;课下,学生搜集信息、处理信息能力提高了;课后,学生运用知识、实践能力提高了。这种教学方式可以真正做到以学定教,以生为本,生生互动,师生互动,最终达成高效课堂,有效教学。"副校长潘东琳说。近几年,在教育教学改革的实践中,包铁一中教育教学质量有了明显提升,在高考中屡创佳绩。随着高考成绩公布,一些对包铁一中课堂改革质疑的声音戛然而止。

一大批同学的成绩较中考有了跨越式提升,很多学生成绩提升几十分乃至百余分,在2016年高考中,两名理科生分别获得东河区属学校高考的第一名、第二名;2017年,第二届课改年级参加了高考,成绩稳中有升,荣获包头市"高中教育教学优质奖"。2018年高考更是喜传捷报,再创辉煌。中可同学以579分(中考391分)荣获东河区属高中高考理科状元;史静安同学以511分(中考399分)名列东河区属高中高考文科前列。一条独具特色的道路在这里出发,学生们自主合作探索的欲望也在这里滋长。相信包铁一中的教改一定会在原来基础上做得更好,教改之路一定会走越来越宽广,创造更大的辉煌,成为全国的教改名校!《内蒙古教育》杂志对包铁一中这样评价道:"近些年,他们砥砺前行,以课堂改革为突破口,让多少孩子在课堂上重新睁开一双双渴求知识的眼睛,改变了多少有失败感的孩子的心态和命运,功莫大焉。"相邻的包铁二中也因为教学改革中考取得辉煌的成绩。包铁一中、包铁二中已成为东河区教改成功的典型,为推进全区中小学课堂教学改革,促进教师专业成长,大幅度提高东河区教育教学质量,打造优质高效课堂,推动教育教学质量快速发展,东河区教育局也吹响"课堂教学改革的冲锋号"。

链接:荆志强老师到内蒙包铁一中上展示课

2018年7月18日荆志强老师再次来到包铁一中,上午巡视了学校的大部分课堂,然后与学校教学领导们一起研究教改现状,把脉诊断,根据问题提出对策。下午荆志强老师亲自为全体老师上了同课异构课的展示课,上得学生不愿下课,上得听课老师们激动万分……7月19日又和全体老师进行了3个小时面对面的交流,传授生本实践的操作细节,有针对性地解答一线老师们在教改做了一段时间后遇到的各种实际问题困惑。老师们说:听了荆老师的课才真正知道教改课应该怎么上,跟荆老师互动后才真正知道教改细节要如何落实。下面我们还是来听一听老师们的感受吧。

"两根教鞭"的诱导思辨艺术

贺君升

火山烈焰般的热情,足可以点燃石头,更何况是处于花季少年的高中生?丰富的表情,略显夸张的肢体动作,学生不由自主便会融入其中。从学生角度去理解问题,换位思考去体验学生的感受,陪伴学生经历探索、总结、发现的全过程,并乐在其中,不愿自拔。柔情似水的眼神洋溢着对学生的爱戴,使学生能轻松放下所有的"课堂紧张"和"心理戒备",毫无保留、无所顾忌地将自己的所思所想积极地展现出来;温暖有力的大手轻抚学生的肩膀,用坚定真诚的赞赏托起了孩子们的信心,使孩子们恣意地享受着学习所带来的快乐!一连串的"为什么"敲碎了学生的定向思维,追问出了问题的本质;一次次的"示弱、装傻"稀释了问题的难度,轻巧地将疑难化于无形,用无招胜有招;一点点的诱导探索悄然把探究的快乐还给了学生,了无痕迹,润物无声;一步步不厌其烦的辅助总结,使学生养成了良好的总结反思习惯。

一堂幸福的数学课,两根教鞭展开激烈的交锋,用心灵去感召心灵,用激情去点燃激情,三个同学同台展示,诠释了"生本"的理念,真正让学生做课堂的主人,百舸争流,千帆竞发是课堂的繁华景象,"笑声、争论声、掌声"不绝于耳,那么和谐,那么动人。

为了学生一次次小小的突破、一点点小小的成就,一节课能多次踮起脚尖、躬下身躯,不断追问,不停点赞,甚至能为此激动地跳起来!丰富的表情以及抑扬顿挫的嗓音感染着每个孩子,这样上一节课下来,不累吗?当然累!值得吗?至少荆志强老师认为是值得的!其实我们也不乏智慧,更不缺激情,不愿意这样做的原因可能纠结在:这样的投入是否值得,这样的投入能给个人带来怎样的好处?读过荆老师的书,了解了荆老师的故事,听完荆老师的课,我思考良久,受益匪浅。

幸福地做老师不等于轻松地做老师,幸福看来从来就离不开汗水与激情!我想说,荆老师与其说是对职业的全身心的热爱,对学生无微不至的关爱,尤其对学困生的"大爱",倒不如说是为师者高度的责任心使然,高尚的师德使然。

教学确实是一门艺术,突然感觉荆志强老师的课就像韩磊的歌,有潺潺溪水般柔情,娓娓道来,丝丝入扣;有巍巍高山般厚重,大气磅礴,引人入胜!而这背后却是荆老师几十年的沉淀,多少个日夜的辛勤劳动的体现。幸福地做老师,在追求幸福的路上,荆老师从未停歇,反而是加快了脚步,义无反顾!

英语和飞龙老师:荆老师,我是包铁一中的青年英语教师和龙飞,能跟着您在生本之路学习,是一件幸福的事。谢谢您,听您的课,组串式的问题教学,一直是我追求的课堂模式,在您课上我找到了改进突破口,感谢您。让我们携手前行,走在课改的大路上,越走越宽阔,越走越平坦。

你们知道这位专家是谁吗?下午听了一节专家的数学课,视觉、听觉和感觉上的饕餮盛宴,教师的人格魅力和核心素养让我折服,师生间的共鸣、默契和欢声笑语,让数学课一点也不枯燥乏味,令人意犹未尽。

数学陈海新老师:平易近人的荆老师和大家交流课改经验,给处于"瓶颈期"的我们带来一场视觉和听觉上的盛宴！听了荆老师的课，除了感动还是感动，荆老师的幽默、风趣、睿智，还有课上的收放自如，都是需要我们用心去感悟的，我们深深地被他的敬业精神折服！每个学生的激情都会在荆老师的课堂上被唤醒！荆老师借我们班的学生上课，我平时给他们上课从未见到他们如此开心，掌声不断，孩子们在愉快和谐的氛围中学会了知识和感恩！我一定尽力争取做一名幸福的老师，以他为榜样和力量，我准备再好好看一看他出的书，希望能从中获得一点感悟和收获。希望我和孩子们也能每天开开心心地学习。荆老师有时间常回内蒙看看，我和孩子们会想您的！祝愿您的生本教育之花开遍各个校园！

科研处惠主任：这几天学校里的一些老师，像数学、物理、地理等学科的老师已经开始行动起来，学习和实践您的教学艺术和教学方法，虽然还有很多不足，但正坚定不移地沿着您指引的方向前进。潘校长带领宋主任和我多次研究、学习、讨论、吸收您传给我们的"秘籍"；孙校长也亲自到高三听课，督促更多的老师行动起来。衷心感谢您在我们进入"平台期"时帮我们驱散了迷茫，诊断性地指明了方向。相信您下次莅临包铁一中时，一定会看到您播下的"种子"开花结果！

宋旭平教务主任：荆老师：您的课真是"豪门盛宴"，昨天我上午来学校看了几节课，又和物理备课组长了解情况。欣喜地看到几位老师开始对学案完成情况进行统计、仿照您的板书设计以及课堂的追问。数学陈海新老师也在这么做！您的这次到来，真是一场及时雨！再次感谢荆老师的指导，期待您下次再来。

潘冬琳副校长：精神的力量是无穷的！在包铁一中课改走在第五个年头时，请生本专家荆志强老师再来为我们传授心法、输送内力，让我们的招式更进一境。这两天我们几个人在研究如何落实荆老师教给的方法，开学就按新的要求做，相信荆老师的方法一定会给我们带来新的突破！

赋能教育

理念篇

立足以生为本理念的
"赋能教育"范式

第一章
"赋能教育"提出的背景

一、关于"有知识、没能力"的叩问

知识和能力的形成机制并不相同：知识形成于顿悟，能力来自于过程。在知识的顿悟中，教师的价值非常明显："千点万点，不如名师一点"；而在能力的形成上，却不能完全指望教师的点拨，它需要充足的时间、完整的历程、反复的习练。

然而，我们的"四十分钟课堂"最大的特点就是时间有限、关系局限、方式单一。可以说，在传统的"四十分钟"模式的课堂上，学生能力无法得到充分的发展。如何突破课堂教学的时间局限，建设既有知识又有能力的新课堂？这是"赋能教育"试图解决的重要问题。

二、关于"应试教育"与"素养培育"的悖论

所谓"应试教育"，主要表达的是"以应试分数为训练目标"的教育，从内涵来看与"素养培育"并不存在概念上的对立——高素养的学生应试分数也不会低。人们之所以将二者放在对立的位置上，这是因为不同的出发点导致学生的时间耗费点不一样：应试教育将学生的时间大部分放在了读写算的试题的反复练习中，内容和形式都很枯燥，严重不符合学生在学习时的基本心理需求；而素质教育将学生放在丰富而有美感的学习历程中，让学生形成与精神价值感的提升同步的能力培养。

学校教育的组织样式决定了标准化的"应试教育"更容易被实施，因此，长期以来，应试教育主导了学校育人阵地。如何将素养培育的目标与应试教育的方式统筹起来，实现在获得高分的同时收获优秀的个人素养能力？如何破解"应试教育"的硬伤，为学生提供既有能力获得感又有精神价值感的成长？这是"赋能教育"试图解决的第二个问题。

三、关于"学习兴趣"与"单一模式"的矛盾

长久以来，教育界都一致认同"兴趣是最好的老师"。同时，大家也都在反思："为什么我们的学校教育通常不仅没有促进反而扼杀学生的学习兴趣？"这

个问题的背后,是传统课堂刻板的师生关系、单向的听讲模式、沉重的课堂氛围。再放大一点来看,学校所营造的权威至上的学习关系、被动获取知识的学习途径、片段零碎的学习历程,是导致学生在校学习缺乏学习兴趣的主要因素。

如何打破校园学习的单一模式,重构学习时间与资源的配置方式,激活师生的头脑、充分释放师生的学习生产力?这是"赋能教育"试图解决的第三个问题。

四、关于"个性化发展"与"大群体教学"的冲突

学校教育的最终目标在于培养一个能"带着自信与善良走出学校"的人。自信是一种高度个性化的心理状态,每个孩子的自信都可能来自不同的领域。传统学校的大群体教学是一个容易导致个性模糊化的组织机制,每个学生的个性都在大群体中被湮没、淡化。然而,在一个较长的时间内,我们仍然需要同时面对大群体教学的组织机制和个性化成长需求的内在冲突。

如何破解小个体与大群体的矛盾迷局,在大群体学习的前提下全面照顾个体化学习需求,全方位地发展学生的学习与生活自信?这是"赋能教育"试图解决的第四个问题。

第二章 "赋能教育"的基本要素

在以本人为核心的教科研团队长达三十多年的实践研究积累之下,立足于"生本理念"的"赋能教育"模式在2018年基本成熟。

一、"赋能教育"的建构

所谓"赋能教育",是以帮助学生建立在大群体学习中自主深度学习的能力为核心目标的学校教育模式,是依据学习心理学和学校管理科学研究成果,通过一系列教学与管理的连贯行动,有效地实现学生收获高能、高效、高素养的教育。赋能教育是一种立足传统学校教育样态,全面优化课堂教学、班级管理、评价反馈、教师发展的整体创新发展模式。

"赋能教育"主要从两个方面建构:激励型课堂、自主化管理。

"赋能教育"源于本人长达三十多年的"激励型课堂"实践,基于民主、效率、人本思想,以培养"自主、自强、善于合作解决问题"的高素养、高能力学生为目标,围绕学生的"自我学习效能感培育"这个核心,将"生本班级管理""多角色协作""全时联动成长""表现性学习""激励型课堂""班级共生文化建设""师生效能感培育"等等教育创新过程充分地、有机地衔接起来。

二、"赋能教育"的创新

"赋能教育"作为一种整校发展模式,主要在五个领域的建设中形成创新:建设校园共生文化、建设激励型课堂、建设生本化班级管理、建设学能发展课程、建设师生效能感评价系统,简略表达如下图:

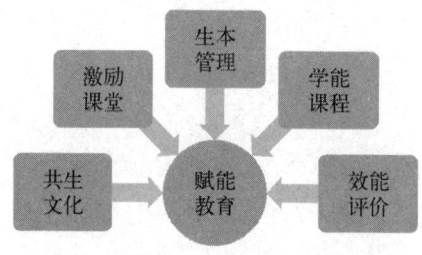

五大领域的创新发展共同构成文化赋能、课堂赋能、管理赋能、课程赋能、

评价赋能的系统化运行局面。

"共生文化"的内涵在于将学生的学习实践与同班同学充分绑定，构建起学习成长共同体，在班级活动中倡导小组合作的"共同命运"，将互帮互助、相互扶持变成同学交往的常态。

"激励课堂"的基本要素包括"前置个性化学习任务""表现性学习课堂""师生高能即时反馈"，共同构成两个"赋能环"。

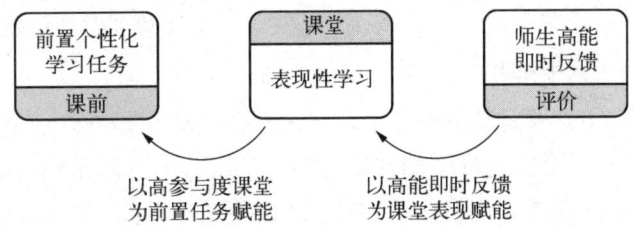

"生本管理"的基本要求包括"管理自主化""自主任务化""任务项目化""项目具体化"，将以生为本的自主管理层层落实，同时让学生在自主管理的项目实践中获得全面的能力培养。

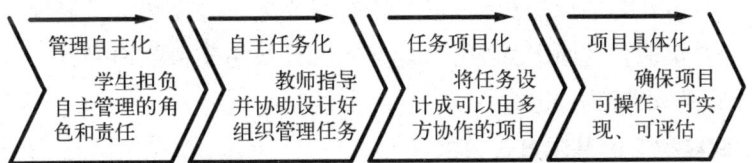

"学能课程"主要突出建设与学生自主学习和管理能力相关的校本训练课程，如"注意力课程""小领袖课程""思维导图课程""项目化学习课程"等。

"效能评价"是指基于"自我效能感"的一系列评价，同时面向师生开展评价，着重关注师生对教与学实践中所形成和展现的自我能力的"获得感"与"可控感"。

第三章

"赋能教育"的内在机制

一、赋能教育的基本育人出发点

"赋能教育"的基本育人出发点在于培育师生的"自我效能感"。

"自我效能感"是由美国心理学家班杜拉提出的概念,他认为人是具有预期行为目标且善于在行动中进行自我反思、自我调节的积极行动者。当个体确信自己有能力去完成某一活动或任务时,他就会产生高度的"自我效能感",并因此激发他去积极从事那项活动。

概括而言,学生的自我效能感是指学生对自己成功实施并达成学习目标所需要的行动过程以及能力准备的预期、感知与信念,可以简单理解为"多角度的学习自信心"。已有大量实证研究表明:自我效能感越高的学生越倾向于在学业活动中努力坚持,克服困难;自我效能感较高的学生,其学业成绩和发展水平也往往较高。这样的目标,就是赋能教育所要努力达成的。

自我效能感强调了人的主体性和能动性,这正好与赋能教育所倡导的发挥学生主体价值,让学生成为积极、主动的学习者这一教育理念相契合。赋能教育所提倡的"赋能",本质上就是帮助学生成为有自主学习能力并且还对自己的学习能力有强大自信心的人。

二、赋能教育的基本育人机制

在班杜拉的理论中,建构自我效能感有四个主要的信息来源:1. 作为能力指标的动作性掌握经验;2. 通过能力传递及与他人成就比较而改变效能信念的替代经验;3. 使个体知道自己拥有某些能力的言语说服及其他类似的社会影响;4. 一定程度上人们用于判断自己能力、力量和机能障碍脆弱性的身体和情绪状态。通俗而言,这四个信息来源对应于:1. 自己的成功行动经验;2. 见证他人的成功经验;3. 来自师生或他人的说服引导;4. 个人的身体和情绪状态。

"赋能教育"的内在机制与这四个方面的建设高度相关,主要有以下基本要求:

1. 赋能教育强调为学生提供充分自主行动的机会,通过个性化的任务设计帮助学生更容易体验到成功感，推动学生对成功的行为过程进行反思总结，形成个人经验。

2. 赋能教育强调构建丰富的合作过程，促进学生之间的积极影响，让学生有机会见证并参与到先进个体的思考与行动中，由此获得他人成功经验的带动。

3. 赋能教育强调师生在合作学习过程中对彼此进行即时的、高能的、积极的评价反馈，同学给予的评价反馈大多指向于知识、方法，教师给予的评价更多指向于状态、水平。这些高能量的即时反馈能够给予学生极具个性特点的积极暗示和方向性引导。

4. 赋能教育强调为学生营造轻松、愉悦、充满成就感的学习生活氛围，要求教师为自己建设充满正能量、好心情的状态，并以这样的状态传递给学生良好的身心体验；同时，赋能教育还非常强调学生在运动、劳动中的积极表现，尽量为学生创造能够带来良好身心状态的课程和生活内容。

三、赋能教育模式整校运行的工作机制

因为赋能教育理念对学校育人的全流程都具有指导意义，因此以赋能教育理念和方法论作为依据开展整校运行的系统化变革能够帮助学校聚焦学习者需求，提高教育者的行动效率。

1. 赋能教育适合哪些类型的学校。

赋能教育作为一种教育创变模型，是立足传统学校教育组织模式的创新系统，普遍适用于传统教育组织样态的学校。

2. 赋能教育对学校组织管理理念的重构。

赋能教育是典型的"以学习者为中心"的教育组织样态，这就对传统的"从管理者本位出发"的教育组织样态形成颠覆。因此，研究学习者特点和需求就成为学校教育教学工作设计与组织的基本出发点。赋能教育立足"自我学习效能感"的研究，将学习者研究具体到学习效能感指标，并依据指标对学校教育教学组织管理工作进行重新梳理，让"以学习者为中心"的教育管理理念落实到具体工作中。

3. 赋能教育对学校工作组织程序的新要求。

（1）建立围绕学生能力评估展开的过程性采集与阶段性分析系统；

（2）建立围绕激励型课堂展开的师资培养与质量监测系统；

（3）建立围绕共生型班级管理展开的班主任培养与班级管理评测激励系统；

（4）建立围绕"赋能与服务"展开工作的学校管理者组织系统。

第四章
"赋能教育"的师资要求

一、莫说自己起点低

2019年,我的成果获得了广东省教育教学成果奖一等奖,在对成果进行总结梳理的过程中,我和我的团队对激励型课堂的价值进行了再挖掘。

有科研伙伴说:"荆老师的成果是面向基础教育阶段最难的学科——高中数学,如果这个学科都能够通过激励型课堂实现高分、高能、高质量,那么没有哪个学科做不到!"

有科研伙伴说:"荆老师几十年任教的学校都并非高分段生源,甚至大多是低起点学生,但是最终都能获得很理想的终端考试成绩,充分说明,在激励型课堂教学策略面前,不存在生源高低问题。"

有科研伙伴说:"荆老师绝对是全国高中数学教师里起点最低的之一,因为他不是学数学出身,而是学养鱼出身!别说从零开始,他简直是从零下起步!但是他所取得的教学成果提醒了我们:莫说起点低,再低低不过荆志强;莫说教学难,教学突破在课堂!"

是啊,"学科难、生源弱、起点低",既是我开创激励型课堂的背景,也是激励我不断创新的动力!我想,面对这样的三个前提,我能取得高质量的教学突破,那么全国的同行应该没有谁不能自我突破,没有什么困难能够阻碍大家突破!

二、莫把课堂当唯一

因为同行的抬爱,我经常有机会到全国各地给老师们做公开课展示。很多老师在观摩了我的公开课后会感慨,觉得自己的表达方式、语言风格、教学经验等与我有差别,难以把课堂教学做到跟我一样。其实,我想说:我的教学效果并不仅仅来自课堂。准确地说,课堂只是我教学的一个环节,通过这个环节关联起了学生学习数学的完整学习历程。所以,为学生设计完整的学习历程才是问题的关键,在这样的学习历程中,课堂只是其中群体集中学习的一环。

事实上,我的教学设计是以学生的学习为依据的,也可以说,我的教学是与学生的学习共生的。学生的学习不可能只发生在课堂上,客观地讲,以大群体互动为基本形态的课堂学习,其学习深度对个人而言并不理想。所以,教学设计的时空边界并不是课堂,而是能够被学生掌握的全部学习时间与场景。从这个角度来说,大家仅仅看我的公开课,只是看到了我对群体学习的处理,并不能完全理解我对学生个体化的学习过程的设计。

当然,课堂群学的价值本身也是不容低估的:群体带来相互示范,群体带来互相反馈,群体带来合作氛围。我通过生生合作、点评以及教师反馈、引导,让群体学习发挥出个体学习时无法实现的学习效果。所以,应该强调:课堂不是唯一,课堂有课堂的价值,但这个价值一定要与学生的个体自主学习相结合才能发挥出学生的最大学习生产力,让学生的学习效果达到最好。

三、莫把知识当目的

常常有老师在交流中问我:"如果我要学习您的教学,您觉得我最应该学什么?"面对这样的问题,我一开始其实也会挠头——毕竟自己的经验是在三十多年实践中积累出来的,是大量的教学细节的集合,是很多环节的联动,很难说哪个部分最重要、最关键。

经过反复思考、衡量,再一次听到这个问题时,我给出了这样的答案:"如果要说我的教学实践中哪一部分最关键,我认为是我的教学目标设计——我非常看重学生真正能够自主地开展学习。我把促进学生进行有效的自主学习作为我的第一目标。"

为什么给出这样的答案,因为我意识到:传统的教学最大的弊端就是把知识的传授当做目的,因此教师的所有教学设计都是围绕着讲和练展开,而学生在这个过程中只是在扮演一个听众、一个机械的加工者。教学设计的目标差异直接赋予了学习过程以完全不同的属性与价值。从这个角度来看,我的教学设计是从高度关注学生的自主学习开始。因此,我认为这是最关键的要点。

反过来看,老师们要突破以知识为目的,这也是一道关键的坎。把自主学习当做目标,意味着首先要关注学生自主学习的安排,要考虑用什么样的学习任务与方式;把自主学习当做目标,意味着要着力培养学生自主学习的能力,要设计有利于提升学生自主学能的学习任务,在日常练习中强化自主学习能力;把自主学习当做目标,还意味着要将学生的自主学习任务与课堂群学任务打通,让学生的全部学习历程连贯起来。

四、建立完整学习的意义

在2018年省级课题研讨会上,我与几位教育专家一起进行了交流,在沟通中有一个话题形成了热点,各位专家提出了不同的,甚至有些对立的观点,这个话题就是:"我的教学模型是如何达成了突出的教学效果?"事实上,这个话题也不是第一次提出来——首先,同行们都认同我的教学效果:以很高的平均分表达出全班学生整体学科能力的提升;同时大家都认同我的课堂效果:热烈的学习氛围、良好的思维互动、持续的学习热情。但是,大家往往不能直接地理解:学习成绩是如何与教学设计打通的?

在会上,我概括了一个我的提法:"课前解决70%的问题,小组解决20%的问题,师生互动解决最难的10%问题。"就这个提法,有专家表达了很强烈的不解:一是凭什么来判断这个百分比?二是如何确保这个百分比?甚至有专家提出:"高中数学是基础教育阶段最难的一个学科,很多颇有经验的老教师都不能确保把很勤奋的学生教会、教懂,凭什么说学生自己就能解决这么多的问题?"

会后,我思考了这个矛盾点:一方面,一些专家习惯了基于传统课堂来想问题,这种思维体系不是站在学习者的角度来分析学习效果;另一方面,我虽然长期站在学生的角度来思考教学,但是我所使用的表达语言依然很难逃脱传统教学的词汇。这就导致了因为沟通障碍而带来的观念矛盾。

为此,我重新梳理了我的表达方式,引入了三个关键概念和逻辑:

1. 建立学习闭环——为什么学习基础差异大的学生都能够同样形成突破从而实现全班平均分的迅速提高?因为我建立了面向每个学生的完整学习历程的组织机制,确保每个学生的可利用的学习时间和行动都被调动和组织起来;更重要的是,确保每个学生都建立起自主学习的闭环,这个闭环既是时间利用的闭环,也是学习行为的闭环,更是学习意义感的闭环。不管学习基础如何,学生都能够确保形成真实的学习、有效的学习、完整的学习。

2. 形成学习意义——为什么每个学生都越来越自觉地投入学习,越来越乐于参与课堂合作?因为我建立了一套建立学习意义感的互动机制,帮助学生越来越能够找到学习的意义感,因此产生越来越强烈的学习动机。所谓学习的意义,在于三个方面:"是什么?为什么?重要吗?"也就是说要让学生从认知概念过渡到理解价值。这三个方面,第一个最容易达成,第二个就比较考验教师的学科与教学素养,而第三个则是教学中的难点,大多数教师都难以解决这个问题。在我的教学设计中,我将群学课堂打造成为一个集中产生意义感的场合,学生通过相互表达、上台演讲、生生互评、师生互动,形成了强烈的学习"重要感"。

3. 保证学习深度——为什么学生的学习能力越来越强,学习成效越来越明显?因为我一直关注学生的学习深度,通过深度的思考来修炼学生的学习能力。高中数学是特别需要深度思考的学科。数学学不好,无一例外都是在这个学科上"学不进去"。学不进去的原因就是不能产生深度学习。那么这个深度是怎么发生的呢?第一,普遍而言,个体学习比群体学习有深度,所以必须组织好个体学习;第二,学习深度要靠学习时间换来,因此必须组织好前置学习时间;第三,学到有意义感的产生才有深度,意义来源于"重要感",觉得重要才有意义,那这个重要怎么来的呢?第一,系统化的比较会带来重要。两个东西一比,这个东西比那个重要,自然觉得重要。第二,应用、解决现实问题会带来重要感。第三,群体性学习中大家共同参与,相互比较、评估、反馈,会带来重要感。这种反馈让我及时地知道我掌握没有、掌握得怎么样。就算我做得还不够好,但是别人的及时反馈也让我知道我做得有意义。从这个意义上讲,我可以说:学生自主学习达到70%的深度,还有一些思维的深度靠自己下不去,于是到课堂上,通过小组合作再深入20%的思维深度,最终不到10%的最深的知识能力点,通过教师参与互动来解决。

总体而言,建立学习闭环,形成学习意义,确保学习深度,就是这三个关键概念实现了我的学生学习成效的普遍优良。

五、做好个性任务的设计

"怎样让学生在课前自主学习,这是我们最头疼的事情,您是如何确保学生愿意自己学的呢?"这个问题也是老师们经常会向我提及的。的确,高中数学学科要让每个孩子都感兴趣,都愿意积极参与,本是一件非常困难的事情。尤其是课前的自主学习,很多孩子有畏难情绪,甚至自暴自弃。所以,要让每个学生都能够参与自主学习,就要在个性化的任务设计上下功夫。

首先,我将学生的自主学习任务与课堂上的自我表达打通,学生知道自己完成了任务之后是要到课堂上去展示的,这样,学生只要乐于展示自己,就一定会乐于完成任务,因为不完成就没机会展示。

其次,我在设计任务时非常重视分类别地进行安排,尽量确保每个学生都能得到自己够得着的任务,既做得到,又有得说。这就要求教师在自主学习任务的设计上要深入研究学生思考和表达的能力基础,要有足够多样化的学习任务储备,否则,同样难度的任务下达,可能就会打消一大批学生的自主学习积极性。

再次,我特别注意设计有"知识生产价值"的任务,也就是能够体现出学生自己的独立思考加工的任务,通常是经验总结、规律概括、方法探寻、方案提出等等,这样的任务,学生既要经历深加工,也有自己的想法参与,同时因为没有唯一标准答案,学生能很方便表达,因为无论怎么讲,只要能讲出自己的想法就可以,这就为课堂上的群学提供了良好的基础。

因此,教师要有意识地训练自己开发设计开放式、个性化、类别化任务的能力,平常就要有意识地收集、整理这样的任务设计,为学生自主学习做好铺垫。

六、重视及时反馈的激励

我还经常遇到这样的问题:"有的孩子怎么都不愿意学,好话说尽都没用,这种问题您是怎么解决的?"其实,我从教三十多年,大多面对的是普通生源,所以这样的孩子我也经常遇到。我也是在不断摸索中找到了应对的方法。

首先,我认为每个孩子都是有可能热爱学习的,都是可以找到自己的学习愿望的,只要找到这股劲儿,有了学习的动机,每个孩子都是可以学好的。因此,我特别重视带动学生的学习激情,建立学习动机。

我主要采用了课堂及时反馈的手段来达成这个目的。我认为青春期的孩子都有赢得认可的心理需要,课堂上来自师生的及时反馈是每个孩子都非常重视的。当学生感觉到自己在课堂上被尊重、被欣赏、被理解,其内心就会建立起与课堂的亲近感、与学科的关系感。有了这样的关系感,学生对学科学习就不会抗拒。

因此,在我的课堂上,学生的任何表达都一定会获得来自学生或者老师的当场反馈。学生一说完,无论他说得对与不对,一定都有人给予反馈,这就让学生感觉自己被关注、被重视。同时我也高度关注正能量的学习氛围,所有的及时反馈都是能够起到促进作用的,是给大家带来善意、真诚、支持感的话语。这就意味着,学生成绩再差,只要做了准备,有东西到课堂上来说,一说完了之后,马上有人向其反馈正能量。这给了学生一种感觉:即便我成绩再差,我在这个班里面都是有用的,都是被关注的,都是有存在的价值的;我对这个课堂有用,这个课堂对我有用;我对这个学科有价值,这个学科对我也有价值。因此,在我的课堂上,永远看不出谁是差生,永远看不到百无聊赖、痛苦万分的动作和表情。每个人都是积极的、投入的、充满激情的。

通过这种正能量的及时反馈,我才能在课堂上把所有人卷进来。从而带动每一个孩子最大可能地参与群体学习,最大可能地投入他的时间,最大可能地完成学习任务。当全部学生都最大限度地卷入了自己的时间、情感和头脑,平均分的整体提高当然就是水到渠成了。

有一句话说得好——长时间地凝视深渊,深渊也会凝视你。当我们天天陷入课堂讲授的时候,课堂也会反制我们。40分钟的课堂,是个深渊,跳出40分钟看学习,跳出40分钟看学生,站在学习者需求的角度,把自己当成是一个学习链条当中的参与者,把自己的参与当成是引领学生、形成完整闭环、有意义学习的一个驱动者,教师才有可能建立起自己的幸福的教学时空。

在这个过程当中,教师要做什么?首先要做设计:课前任务要设计,课堂任务要设计,及时反馈要设计……其次要学习:任务设计要学习,课堂评估要学习,学情把握要学习……教师主动做好设计者、学习者,才有可能在课堂组织中做到游刃有余、举重若轻,也才能为学生提供有针对性的、高效率的学习历程。

注:为保护未成年人,本书中所有学生名字均为化名,如有雷同纯属巧合。